Martin Wehrle

Aktualisierte 4. Auflage

365 ultimative Fangtipps

Mehr Bisse, mehr Fische, mehr Spaß

Müller Rüschlikon

IMPRESSUM

Einbandgestaltung: Hannes Dänekas, DÄNEKAS GRAFIK. ILLUSTRATION

Titelfoto: @kostik2photo/stock.adobe.com, @sverker/stock.adobe.com

Bildnachweis: Martin Wehrle, Edwin Hartwich
@Виталий Волосевич/stock.adobe.com (S. 3)
@Сергей Барабашев/stock.adobe.com (S. 13)
@Nattapol_Sritongcom/stock.adobe.com (S. 35)
@Kondor83/stock.adobe.com (S. 129)

Illustrationen: Hannes Dänekas, DÄNEKAS GRAFIK. ILLUSTRATION

Eine frühere Auflage dieses Buches ist unter der ISBN 978-3-275-02047-8 erschienen.

ISBN 978-3-275-02294-6

Postfach 103743, 70032 Stuttgart
Ein Unternehmen der Paul Pietsch Verlage GmbH & Co. KG

4. Auflage 2023

Sie finden uns im Internet unter
www.mueller-rueschlikon-verlag.de

Gesamtleitung: Claudia König
Lektorat: Frank Weissert
Innengestaltung: Hannes Dänekas, DÄNEKAS GRAFIK. ILLUSTRATION
Druck und Bindung: Graspo CZ, 76302 Zlin
Printed in Czech Republic

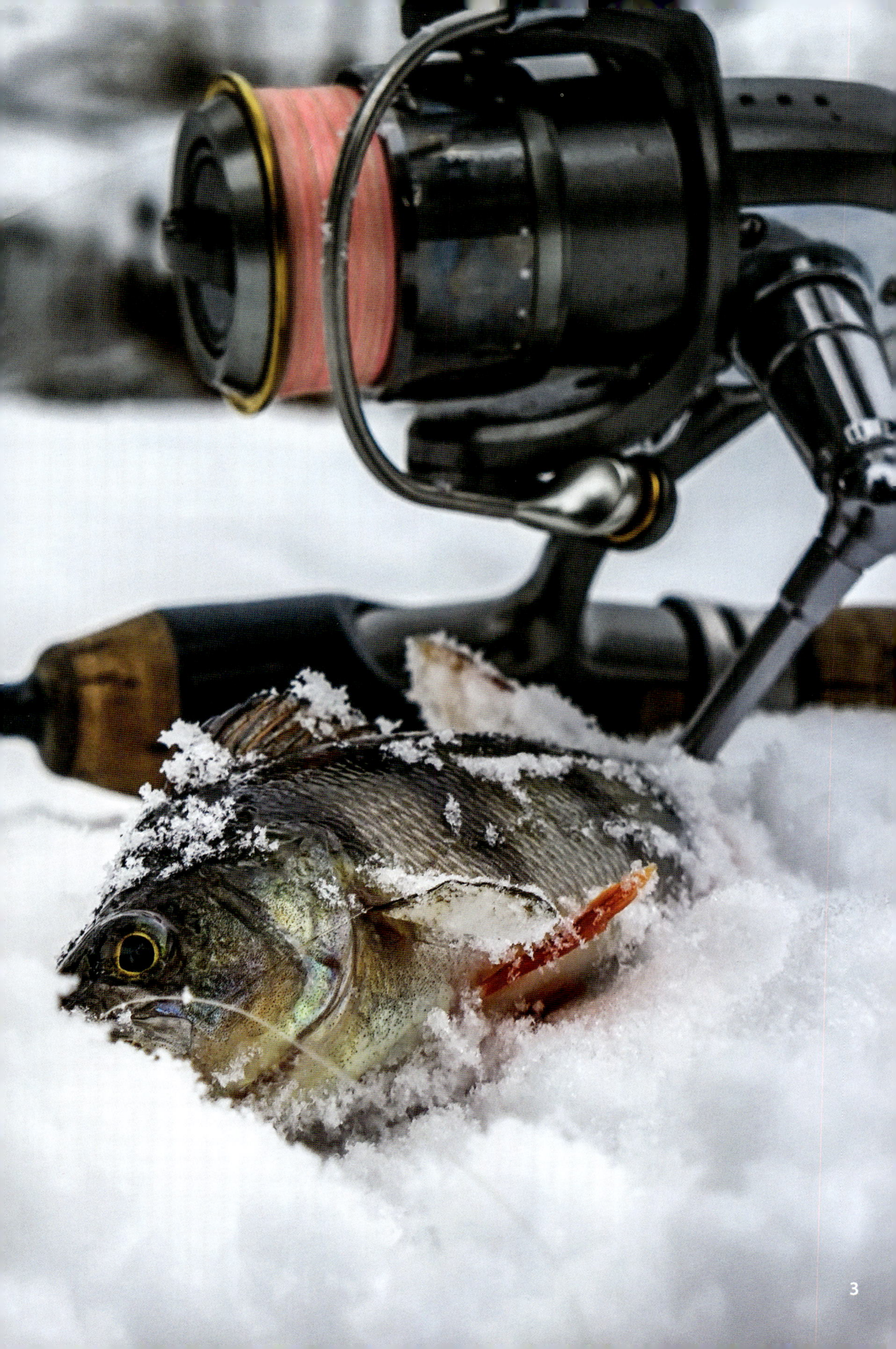

INHALT

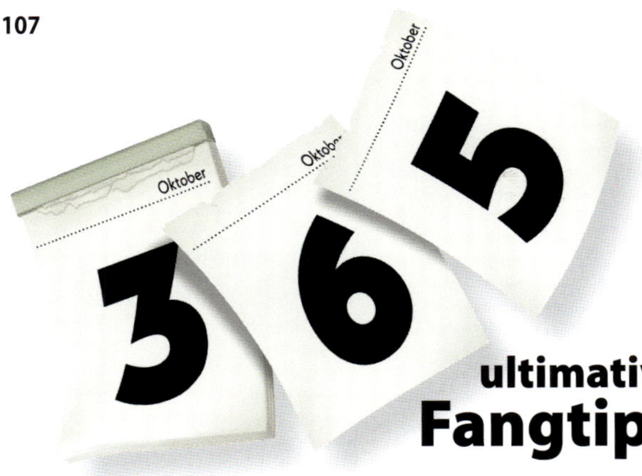

ultimative Fangtipps!

VORWORT

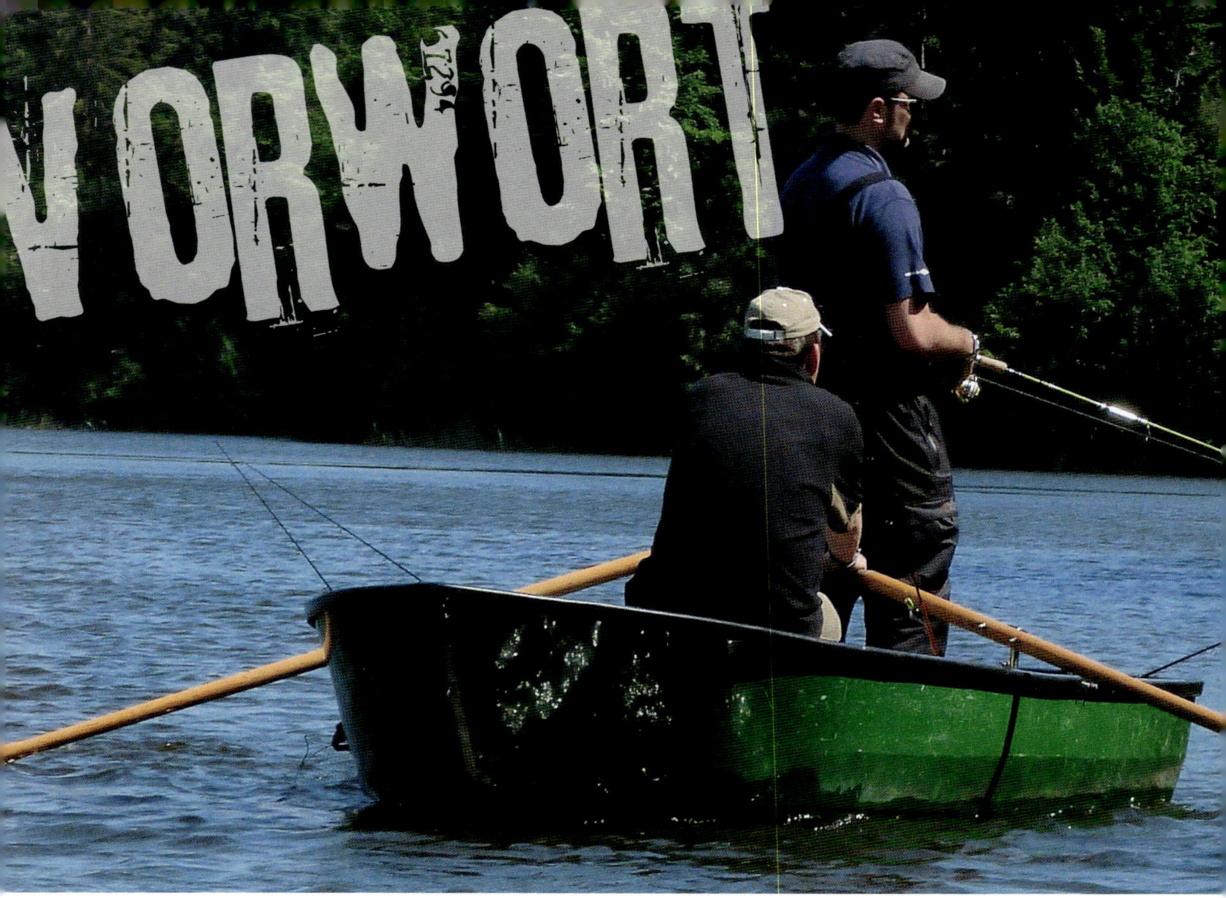

Volle Fahrt zum Fisch! Jede Jahreszeit erfordert andere Angelstrategien. Nur wer die richtigen Tricks kennt, fängt 365 Tage im Jahr.

Der Trumpf im Ärmel

Das ganze Jahr fangen – wie geht das? Gar nicht so einfach! Dieselben Tricks, die im Sommer funktionieren, scheitern schon im Herbst. Und was im Winter fängt, versagt im Frühjahr. Wer sich das ganze Jahr auf dieselben Angeltipps verlässt, ist bald vom Fangglück verlassen.

Es ist wie bei einem Mechaniker: Je mehr Schraubenschlüssel er hat, desto größer die Wahrscheinlichkeit, dass der richtige dabei ist. Und je mehr Angeltricks du auf Lager hast, desto größer die Chance, dass du in jeder Situation zur fängigsten Methode greifen kannst – 365 Tage im Jahr.

Dieses Buch bietet dir die größte Sammlung von Angeltipps in deutscher Sprache. Für jeden Tag des Jahres, für 365 Situationen, bekommst du pfiffige Angeltricks, interessante Denkanstöße, echte Fangbeschleuniger geliefert.

Die meisten Anregungen sind so praxisnah, dass du sie direkt in bessere Fänge ummünzen kannst. Lange Bastelarbeiten oder teure Gerätekäufe sind nicht nötig. Erfolgreiches Angeln ist Denksport. Hier lernst du die Raffinessen kennen.

Das Buch ist nach Monaten gegliedert. Die Tipps findest du in Themenlisten, passend zur Jahreszeit. Zum Beispiel erwarten dich vom 1. bis 10. Januar täglich Tipps zum Winterangeln, vom 1. bis 10. März Kniffe für Frühjahrs-Forellen, und vom 1. bis 10. August erfährst du alles über das Hechtangeln im Kraut.

Die Themen der 365 Tipps decken das komplette Süßwasserangeln ab: von Aal bis Zander, von Anhieb bis Landung, von Platz- bis Köderwahl, von Teig bis Dropshot. Ob Bach oder See, Angelwetter oder Wurmsuche, Nacht-

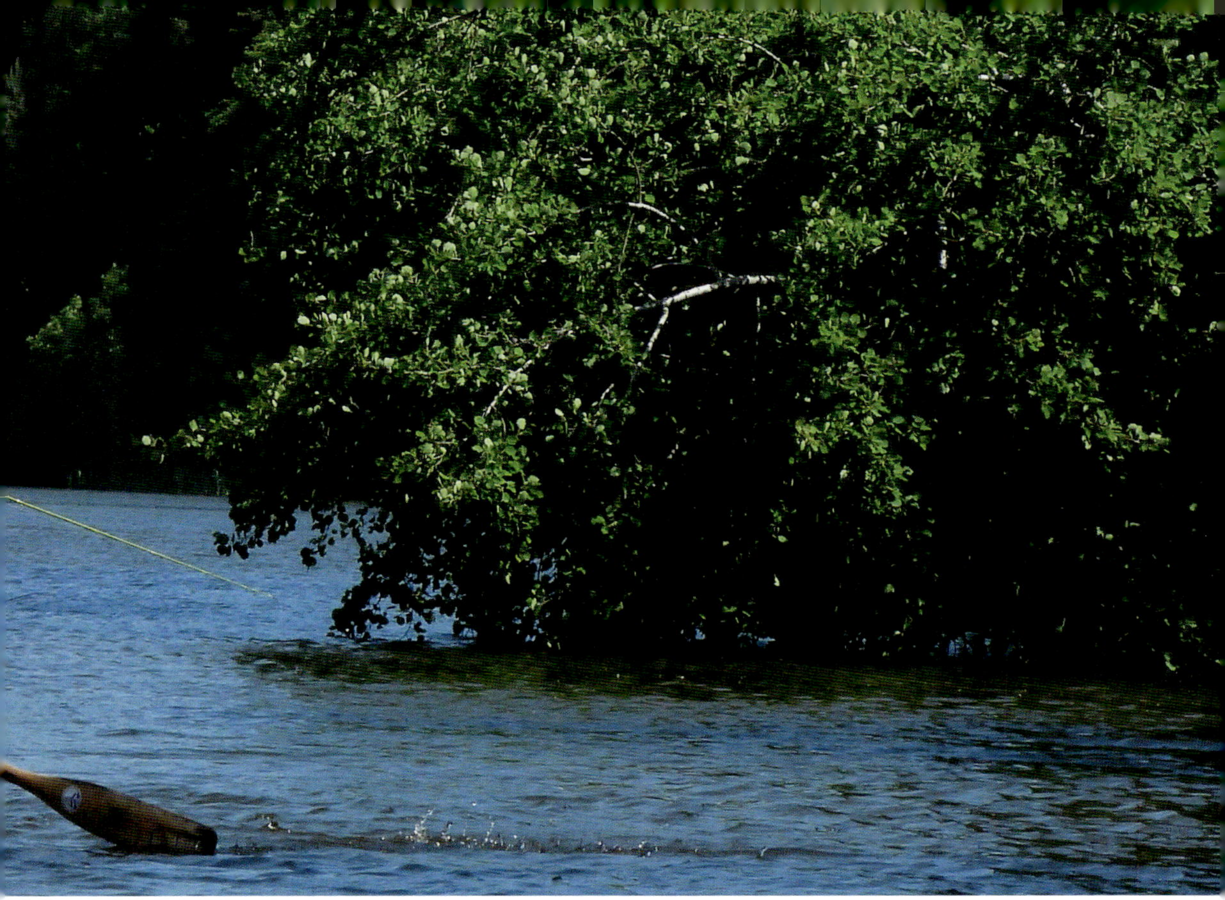

angeln oder Köderfischfang, Wobblerführung oder Karpfen anfüttern – hier ist für jede Situation ein Fangrezept dabei.

Als erfahrener Angler kannst du deine Kenntnisse durch diese Tipps ergänzen – neue Schraubenschlüssel, um die Fischmäuler an schwierigen Tagen zu öffnen. Als Einsteiger bekommst du einen anregenden Überblick, mit welchen Kniffen du schnell gute Fische fangen kannst.
Mein Buch soll dir helfen, dass du beim Angeln stets einen Trumpf im Ärmel und einen Fisch mehr als dein Angelplatznachbar am Haken hast. Dann kann dein Angeljahr gelingen!

In diesem Sinn viel Spaß und dicke Fänge, natürlich 365 Tage im Jahr, wünscht dir

Martin Wehrle

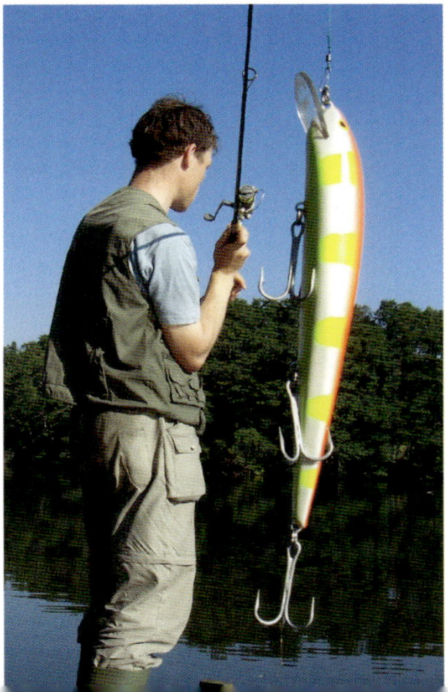

Auf zum großen Wurf! Wer die richtigen Tipps anwendet, hat bald große Fische am Haken.

JANUAR

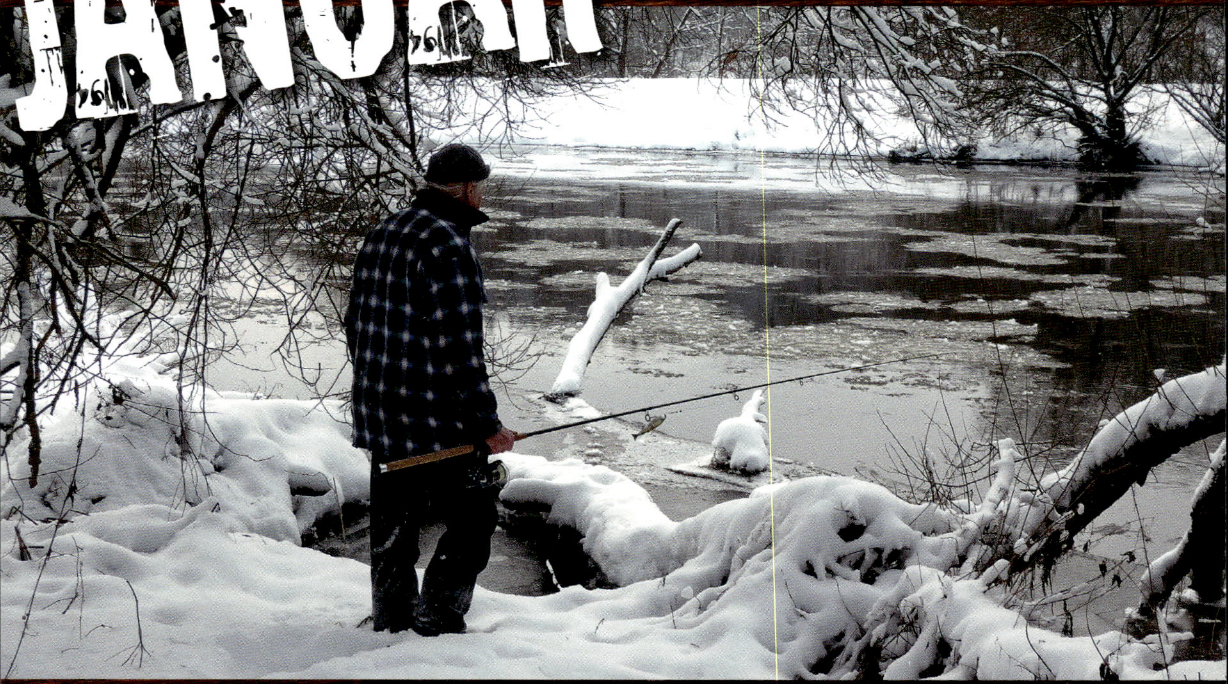

Eiszeit am Wasser. Wer geschickt angelt, kann auch bei Kälte fangen.

1. – 10. Januar

Winterangeln – zehn Kaltstart-Tipps

Winterfische sind Schönheiten. Ihre Farben leuchten, als hätte das klare Wasser sie poliert. Warme Kleidung, ein kühler Kopf und pfiffige Tipps – das sind die Zutaten für erfolgreiches Winterangeln.

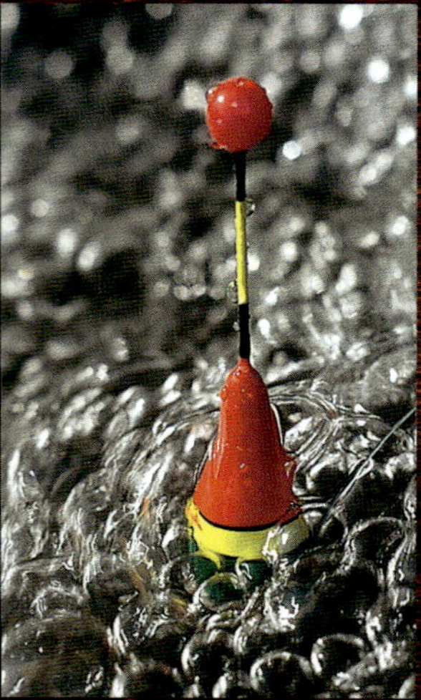

Die Pose fährt dem ersten Biss entgegen. Eigentlich sind Januar-Fische träge. Aber Strömung, zum Beispiel von Zuläufen, bringt sie auf Trab.

Januar 1 Heiße Hände

Klamme Finger sind im Winter ein Albtraum – spätestens dann, wenn der Haken nicht in der Made, sondern in der gefühllosen Haut steckt. Was tun, damit deine Finger warm und beweglich bleiben? Ich habe mir Berufsfischer-Handschuhe gekauft, außen wasserdicht, innen gepolstert. Für zusätzliche Wärme verwende ich Handwärmer. Diese günstigen Beutelchen erhitzen sich automatisch, wenn du sie aus ihrer luftdichten Verpackung nimmst und ein paar Minuten wartest. Dann einfach in den Handschuh stecken – und die warmen Finger genießen!

Januar 2 Platte schieben

Alles Gute kommt von oben – und alles Eiskalte von unten. Wenigstens beim Winterangeln! Ganz egal, ob du auf Eis, Schnee oder kaltem Boden stehst: Sobald deine Füße frieren, krabbelt die Kälte deinen ganzen Körper hinauf. Es sei denn, du wendest einen Trick an: Leg dir eine Styroporplatte unter die Füße. Dann stehst du warm – und bleibst auch warm, sofern du gute Winterkleidung trägst.

Januar

3 Eisfreie Zone

Die besten Angelplätze im Winter sind kinderleicht zu finden: Sobald sich das erste dünne Eis bildet, musst du darauf achten, welche Zonen des Gewässers eisfrei bleiben. Dort ist das Wasser wärmer oder bewegter als an anderen Stellen – genau an solchen Plätzen finden sich die Fische im Winter ein. Ob Einlauf, Auslauf oder Brücke: alles Top-Stellen bei Kälte.

Januar

4 Stolz am Holz

Nie sind die Fische träger als im Winter. Als wechselwarme Tiere fahren sie die Aktivität ihres Körpers auf ein Minimum herunter. Futterfische sind den Räubern fast schutzlos ausgeliefert, weil ihnen die Energie zum Fliehen fehlt. Das erklärt, warum sich Winterfische besonders gerne an Verstecken wie versunkenem Holz einstellen. Angle an solchen Hindernissen. Dort warten jetzt gute Fried- und Raubfische.

Januar

5 Tiefgang

Die Natur hat es klug eingerichtet: Die Gewässer frieren nur an der Oberfläche zu. Doch unten an den tiefsten Stellen ist das Wasser mindestens vier Grad warm. Hier sammelt sich alles, was Flossen hat. Erfolgreiches Angeln funktioniert jetzt wie Golfen: Wer die Löcher (mit seinem Köder) trifft, hat gewonnen. Such nach solchen Plätzen – und biete deinen Köder so dicht wie möglich am Boden an.

Januar

6 Alles im Lot

Macht es einen Unterschied, ob du exakt in einem Loch angelst oder 20 Zentimeter daneben? Oh ja! Nie ist das Loten wichtiger als im Winter. Klemm ein fettes Bleischrot als Lotblei auf den Haken deiner leichten Posenmontage und taste den Grund an deinem Angelplatz so lange ab, bis du die Löcher gefunden hast. Nun kannst du eine Markerboje setzen oder die Schnur im Clip deiner Rolle einklinken – damit du die Plätze beim Anfüttern und Auswerfen wieder auf den Zentimeter triffst.

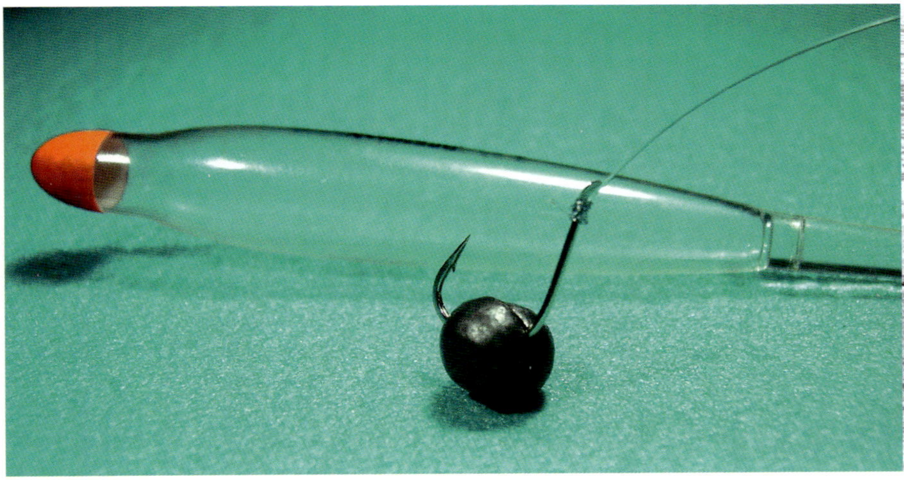

Der einfachste Weg, tiefe Winterplätze zu finden: Loten mit aufgeklemmtem Schrotblei.

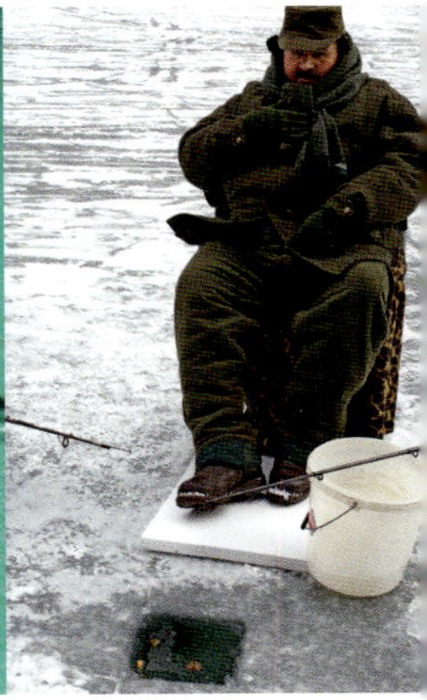

Guter Stand im Winter, sogar beim Sitzen und auf Eis: Die Styroporplatte schützt die Füße vor Kälte von unten.

Januar

7 Zuckis aus dem Zoo

Zum kleinen Hunger der Winterfische passen hauchdünne Köder. Eine Geheimwaffe bei kaltem Wasser sind Zuckmückenlarven. Die »Zuckis« gehören zur natürlichen Nahrung der Fische. Im Zoohandel kannst du sie kaufen. Gerade Winterrotaugen nehmen diesen originellen Köder fürs Leben gern (siehe auch 12.3.).

Januar

8 Sieben ist Trumpf

Beim Anfüttern im Winter gilt dasselbe wie beim Reiskochen: Klümpchenbildung ist unerwünscht! Aber was kannst du tun, damit dein Futter möglichst luftig wird und leicht am Grund zerfällt? Nimm ein Futtersieb, durch das du dein leicht angefeuchtetes Futter drückst.
So stellst du ein leichtes Winterfutter her, das die Weißfische reizt, aber nicht übersättigt.

Je feiner, je fängiger! Wer sein Futter durchs Sieb drückt, fängt im Winter mehr.

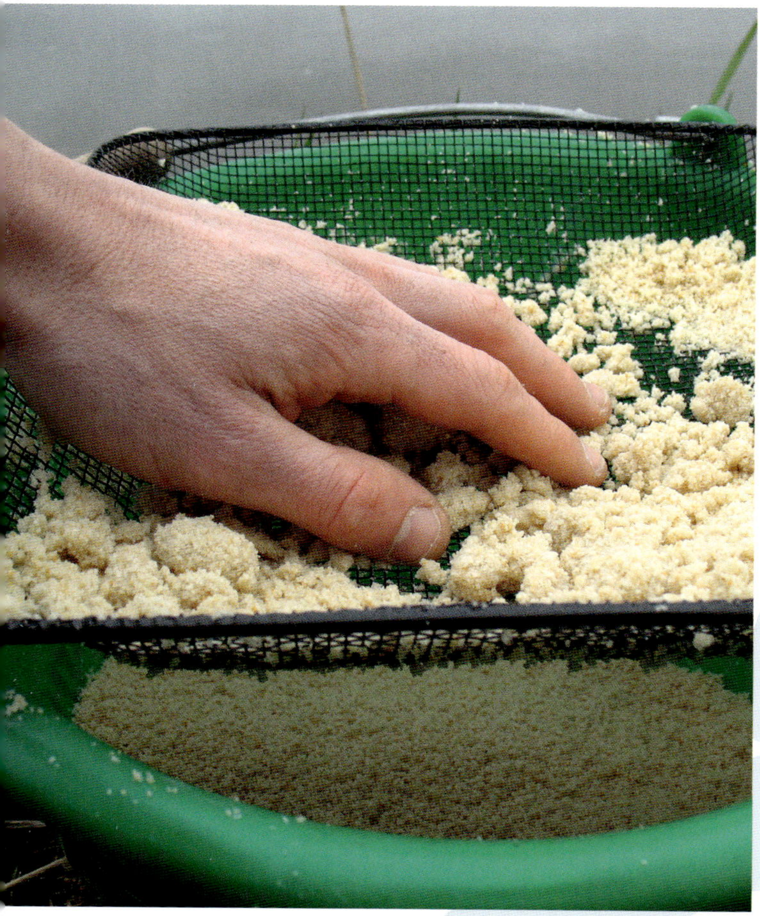

Januar

9 Füttern wie Dagobert

Was tut der typische Angler, wenn seine Pose am Futterplatz wie ein Zinnsoldat verharrt? Er füttert nach. Das ist ein Fehler! Gerade wenn nichts beißt, solltest du das Füttern so lange einstellen, bis die ersten Bisse kommen. Denn im Winter sind die Fische schnell übersättigt. Eine Alternative ist folgende Strategie: Füttere regelmäßig, aber in minimalen Mengen. Dann kommen die Fische auf den Geschmack.

Januar

10 Räuber am Rande

Die meisten Weißfischangler sind nur mit einer Rute unterwegs. Was spräche eigentlich dagegen, eine zweite Rute auf Raubfisch auszulegen? Ich habe viele meiner größten Winterhechte gefangen, als ich direkt neben meinem Futterplatz einen Köderfisch anbot. Das Futter lockt erst die Weißfische und dann die Hechte an. Oft dauert es nicht lange, bis dein Köderfisch in einem Räuberschlund verschwindet.

11. – 20. Januar

Hecht – die Tollen im Tiefen

Hechte sind immer auf Nahrung scharf, auch bei größter Kälte. Nur brauchst du im Januar eine gescheite Strategie und ungewöhnliche Köder, um die Räuber an deinen Platz und aus der Reserve zu locken.

Januar

11 Wärme-Fahndung

Einige meiner besten Winterhechte habe ich in der Warmwasser-Fahne eines Kraftwerk-Auslaufes an der Elbe gefangen. Dort war das Wasser konstant 15 Grad warm – eine vorzügliche Fresstemperatur. Überleg einmal, welche Zuflüsse es an deinem Gewässer gibt. Auch das Wasser aus unterirdischen Quellen, Rohreinläufen oder natürlichen Mündungen ist oft einen Tick wärmer. Das lockt Weißfische an. Und mit ihnen die Hechte.

Januar

12 Natur pur

Kunstköder haben einen Nachteil: Sie sind ungenießbar. Ihr Hauptreiz geht von ihren Bewegungen aus. Aber flotte Tänze sind bei Frost nicht mehr gefragt. Die Hechte sind schwimmfaul. Ihre Nahrung nehmen sie vor allem über die Nase wahr, nicht mehr über die Seitenlinie. Und in Sachen Duft sind natürliche Köderfische allen Kunstködern weit überlegen. Wer sich einen Vorrat an toten Köderfischen eingefroren hat, ist jetzt im Vorteil.

Januar

13 Kuhlen für Könner

Wie kommt es, dass man im Winter oft Hechte fängt, die vorher auf dem Echolot nicht zu sehen waren? Die Fische liegen in Kuhlen am Grund. Dort lauern sie auf Nahrung, die ihnen direkt vors Maul schwimmt. Mein Lieblingsköder beim Bootsangeln in solchen Kuhlen ist der Köderfisch am Fireball-System, einem Bleikopf mit Drillingssystem. Man senkt den Fisch zum Grund, hebt ihn in zwei Sprüngen 20 Zentimeter an, lässt ihn kurz verharren – und dann geht's wieder abwärts. Die Zeitlupen-Bewegungen provozieren die trägen Hechte zu beherzten Bissen.

Feuerball im Schnee. Bei Kälte bringt der tote Köderfisch am Fireball-System vorzügliche Fänge.

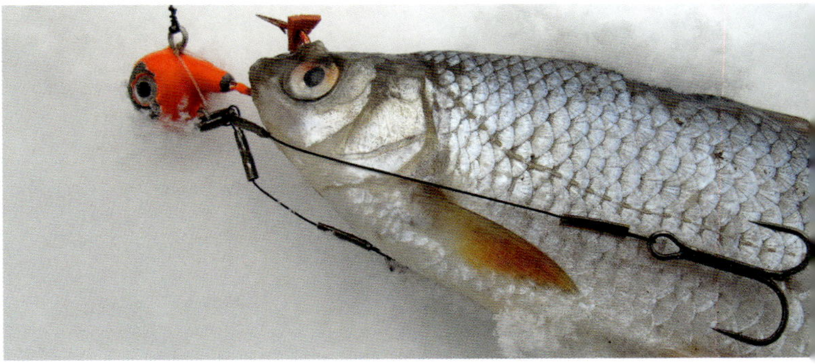

Januar

14 Tod sorgt für Leben

Ist der tote Köderfisch nur eine Notlösung, weil der lebende nicht mehr überall erlaubt ist? Nein, im Winter kann er die Ideallösung sein! Bei klirrender Kälte kommt es den Hechten entgegen, dass der tote Köderfisch am Grund (oder knapp darüber) verharrt. Statt bei der Jagd viel Energie zu lassen, die im Winter Mangelware ist, können sie einfach ihrer Nase folgen und sich die leichte Beute schnappen. Der Winter ist die mit Abstand beste Zeit für das Angeln mit toten Köderfischen. Probier diese vorzügliche Methode einmal aus!

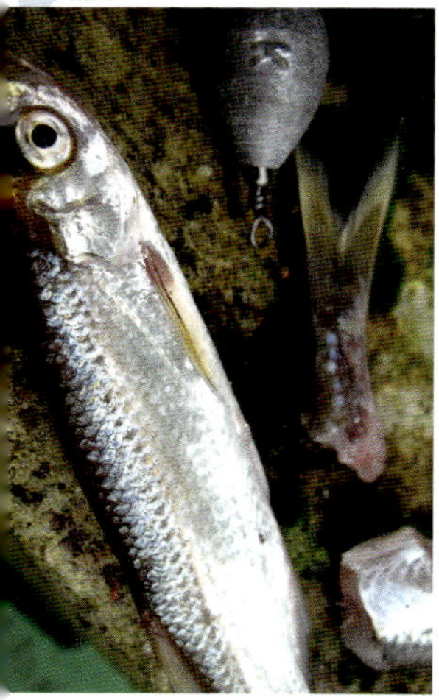

Stück für Stück zum Glück: Fetzenköder – hier von einer Laube – bringen oft mehr Hechte als ganze Köderfische.

Januar

15 Meeres-Ware

Eigentlich gilt bei der Wahl des Köderfischs: Nimm jene Fischart, die der Hecht in einem Gewässer am häufigsten frisst. Anders beim toten Köderfisch – hier darfst du zu Fischarten greifen, die in deinem Gewässer gar nicht vorkommen, aber besonders intensiv riechen. Vor allem Makrelen und Heringe haben sich als vorzügliche Winterköder bewährt. Achte beim Kauf der Fische darauf, dass der Fischverkäufer sie nicht ausnimmt.

Januar

16 Ein Stück wie Mick

Der Engländer Mick Brown, moderner Pionier des Hechtangelns mit totem Köderfisch, schwört auf Fischstücke. Er halbiert oder viertelt seine Meeresfische. Das bringt gleich mehrere Vorteile. Erstens duften die Köder noch intensiver. Zweitens steigt die Chance, dass der Hecht beim Anhieb hängt (nimm immer zwei Drillinge!). Und drittens lassen sich die gestückelten Fische auch mit einer Schleuder vom Ufer aus anfüttern (dazu gleich mehr).

Januar

17 Pfiffig füttern

Nie ist das Anfüttern auf Hechte so erfolgreich wie im Winter. Zwei Gründe: Die Natur bietet wenig Nahrung. Und die Trägheit der Hechte wächst. Profi Mick Brown empfiehlt, mit Fischstücken mehrere Futterplätze anzulegen, die durch eine (bis zu 100 Meter lange) Futterstraße verbunden sind. Vorteil: Du vertreibst bei einem Fang nicht gleich alle anderen Hechte – sondern kannst am zweiten Platz mit etwas Glück nachlegen. Auch sorgt die breite Streuung des Futters dafür, dass du Hechte auf einer großen Fläche ansprichst.

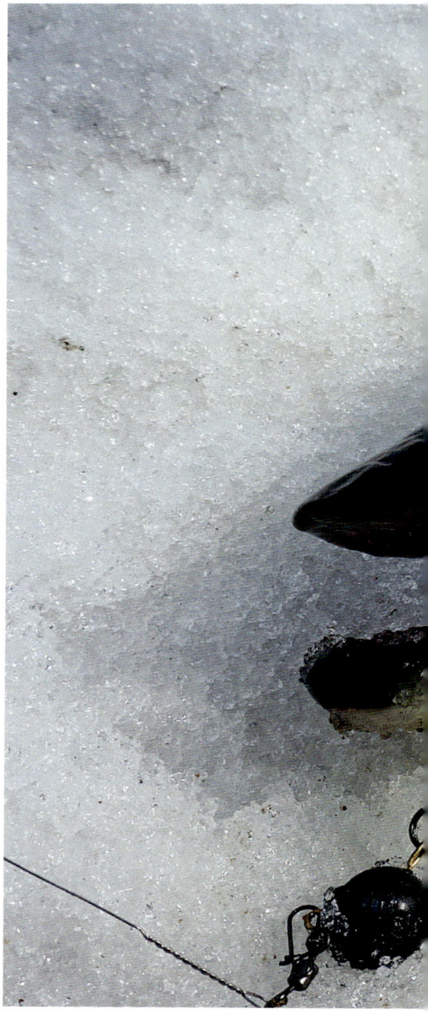

Januar

18 Gut markiert

Den toten Köderfisch solltest du im Winter direkt am Grund anbieten – allerdings nicht am Grundblei, sondern mit einer übertief eingestellten Pose. Dann kannst du genau sehen, wo dein Köder liegt – und diesen Platz mit Futter bestücken. Außerdem solltest du schon vor dem Füttern zwei Markerbojen setzen, damit dir die Maßarbeit beim Angeln gelingt.

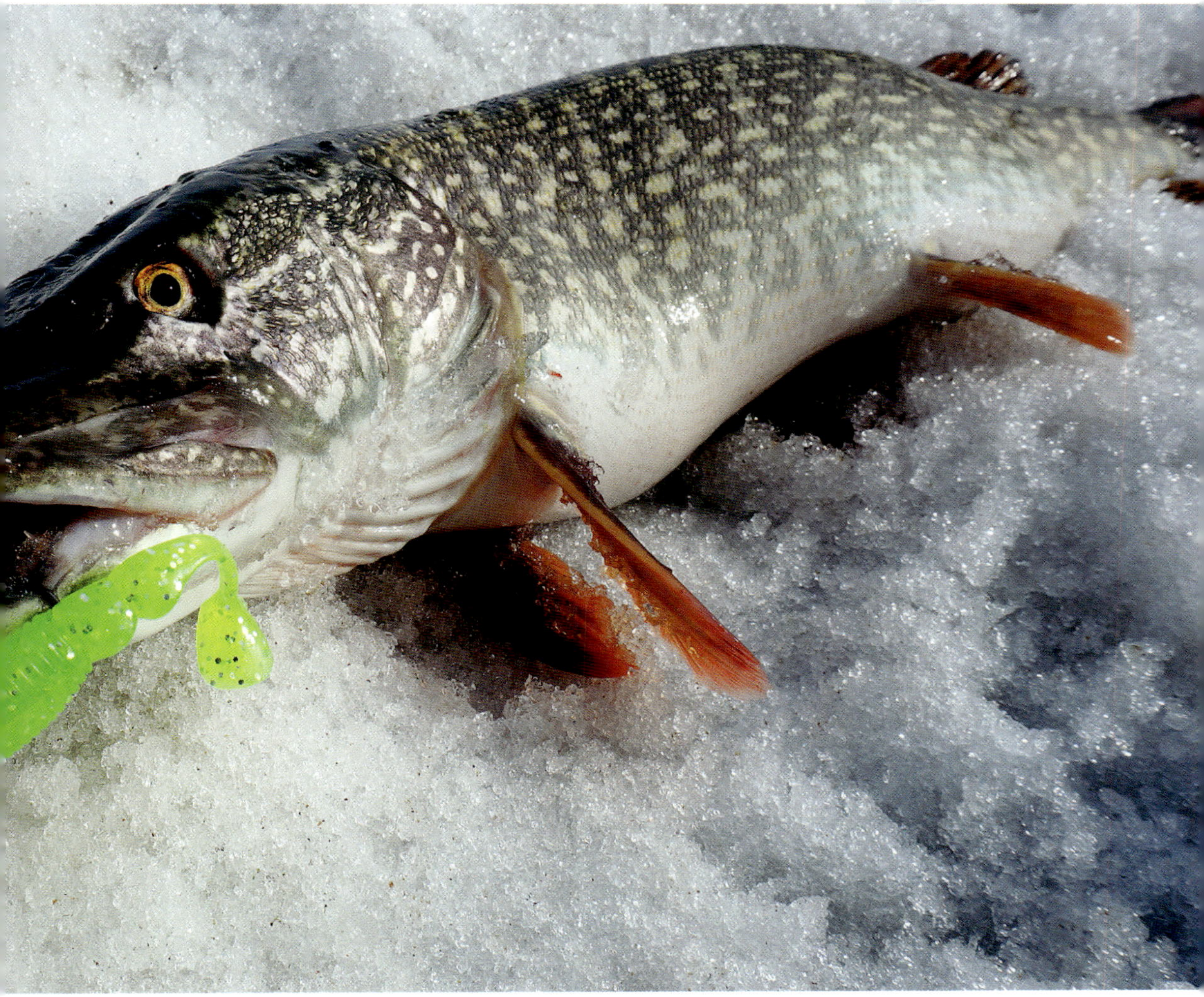

Januar

19 Drill mit Überraschung

Meine Meterhechte aus dem Winter hatten eine Gemeinsamkeit: Ich habe sie erst für kleiner gehalten. Das ist typisch! Die Winterhechte sind so träge, dass sie erst wie ein nasser Sack an der Schnur hängen können. Doch Achtung: Lass die Bremse fein eingestellt und drill vorsichtig – erst an der Oberfläche zeigt sich, ob du nicht doch einen Kurzstrecken-Torpedo gehakt hast.

Januar

20 Mono für Eiszeit

Eine Schnur darf so ziemlich aus jedem Material sein – nur nicht aus Eis! Deshalb solltest du geflochtene Schnüre bei frostigen Temperaturen meiden; sie vereisen mit Abstand schneller als Mono-Schnüre.
Außerdem sind »Monos« beim Posenangeln auf Hecht ohnehin überlegen: Sie gleiten leichter durch die Innenführung der Pose als die kantigen Geflecht-Schnüre.

Winterhechte lieben große Köder, die langsam geführt werden.

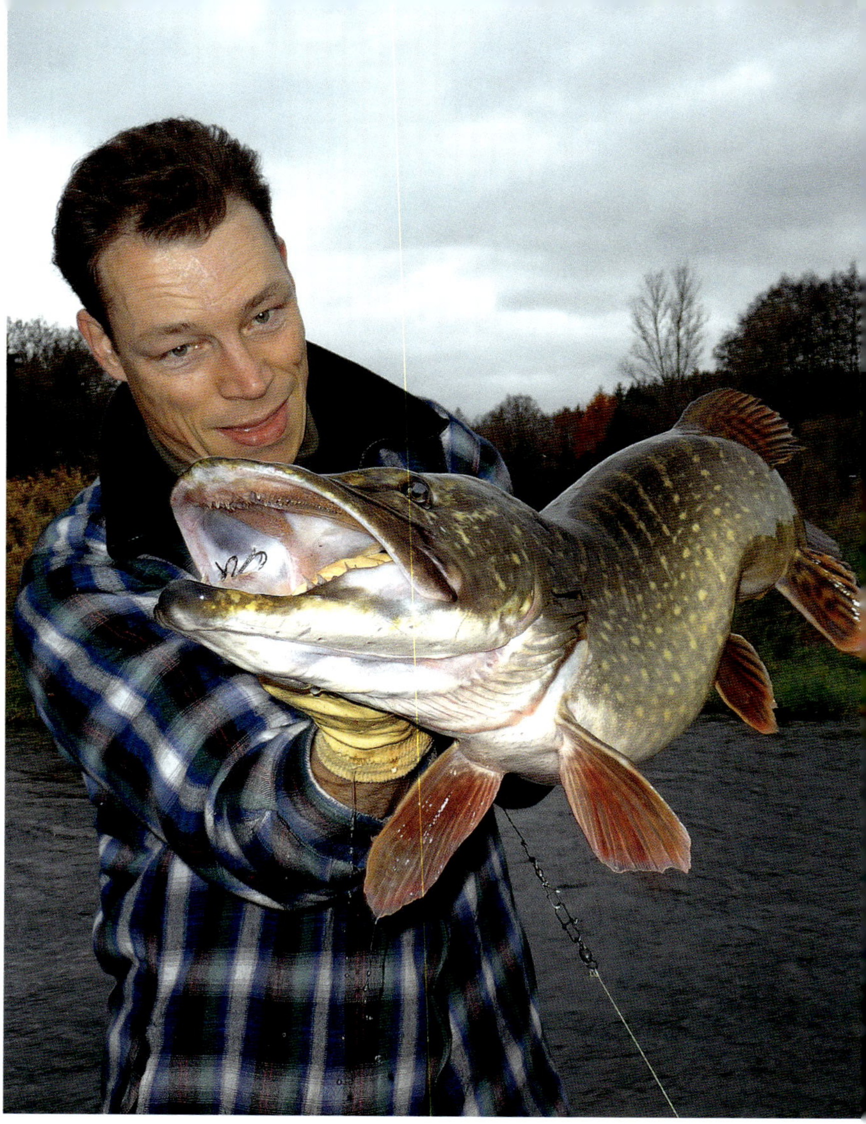

Erst träge, dann explosiv: Dieser Winterhecht hat in einem tiefen Flussabschnitt gebissen – und einen harten Drill geliefert.

Januar

21 Eis im Test

Für einen guten Fisch riskiere ich so ziemlich alles – aber nicht mein Leben! Betritt das Eis nie zum ersten Mal oder bei Tauwetter, ohne vorher seine Stärke zu messen. Und wenn schon andere Angler auf dem Eis sind? Miss dennoch! Erst ab einer Eisstärke von über zehn Zentimetern stehst du auf (relativ) sicherem Grund. Denk daran: Die Eisstärke kann schwanken. Und meide Gewässer, bei denen der Wasserstand wechselt – hier kann sich tückisches Hohleis bilden.

Januar

22 Bohrer statt Axt

Hast du schon mal mit der Axt ein Loch ins Eis geschlagen? Dann weißt du: Diese Methode kostet Kraft – und macht einen Höllenlärm, der Fische verscheuchen kann. Leiser und gemütlicher geht es mit einem Eisbohrer. In Nullkommanichts hast du dein Loch gebohrt. Das erhöht deine Bereitschaft, den Platz öfter mal zu wechseln (siehe 26.1.). Achtung: Der Bohrer muss hin und wieder nachgeschliffen werden. Und das Eisloch sollte groß genug für Kapitale sein.

Januar

23 Sichtfenster

Wenn Schnee auf dem Eis liegt, haben die Augenfische ein Problem: Sie leben in Dunkelheit. Dann fällt es zum Beispiel den Barschen schwer, einen bewegten Köder treffsicher zu schnappen. Bewährter Trick: Schieb den Schnee beiseite, bis ein großes Sichtfenster entsteht. Oft zieht das Licht die Fische an – und erleichtert es ihnen, den Köder zu nehmen. Diese Methode empfiehlt sich aber nicht für Fische, die es dunkel lieben, zum Beispiel Quappen.

Januar

24 Coole Kelle

Endlich geschafft! Eisloch frei, Pose taucht ein, Ansitz beginnt. Aber warum steht die Pose bald wie angefroren? Vielleicht ist sie angefroren!

Ein dünner Eisfilm kann sich blitzschnell bilden. Wirksames Gegenmittel: Schöpf mit einer gelöcherten Kelle die herumtreibenden Eisreste immer wieder ab. Dann bleibt das Loch eisfrei.

Januar

25 Echolot auf Eis

Die große Besonderheit des Eisangelns: Dein Köder sucht nicht weite Flächen ab, wie durch Würfe bei offenem Wasser – du kannst pro Loch immer nur eine minimale Fläche befischen. Darum ist die Platzwahl so wichtig. Was viele Angler nicht wissen: Ein Echolot arbeitet auch durch Eis. Drück den Geber auf die leicht befeuchtete Eisfläche – dann funktioniert's. So findest du fischreiche Stellen.

Januar

26 Wunderbare Wechsel

Der größte Fehler beim Eisangeln? Zu langes Verharren am selben Loch. Beim Barschangeln gilt: Ein Biss, der nach 15 Minuten nicht kommt, kommt nie mehr. Wechsle deine Löcher im Viertelstunden-Takt so lang, bis du den ersten Fischkontakt hast. Dann fische das Loch gründlich aus. Und bohr die nächsten Löcher in direkter Nachbarschaft. Hier ist es heiß unterm Eis!

Durch große Eislöcher passen auch große Hechte – diesmal war's ein mittlerer Fisch.

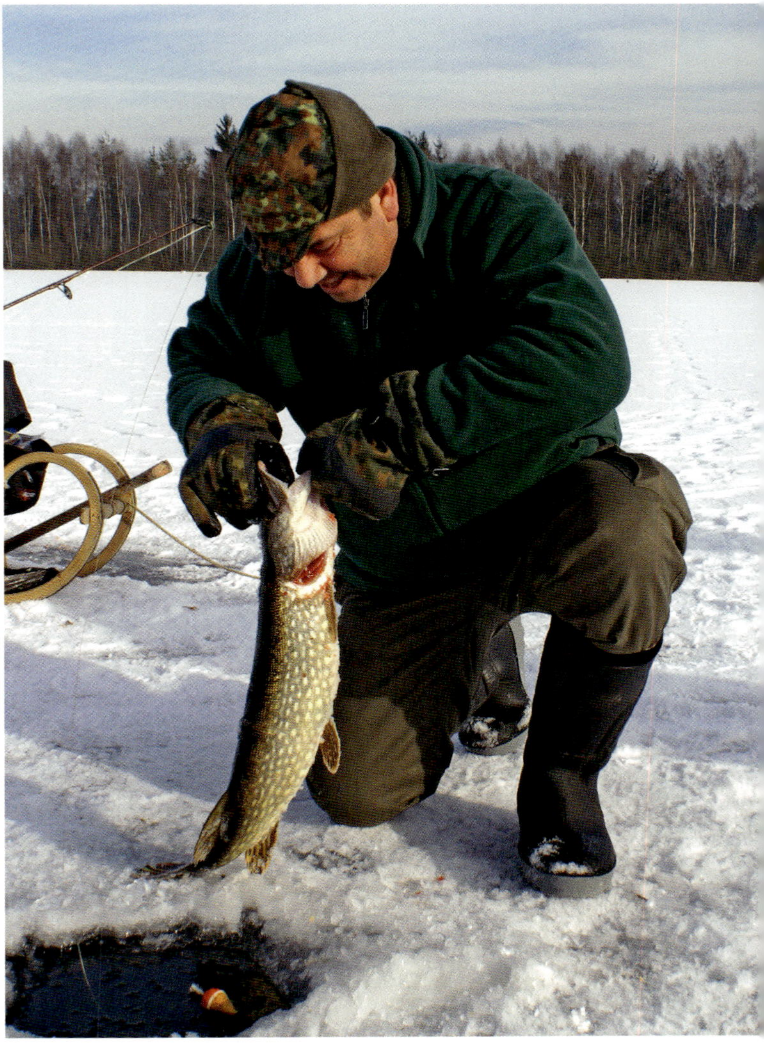

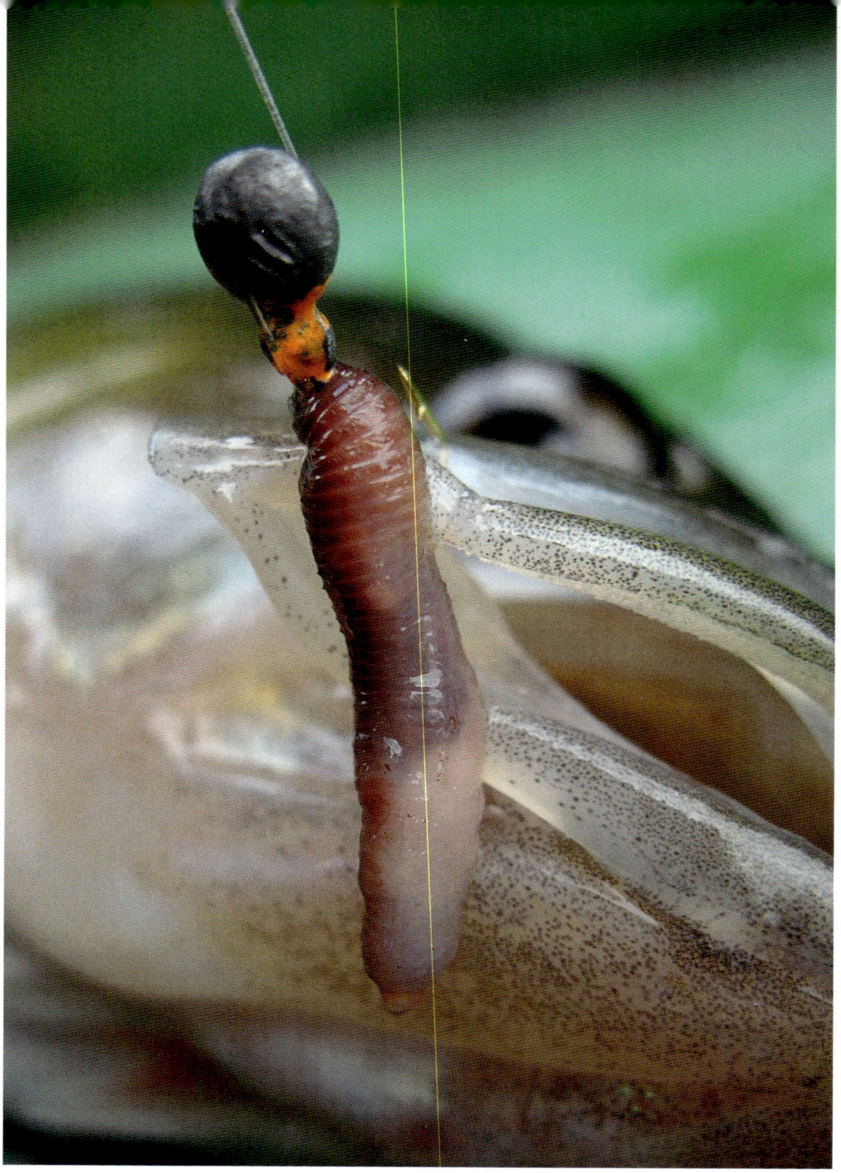

Cooler Köder – bei Kälte ist das Zittern mit Mormyschka und Wurmstückchen besonders erfolgreich.

Januar

27 Der lahme Zocker

Die besten Barschfänge mit Zocker gelingen dir, wenn du die Rute langsam bewegst. Also keine hohen Sprünge, keine schnellen Rucke – sondern ganz gemütliche Bewegungen, mal auf, mal ab, immer wieder mit Pausen. Der »lahme Zocker« kommt dem reduzierten Stoffwechsel und der langsamen Reaktion der Fische entgegen – und sorgt im Winter für schnellere Fänge.

Januar

28 Raffiniert gegen Reibung

Was passiert, wenn du beim Eisangeln einen größeren Fisch drillst? Er schwimmt zur Seite – und deine Schnur reibt an der scharfen Eiskante. Zwei Gegenmittel:
Erstens solltest du die Rute beim Drill ins Wasser stecken. Und zweitens empfehle ich dir eine durchgehende Schnur aus Fluorocarbon – dieses Material ist deutlich reibungsfester als herkömmliche Schnüre.

Januar

29 Russisches Fangroulette

Die Russen gelten als Eisspezialisten. Ihr liebster Köder ist die Mormyschka, ein Haken mit eingegossenem Blei, der mit einem Wurmstück oder einer Made beködert wird. Diesen Köder lässt du an einer möglichst kurzen und feinen Rute knapp überm Grund zittern. Nach dem Biss ganz kurz mit dem Anhieb warten. Ideal für Barsche und für Rotaugen.

Januar

30 Auf Wiedersehen, Loch!

Schon so mancher Angler stand verzweifelt auf einer weiten Eisfläche: Wo war noch gleich sein Loch, das ihm zuletzt 25 Barsche beschert hat? Dieses Rätselraten kannst du ganz leicht vermeiden: Markier alle deine fängigen Löcher mit einem besonderen Zeichen. Damit warnst du auch andere Menschen, die über das Eis gehen. Und du findest deine Löcher ganz sicher wieder – und mit ihnen oft die Schwärme; denn die trägen Winterfische sind ziemlich standorttreu.

Januar

31 Fein auf Rotaugen

Je vorsichtiger die Rotaugen beißen, desto feiner sollte deine Ausrüstung sein. Wenn du im Sommer mit einem 0,16er Vorfach angelst, solltest du jetzt auf die halbe Stärke gehen: 0,08er Vorfach und 20er Haken. Das Risiko, einen großen Fisch zu verlieren, tendiert gegen null: Große Friedfische wie Karpfen und Schleie beißen beim Eisangeln kaum. Und mit Rotaugen, auch großen, wirst du mit einem 0,08er Vorfach fertig.

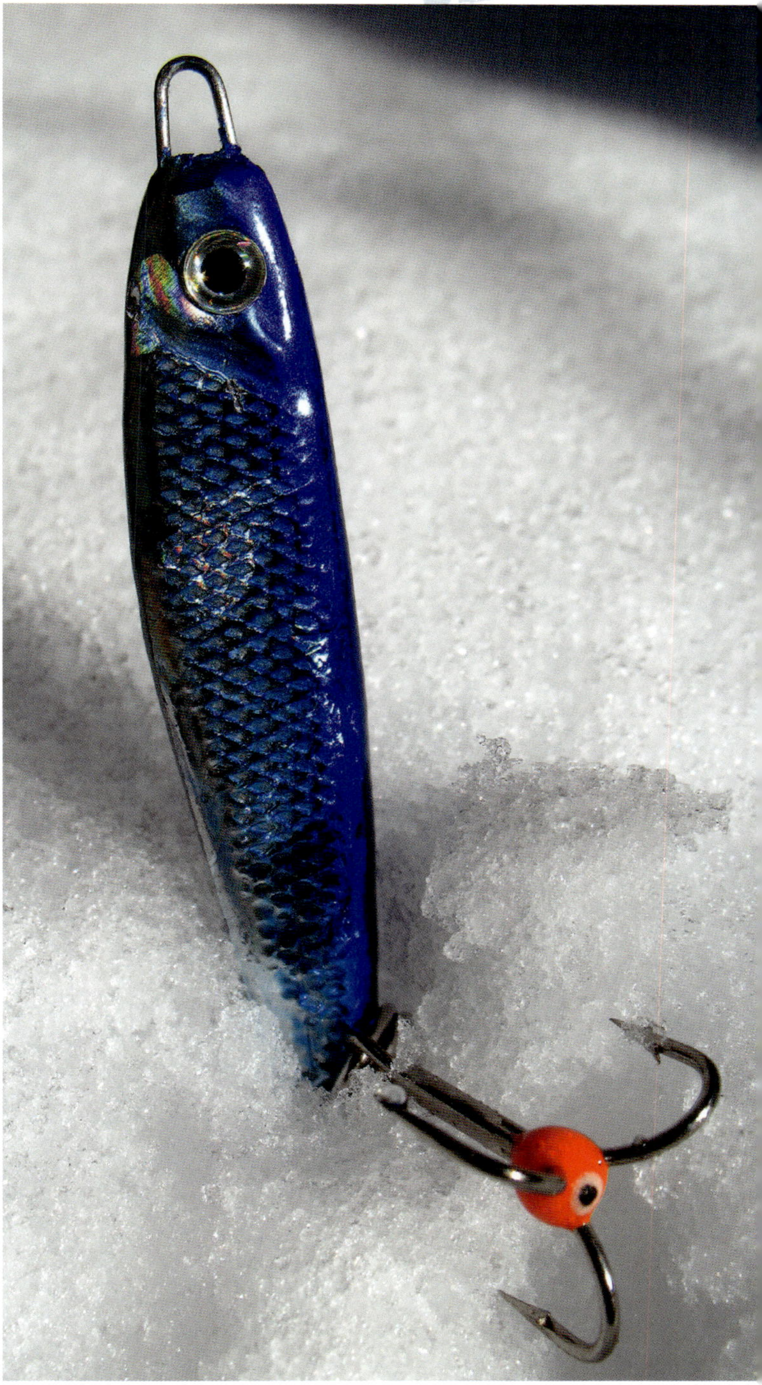

Eigentlich ist der Zocker ein Sprung-Köder. Doch im Winter fängt er besser, wenn du ihn langsamer führst.

FEBRUAR

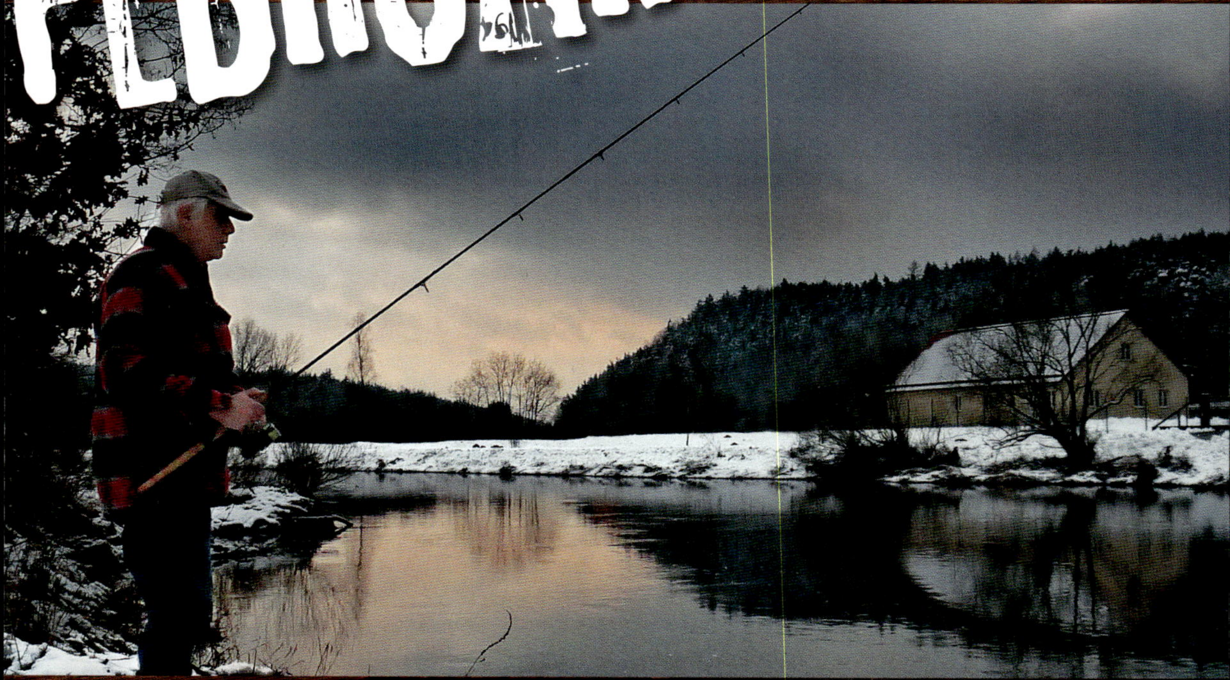

Schnee-Mann mit Angelrute: Der Februar ist ein guter Monat für Allwetter-Fische wie Rotauge und Barsch.

1. – 10. Februar

Rotauge – eiskalt erwischt

Kein Schneetreiben kann zu dicht, kein Tag zu kalt sein – Rotaugen beißen immer. Aber im Winter musst du feiner und raffinierter angeln, um die Weißfische eiskalt mit deinem Köder zu erwischen.

Februar 1 Fließender Erfolg

Fluss oder See – wo beißen die Rotaugen im Winter besser? Im Fluss! Hier müssen die Fische ständig gegen die Strömung anschwimmen. Das hält wach, verbraucht Energie und macht Hunger. Außerdem bewegt sich die Nahrung. Das Rotauge muss schnell zuschnappen, sonst ist der Brocken weg. Deshalb beißen die Winterrotaugen im Fluss meist beherzter als im See, wo sie lange am Köder herumstupsen und -knabbern.

Februar 2 Mut zur Mündung

Auch im Stillwasser gibt es einen Platz, an dem die Rotaugen ohne Scheu beißen: an Einmündungen. Wo ein Bach, ein Fluss oder ein künstlicher Zulauf in den See mündet, sind die Verhältnisse ideal: Der Einlauf trägt frische Nahrung ins Wasser, was die Fische anlockt. Und die Strömung bringt die Rotaugen in Bewegung, was Hunger macht. Das Driftangeln mit der feinen Pose ist unschlagbar. Einer meiner Lieblingsplätze für Winterrotaugen war lange Jahre der Einlauf des Hangkanals in den Schluchsee.

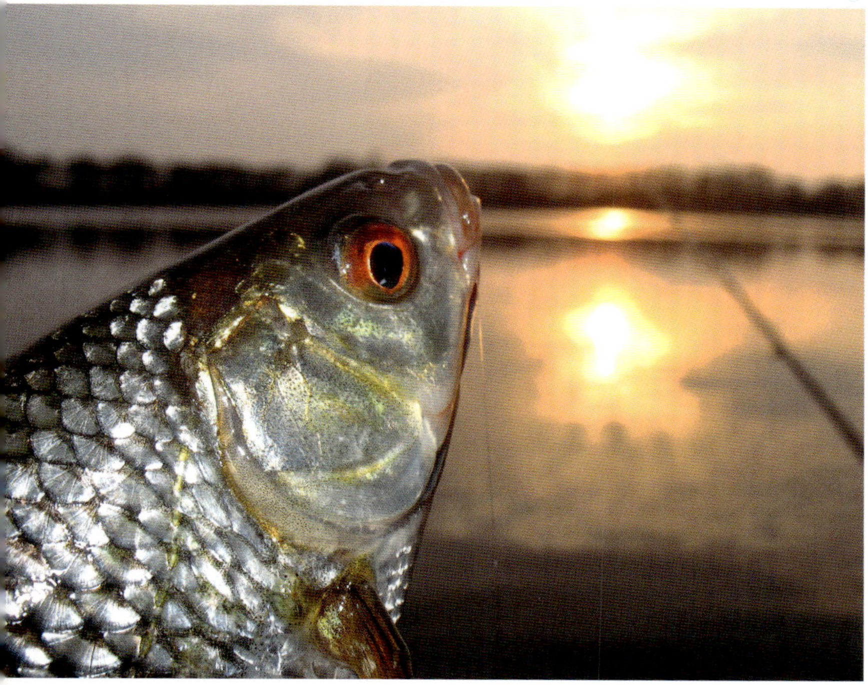

Mündungs-Fang: An kleinen Einläufen beißen im Winter prächtige Rotaugen.

Februar

3 Kalorienarm

Ein gutes Rotaugenfutter im Februar muss vor allem eines sein: kalorienarm. Sonst ist der kleine Hunger der Fische schnell gestillt und der Köder uninteressant. Also sollten fett- und zuckerreiche Futtergrundlagen wie Biskuitmehl tabu sein. Vielmehr hat sich Futter auf Grundlage von Paniermehl mit Zutaten wie Rösthanf bewährt.

Februar

4 Spitzen-Fänge

Wann ist eine Pose fein ausgebleit? Der eine Angler ist zufrieden, wenn der Körper seiner Pose versenkt und nur die Spitze sichtbar ist. Doch der andere legt so lange Mini-Bleischrote nach, bis nur noch ein Zentimeter sichtbar ist. So fein wie möglich ausbleien – dieser Weg ist auf vorsichtige Winter-Rotaugen der richtige! So senkst du die Zahl der Fehlbisse. Und hebst die Zahl der Fänge.

Februar

5 Nah-Schrot-Erlebnisse

Je feiner die Rotaugen beim Posenangeln beißen, desto näher muss das letzte Bleischrot beim Haken sein – damit du den Biss bemerken und ihn mit einem Anhieb quittieren kannst, ehe der Fisch wieder loslässt. Wann immer du viele Zupfer oder Fehlbisse hast: Rück das letzte Schrot näher zum Haken. Das verfeinert deine Bissanzeige. Manchmal reicht im Winter ein Abstand von fünf bis zehn Zentimetern.

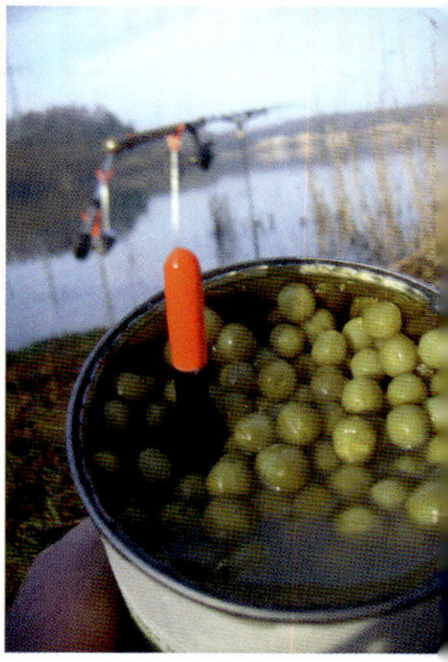

Mit Körbchen füttern, mit Pose fangen.
Ein guter Winterköder sind butterweiche Dosenerbsen.

FEBRUAR

Februar

6 Hilfreicher Korb

Mit der Feederrute anfüttern und mit der Matchrute angeln – ideal für Februar-Rotaugen! Füll den Futterkorb, fixier mit der Feederrute einen Punkt am Ufer gegenüber und klink nach dem ersten Wurf die Schnur in den Rollenclip. So triffst du dieselbe Stelle immer wieder. Bring den Futterkorb drei- bis fünfmal aus, ehe du die Pose an dieselbe Stelle wirfst. Die Schnur fixierst du ebenfalls im Clip. Nun kannst du den Platz immer wieder anwerfen: Mit der Feederrute, um punktgenau zu füttern – und mit der Matchrute, um punktgenau zu fangen.

Februar

7 Spitzen-Ziel

Warum sollest du dich mit einer 9- oder 12-Meter-Kopfrute ans Ufer setzen – obwohl du dieselbe Wurfentfernung auch mit einer 4-Meter-Matchrute erreichen kannst? Weil du mit der »Stippe« exakter angeln und füttern kannst. Profis platzieren ihre Futterbälle oft genau auf Höhe der Rutenspitze, wo sie auch ihre Pose ins Wasser lassen. So fischen sie zentimetergenau in der Futterspur – eine Maßarbeit, die im Winter oft durch dicke Rotaugen belohnt wird.

Rotaugen lieben Mais. Beim Füttern ist pürierter Mais im Winter am effektivsten.

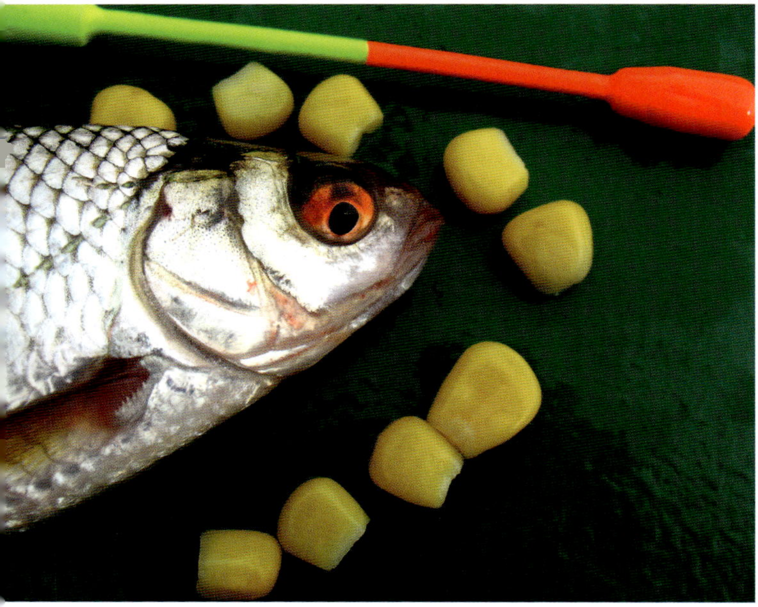

Februar

8 Tolle Tasse

Pole cup – so nennen die Engländer eine kleine Tasse, die an der Spitze einer Stipprute befestigt, mit Futter gefüllt und direkt über dem Angelplatz entleert wird. Gerade leichtes Lebend- und Partikelfutter lässt sich auf diese Weise so ausbringen, dass du mit kleinen Mengen große Effekte erzielen kannst. Wie gemacht fürs winterliche Angeln in flachem Stillwasser!

Februar

9 Püriert serviert

Über zwei Jahre lang war ein Rotauge mein Schreibtisch-Nachbar – es schwamm im Aquarium meines Büros. Mais gehörte zu seinen Lieblingsspeisen. Aber nicht die Schale! Alle Maisschalen spuckte es nach dem Fressen wieder aus – der Leckerbissen war nur die Füllung. Seit ich das beobachtet habe, püriere ich meinen Mais vor dem Angeln oft, ehe ich ihn ins Futter mische. Pürierter Mais hat gerade im Winter eine große Lockwirkung. Er ist übrigens auch eine gute Füllung für den Futterkorb, wenn du diesen links und rechts mit einem Teigpfropfen sicherst.

Februar

10 Blitzanhieb

Wann trifft der Anhieb bei Winter-Rotaugen ins Schwarze? Solltest du schon beim ersten Nippen anhauen? Oder wartest du besser, bis die Pose stetig wandert? Alles hängt von der Tagesform der Fische ab. Wenn du viele Zupfer hast, aus denen sich nichts mehr entwickelt – schlag blitzschnell an. Bei kleinen Ködern gilt: Wann immer sich deine Pose bewegt, muss der Köder im Maul des Fisches sein – und der Anhieb kann sitzen.

11. – 20. Februar

Barsch – zehn Tricks für den Bodenkampf

Der Barsch ist ein Fisch mit Tiefgang – zumindest im Winter. Wenn du dicht am Boden angelst, hast du beste Fangchancen. Und eine zittrige Hand ist bei einigen Methoden durchaus nützlich …

Februar 11 Hang-Lage

Was haben Millionäre und Barsche gemeinsam? Beide ziehen oft einen Wohnsitz in Hanglage vor. Im Februar fressen große Barsche mit Vorliebe am Fuß von Barschbergen. Hier sammelt sich Treibnahrung, und der Weg ins flachere Wasser ist kurz – ideale Übergangsplätze zwischen Winter und Frühjahr. An milden Tagen lohnt es sich, den Barschberg auch an etwas höher gelegenen Stellen zu befischen.

Februar 12 Bodenhaftung

Ob mit Twister, Pilker oder Mormyschka: Lass deinen Köder immer wieder auf den Grund tippen. Dann wartest du kurz, ehe der Köder wieder Fahrt aufnimmt. Dieser Bodenkontakt wirbelt Sedimente auf, macht Lärm und bringt die trägen Barsche auf Trab. Oft musst du an derselben Stelle zehn Minuten lang »klopfen«, ehe ein Barsch auf seine Weise antwortet: mit einem Biss.

Februar 13 Aktiv am Grund

Aktives Grundangeln ist ein Barsch-Bringer: Montier ein kleines Birnenblei, ein 50-Zentimeter-Vorfach aus Fluorocarbon und einen langschenkligen 6er Haken. Auf diesen Haken ziehst du einen halben Tauwurm, und zwar so, dass sein Ende wie ein Twisterschwanz schwänzelt. Diese Montage wirfst du aus, lässt sie 20 Sekunden liegen und zupfst sie dann aus dem Handgelenk je einen Meter zu dir heran. Bei einem Biss schlägst du mit leichter Verzögerung an – eine enorm effektive Barschmethode im Februar!

Erfolgsduo: Wenn ein Wurm duftet und ein Twister schwänzelt, packen die Barsche zu.

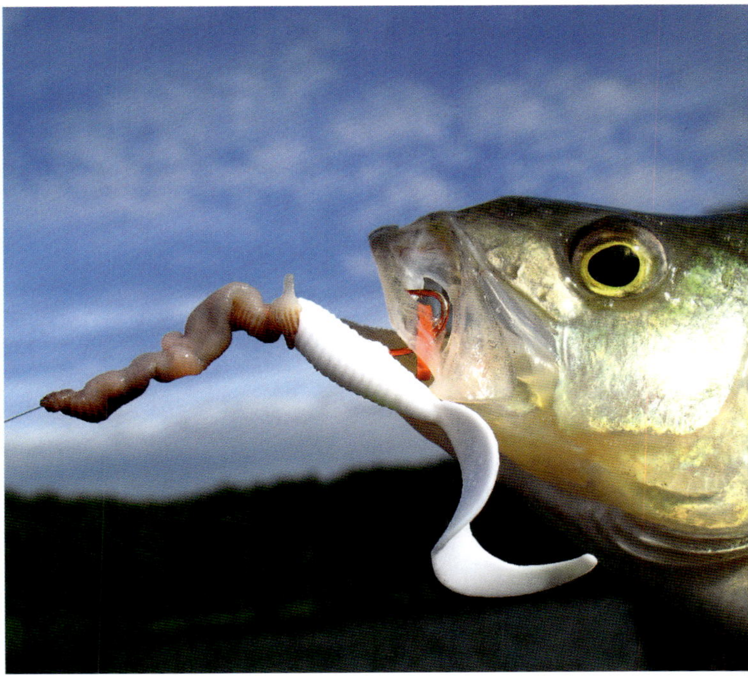

Februar

14 Lock-Schuppen

Wohin mit den Schuppen eines ausgenommenen Rotauges? Bloß nicht in den Müll! Diese glitzernden Schuppen sind ein fantastisches Lockfutter für Barsche. Du kannst sie durchs Eisloch rieseln lassen, vom Boot ins Wasser streuen oder mit einer leichten Paniermehlmischung einwerfen. Der silberne Schuppenregen lockt die neugierigen Barsche an den Angelplatz und schürt ihre Gier. Ein kleiner Silberpilker fängt dazwischen vorzüglich.

Aufgepasst beim Montieren! Der Abstand zwischen Blei und Dropshot-Köder sollte im Winter geringer als im Sommer sein.

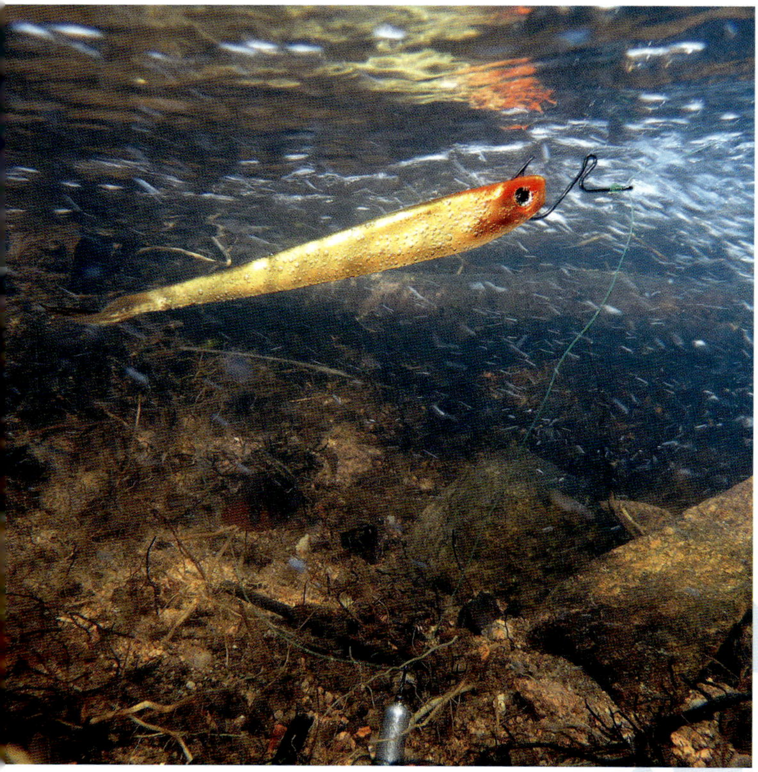

Februar

15 Schonzeit-Problem

Was tun, wenn an deinem Gewässer die Hecht-Schonzeit beginnt – und alle Kunstköder verboten sind? Ganz einfach: Ersetz die Gummis durch Würmer. Ein Mist- oder Tauwurm ist ein kaum zu schlagender Köder an der Dropshot-Montage. Sogar auf einem Twisterhaken lässt er sich einwandfrei anbieten. Einzige Gefahr: Du könntest so gut fangen, dass du künftig Gummis meidest ...

Februar

16 Dropshot

Einige Dropshot-Angler wundern sich, dass sie im Winter so schlecht fangen. Die Erklärung: Sie bieten ihren Köder wie gewohnt 50 Zentimeter über dem Blei an – viel zu hoch für Februar-Barsche! Probier einmal, den Abstand zwischen dem Endblei und deinem Köder zu verkürzen. An manchen Tagen können schon zehn Zentimeter reichen. Winterbarsche stehen wirklich in der Kelleretage – und genau dort muss dein Dropshot-Köder schwänzeln.

Februar

17 Radau und Stille

Die Neugier der Barsche ist auch im Winter größer als ihre Trägheit. Eine Strategie, mit der du diese Tatsache nutzen kannst: Lass einen 100-Gramm-Pilker zum Grund, mach fünf Minuten ordentlich Lärm und lass danach am feinen Geschirr einen Mini-Köder ins Wasser, zum Beispiel eine Mormyschka. Oft hat der Radau hungrige Barsche angelockt, die du nun auf die feine Tour ernten kannst.

Februar

18 Barsch-Paternoster

Ein Winterbarsch kommt selten allein. Aber wie schaffst du es, mit einem Streich gleich mehrere Barsche zu verhaften? Ganz einfach: Verwende – wo erlaubt – ein Paternoster, eine Montage mit mehreren Haken. Eine Hegene oder ein Dropshot-Vorfach mit mehreren Armen kann dir Doppel- oder

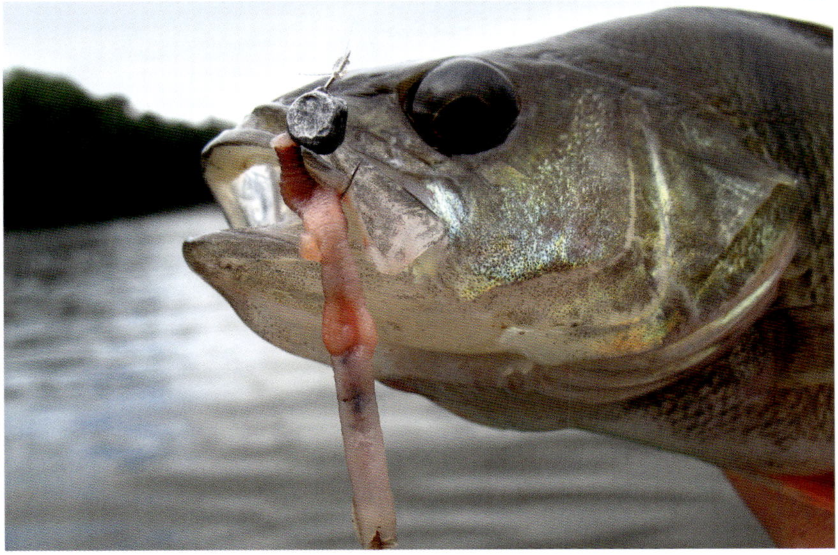

Erfolgreicher Eigenbau: Die Schrot-Mormyschka läuft tief – und fängt großartig.

Dreifachschläge bescheren. Voraussetzung: Hol die Montage nicht sofort nach oben, wenn ein Fisch gehakt ist, sondern lass sie noch einen Moment auf Fangtiefe.

Februar

19 Schrot-Mormyschka

Du willst mit Mormyschka angeln, hast aber keine zur Hand? Kein Problem, du benötigst nur einen schlanken 12er bis 14er Haken und ein Bleischrot. Das Schrot wird auf den Hakenschenkel geklemmt, der Haken mit einem Wurm bestückt – und schon hast du einen Köder der Extraklasse im Einsatz. Ich fische die Bleischrot-Mormyschka besonders gern, weil ich das Gewicht der Schrote variieren kann – für tiefes Wasser sind mir die klassischen Mormyschken meist zu leicht.

Februar

20 Tanzendes Fischchen

Der weltbeste Barschköder ist zu allen Jahreszeiten derselbe: ein winziges Köderfischchen. Es fängt vorzüglich, wenn du es mit einem Bleischrot über den Grund zupfst. Oder eine Posenmontage ganz langsam einkurbelst, während das Fischchen am Grund schleift. Wichtig: Nimm dünndrahtige Haken. Und warte beim Biss etwa fünf Sekunden mit dem Anhieb.

21. – 28. Februar

Angelwetter – wann es beißt

Ein alter Kollege von mir sagte immer: »Angelwetter ist dann, wenn die Fische beißen.« Aber welche Wetterlagen schieben deinen Erfolg an? Hier folgt ein kleiner Fangwetter-Bericht (fürs ganze Jahr).

Februar

21 Göttlicher Regen

Was geschieht, wenn ein kräftiger Regen herab prasselt? Erstens steigt das Wasser – das lockt die Fische aus ihren Unterständen. Zweitens wird Nahrung ins Wasser gespült, zum Beispiel Würmer und Schnecken – natürliches Anfutter! Und drittens trübt der

Regen das Wasser – das lässt alle Fische ausschwärmen, sogar die nachtaktiven wie Aal oder Quappe. Am besten fängst du kurz nach einem Regenguss. Effektivster Köder ist jetzt der Wurm.

Dicke Regentropfen bedeuten oft dicke Fänge. Der Regen spült natürliches Anfutter ins Wasser.

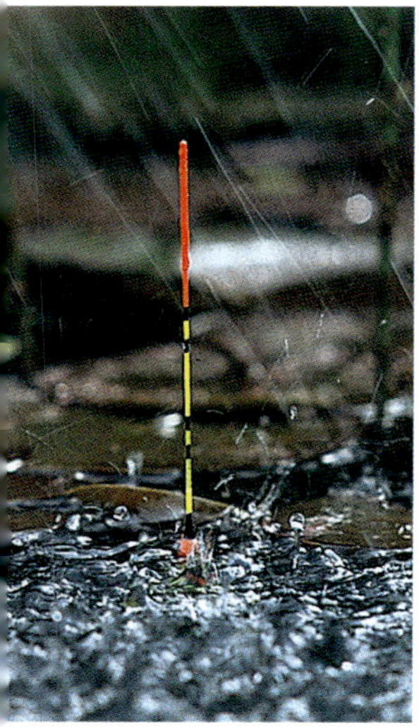

Februar

22 Gewitter ist nicht bitter

Wenn es am Himmel kracht, als trommelte Petrus in einer Punkband, ist das ein Wecksignal: Ein Gewitter bringt Fische auf Trab. Meist gehen Blitz und Donner mit schwüler Luft, mit heftigen Regengüssen und fetten Wolken einher – eine Kombination, die den Fischen Appetit macht. Ob auf Aal oder Forelle, auf Hecht oder Zander: Kurz vor oder nach einem Gewitter sind exzellente Fänge drin. Aber nicht beim Gewitter angeln, sonst könntest du unfreiwillig zu »Mister 100.000 Volt« werden.

Februar

23 Wärmespender

Ein warmer Frühlingsregen ist fürs Angeln ein Segen! Wann immer die Temperatur des Regens deutlich über der Temperatur des Wassers liegt, darfst du mit einem Fressschub rechnen. Denn je wärmer das Wasser ist, desto mehr Energie und folglich Nahrung brauchen die Fische als wechselwarme Tiere. Gerade Fische wie Karpfen, Schleie und Brassen geben in den Stunden nach dem Regen zum ersten Mal ihre Winterdiät auf und langen kräftig zu.

Februar

24 Hilfreicher Wind

Stell dir vor, du wirfst einen Luftballon auf deinen See – in welche Richtung wird er treiben? Klar, mit dem Wind! Dasselbe passiert unter Wasser mit der Nahrung: Der Wind nimmt sie mit. Auch warmes Wasser, wie es bei Sonne an der Oberfläche entsteht, wird vom

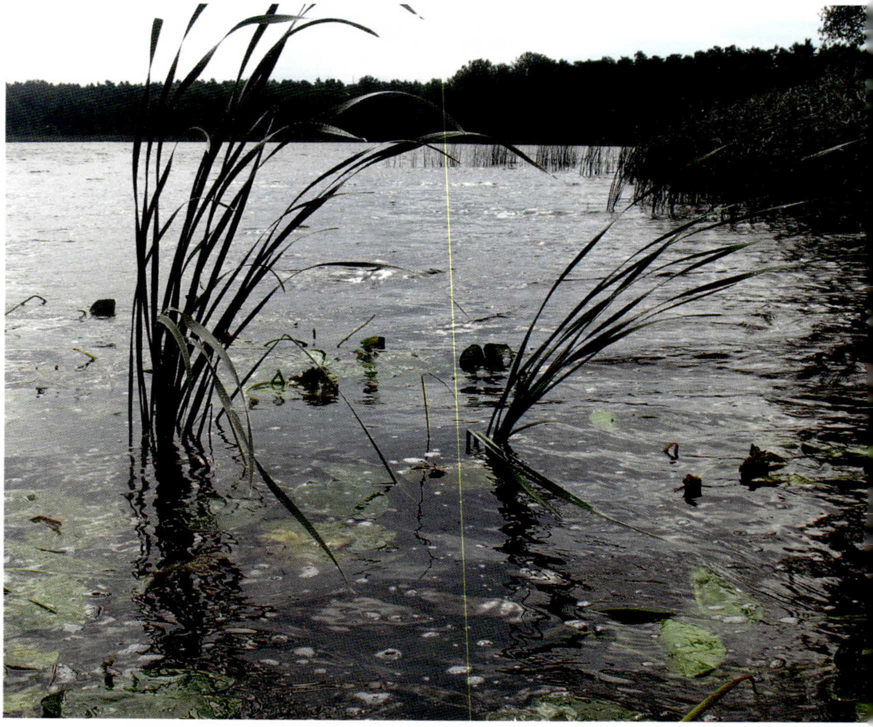

In welche Richtung neigt sich das Schilf? Das Ufer, auf das der Wind steht, wird von den Fischen im Frühjahr bevorzugt.

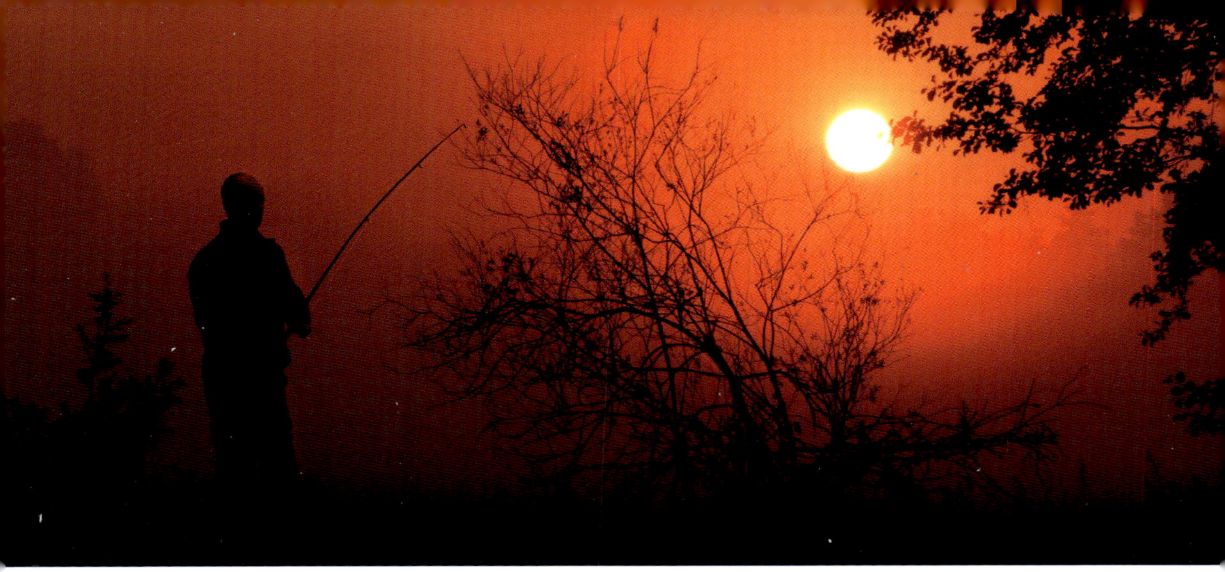

Wind auf ein bestimmtes Ufer gedrückt. Erfahrene Angler wissen: Am windzugewandten Ufer sind die besten Fänge drin. Erst recht im Frühjahr. Kleine Buchten können große Fische bringen.

Februar
25 Der Ost-West-Konflikt

Woher weht der Wind? Diese Frage kann vor dem Angeln lohnen, denn die Erfahrung zeigt: Bei Ostwind ist das Fangen schwierig (wenn auch nicht unmöglich). Dagegen füllt sich der Kescher bei Westwind leichter. In der Regel ist eine konstante Windrichtung fürs Fangen deutlich vielversprechender als wechselnde Winde. Hör mal in den Wetterbericht, bevor du zum Angeln fährst.

Februar
26 Günstige Gradzahl

Viele Angler schauen aufs falsche Thermometer: Sie messen die Luft-, nicht die Wassertemperatur. Wenn du in deinem Fangbuch die Wassertemperatur notierst, bringt das einen gewaltigen Vorteil: Du kannst dich im nächsten Jahr an diesen Werten orientieren. In jedem Gewässer gibt es zum Beispiel eine Gradzahl, ab der die Schleien im Frühjahr beißen; eine Gradzahl, bei der die Aale optimal laufen; eine Gradzahl, wenn die Zander vom Laichen zum Fressen übergehen. Wer misst, der fängt!

Februar
27 Das Luftdruck-Geheimnis

Luftdruck? Viele Angler haben keine Ahnung, dass er ihre Fänge beeinflusst. Doch Profis haben beobachtet: Je konstanter der Luftdruck, desto besser beißt es. Der Raubfischprofi Daniel Breig, dessen Hausgewässer der Rhein ist, vertritt die These: Hoher Luftdruck bringt bessere Fische. Ab einem Luftdruck von 1010 bis 1020 Hektopascal erwartet er gute Fänge – ab 1020 kapitale Fische. Achte mal drauf!

Februar
28 Nebel des Fangens

Nebel des Grauens? Nein, Nebel des Fangens! Einige meiner besten Hecht- und Zandertage, zum Beispiel am Plauer See, habe ich erlebt, als eine dicke Nebelsuppe überm Wasser hing. Dieses trübe Wetter sorgt den ganzen Tag für Dämmerlicht. Vielleicht ist das der Grund, warum etliche Fische bei Nebel besonders eifrig fressen – übrigens auch Schleien und Karpfen.

(Morgen-) Nebel trübt den Blick – aber hebt die Fangchancen.

MÄRZ

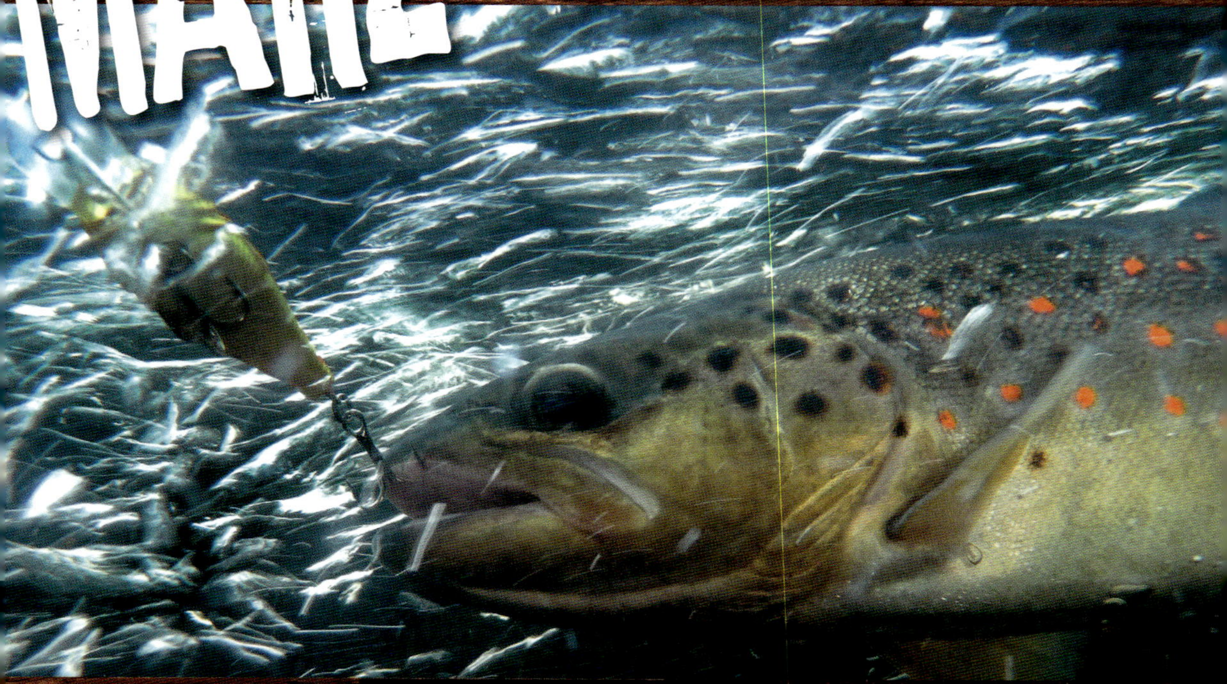

Auf die Forellen, fertig, los! Im März endet an den meisten Salmoniden-Gewässern die Schonzeit – und das Fangen beginnt, hier mit einem Wobbler.

1. – 10. März

Forelle – zehn Auftakt-Tipps

Auf die Forellenplätze, fertig, los! Nach der langen Schonzeit sind die Forellenangler bis in die Haarspitzen motiviert. Doch die Fische sind noch träge – mit ein paar Tricks kannst du sie wachkitzeln.

März
1
Miniköder für Maxifänge

In alten Angelbüchern heißt es: Die Forelle war Monate auf Diät, zum Saisonstart muss man ihr Riesenbrocken servieren. Unsinn! Je kleiner du Anfang März fischst, desto besser fängst du. 1er Spinner, Mini-Wobbler, winzige Streamer – solche Köder passen zum (noch) kleinen Hunger der Forellen. Erst recht in Bächen mit Schmelzwasser, wo die Aktivität der Fische der Wassertemperatur gleicht: nur knapp

März
2
Reizende Idee

Im März greift man gern zu Forellenködern, mit denen man im Herbst noch gut gefangen hat. Keine kluge Wahl! Am Ende der Saison sind die Forellen vorsichtig, beißen auf natürliche Dekors und unauffällige Köder. Anders zu Beginn der Saison: Nun haben sie fünf Monate lang keinen Köder mehr gesehen. Ihre Skepsis ist gering. Das kannst du nutzen, indem du die Fische mit Reizfarben wie Gelb, Orange oder

März

3 Schwänzelnd zum Erfolg

Fliegenfischer wissen es schon lange: Forellen lieben schwänzelnde Köder. Ein Marabou-Streamer, dessen Schwänzlein in der Strömung vibriert, macht die coolste Forelle heiß. Als Spinnfischer kannst du diese Idee übertragen: Nimm einfach einen Mini-Twister und zupf ihn langsam über den Grund. Dieser Köder ist oft ein Hit. Meine besten Fänge sind mir mit roten Twistern gelungen.

März

4 Entdeckung der Langsamkeit

Wie schnell holst du den Köder beim Forellenangeln ein? Einfache Regel: je kälter das Wasser, desto langsamer. Zum Saisonstart kann es sich lohnen, den Köder in Zeitlupe Richtung Ufer zu zupfen. Leg immer wieder Pausen ein, lass ihn in der Strömung spielen und absinken. Gerade wenn du nach solchen Ruhephasen wieder ankurbelst, kommen Bisse.

März

5 Klare Sache

Braucht man beim Forellenangeln ein Fluorocarbon-Vorfach? Eigentlich nicht. Aber im Frühjahr sind einige Bäche so klar, dass ein buntes Mono-Vorfach wie ein Stahlseil wirken kann. Darum: Mach es dir zur Gewohnheit, bei klarem Wasser deinen Köder an ein durchsichtiges Fluorocarbon-Vorfach zu knoten. Wenn eine große Forelle in ein Hindernis flüchtet, hält dieses Vorfach auch mehr Reibung aus.

März

6 Zweiter Anlauf

Wenn du deine Flussstrecke abgeangelt hast und dich auf den Rückweg begibst, ist der Angeltag noch nicht gelaufen: Nutz die Chance und mach an vielversprechenden Plätzen wie tiefen Kurven, Gumpen und Wehren noch mal einen Wurf – allerdings mit einem anderen Köder. Zum Beispiel Spinner statt Wobbler. Du wirst staunen, wie oft an den scheinbar abgefischten Stellen doch noch etwas beißt.

Natur pur? Nein, im Frühjahr fangen Reizfarben wie Gelb-Rot oft besser als natürliche Dekors.

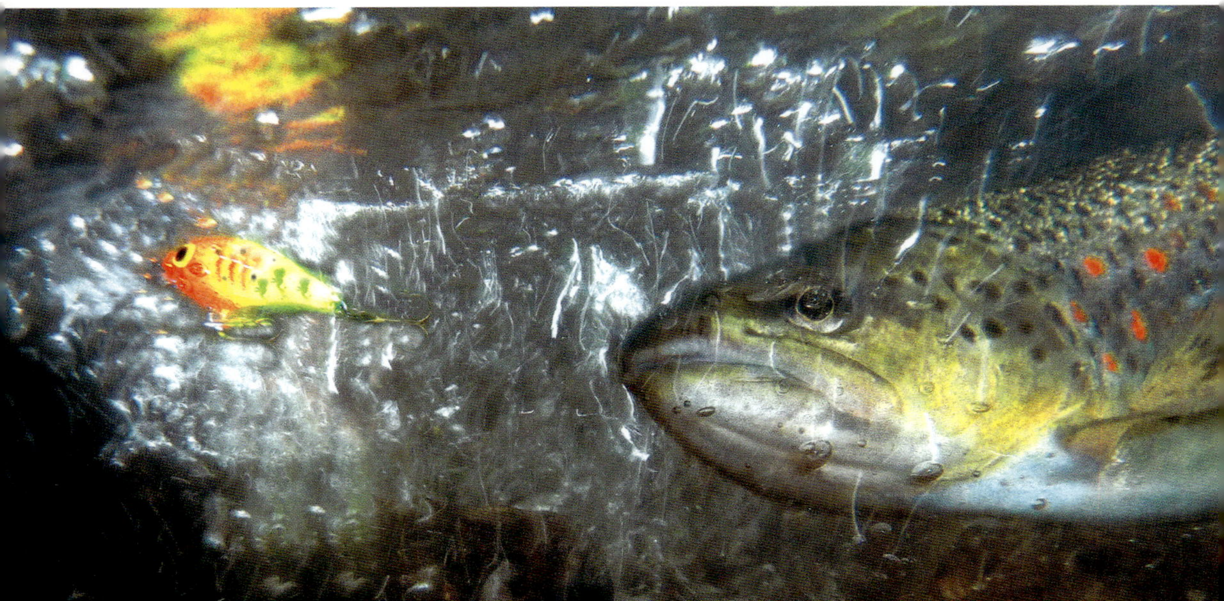

März
7 Robben für Forellen

Aus zwei Gründen musst du dich im Frühjahr besonders gut tarnen: weil du am Ufer kaum Deckung findest; und weil das Wasser glasklar ist. Mach es dir zur Gewohnheit, dich auf Knien an viel versprechende Stellen heranzupirschen. Hartgesottene Forellenangler robben sogar an ihren Bach heran. Solche Kniefälle werden oft belohnt – durch dicke Fänge.

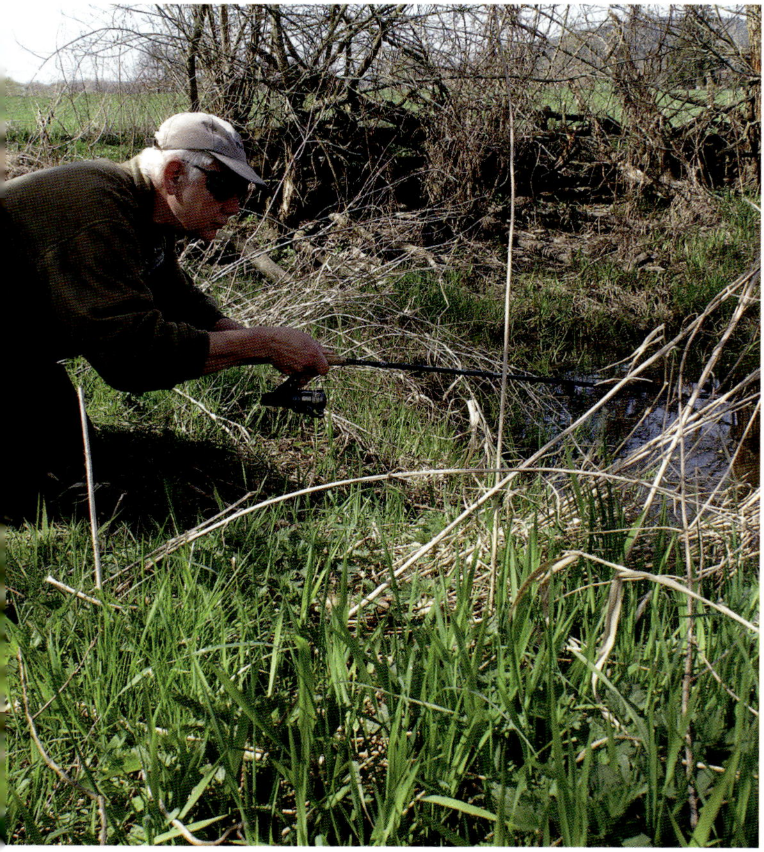

Feinarbeit. Wer beide Ufer abwechselnd befischt, lässt keine Forelle aus. Hier greift Fotograf Edwin Hartwich an, dessen Bilder die Schmuckstücke dieses Buches sind.

März
8 Haustür-Verkauf

Was tut ein Haustür-Verkäufer? Er wartet nicht, dass du in sein Geschäft kommst – er dreht dir seine Ware vor deinem Haus an. Derselbe Trick funktioniert auf Forellen: Warte nicht, dass sie deinem Köder folgen – lass ihn direkt vor den Verstecken spielen. Zum Beispiel kannst du einen Schwimmwobbler vor einer Baumwurzel immer wieder abtauchen, zucken und zur Oberfläche ploppen lassen, ohne zu kurbeln. Irgendwann ist die Forelle so genervt, dass ihr nur noch eine Gegenmaßnahme einfällt: Sie beißt!

März
9 Mit dem Strom

In welche Richtung holt der typische Spinnfischer seinen Salmonidenköder ein? Gegen die Strömung. Und in welche Richtung holt ihn der pfiffige Angler ein? Mit der Strömung! Dann läuft dein Spinner tiefer, erreicht die Standplätze besser und weckt weniger Misstrauen. Zudem hakst du mehr Fische, da beim Kurbeln kaum Druck auf deiner Rute ist. Das gilt auch für Saiblinge.

März
10 Schweizer Fangrezept

In der Schweiz ist es ganz normal: Forellenangeln mit Wurm. Diese Angelart kann durchaus waidgerecht sein. Probier es, wo erlaubt, einmal aus: Montier einen saftigen Mistwurm, schalte 30 Zentimeter davor ein oder zwei Bleischrote, wirf stromauf und lass die Montage mit der Strömung wandern. Deine Rute zeigt nach oben, wie beim Nymphenfischen, sodass möglichst wenig Schnur im Wasser ist. Du hältst engen Kontakt zum Köder. Sobald deine Montage verharrt (und es gar zupft!), schlägst du an – dann hängen die Forellen vorne.

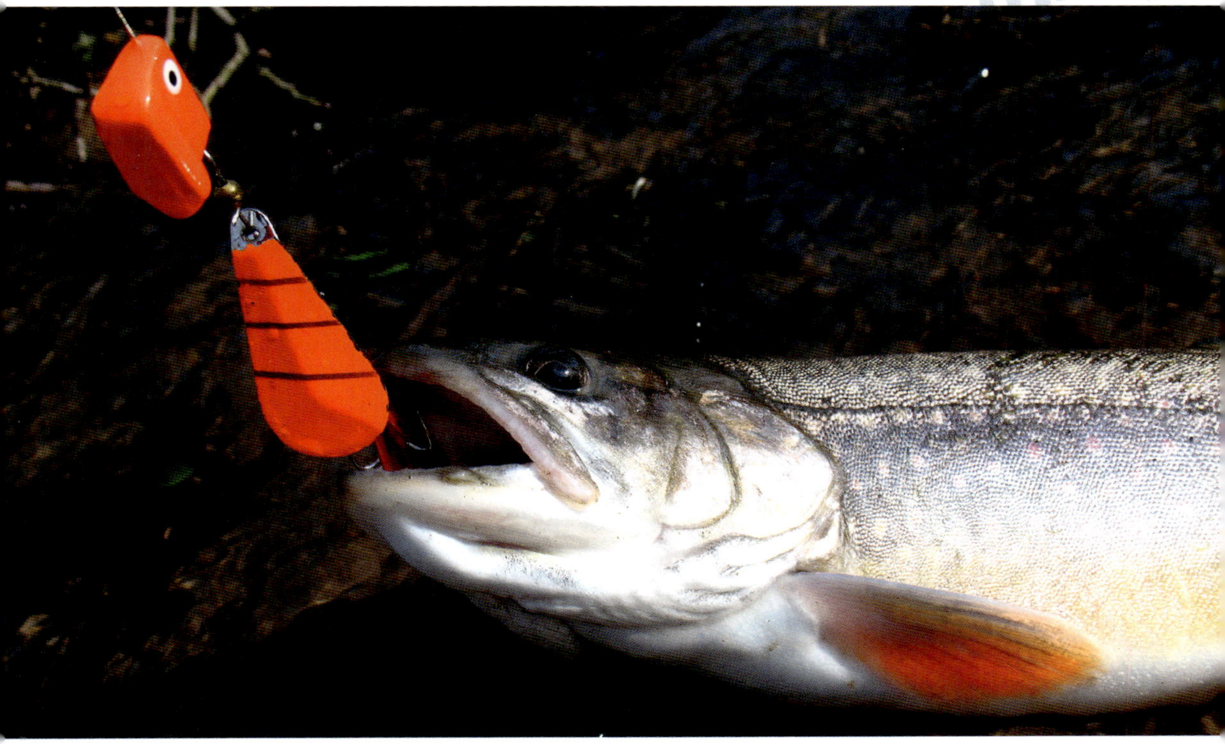

Der Spinner lief mit der Strömung – bis ihn diesmal keine Forelle, sondern ein hübscher Saibling stoppte!

11. – 20. März

Brassen – kalte Klodeckel

Brassen sind Frühstarter: Meist beißen sie zeitiger im Jahr als Karpfen. Aber die kalten Klodeckel führen sich wie Diven auf – du musst sie mit guten Argumenten an den Haken locken.

März

11 Das Such-Thermometer

Im Stillwasser gilt die Formel: Je wärmer das Wasser an einer Stelle ist, desto eher sind dort Brassen. Deshalb lohnt es, mit einem Thermometer eine Runde um den See zu drehen. An welchem Ufer, in welchem Seeabschnitt, in welcher Bucht ist das Wasser wärmer als anderswo? Nimm es sehr genau: Schon 0,2 Grad können über den Fangerfolg entscheiden.

März

12 Die große Zucki-Show

Welche fünf Brassenköder fallen dir auf Anhieb ein? Vielleicht ist einer der besten nicht dabei: die Zuckmückenlarve. »Zuckis« – wie man die roten Larven auch nennt – bekommst du in der Zoohandlung, meist in Plastikbeutel eingeschweißt. Beim Angeln hälterst du die empfindlichen Larven auf Zeitungspapier oder in einer wassergefüllten Wanne. Zieh eine Zuckmückenlarve auf einen dünndrahtigen Haken, wirf sehr vorsichtig aus (sonst fällt sie ab) und heb auch Zuckis unter dein angefeuchtetes Grundfutter. Ein absoluter Brassen-Killer! So wurden schon Stippweltmeisterschaften gewonnen – und tolle Frühlingsbrassen gefangen.

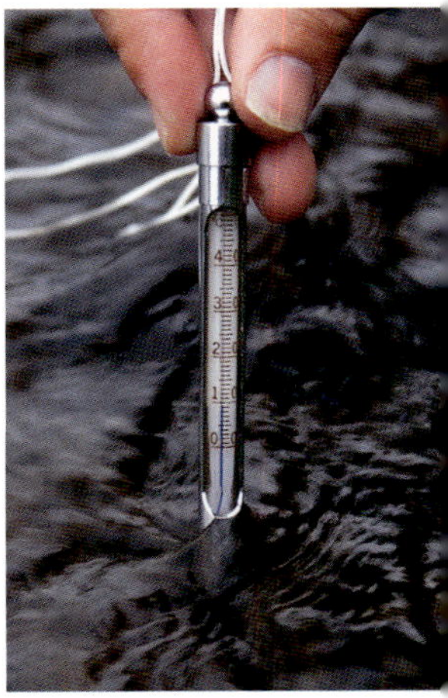

Wärme-Fahndung: An welchem Ufer ist das Wasser am wärmsten? Hier warten die Frühlings-Brassen.

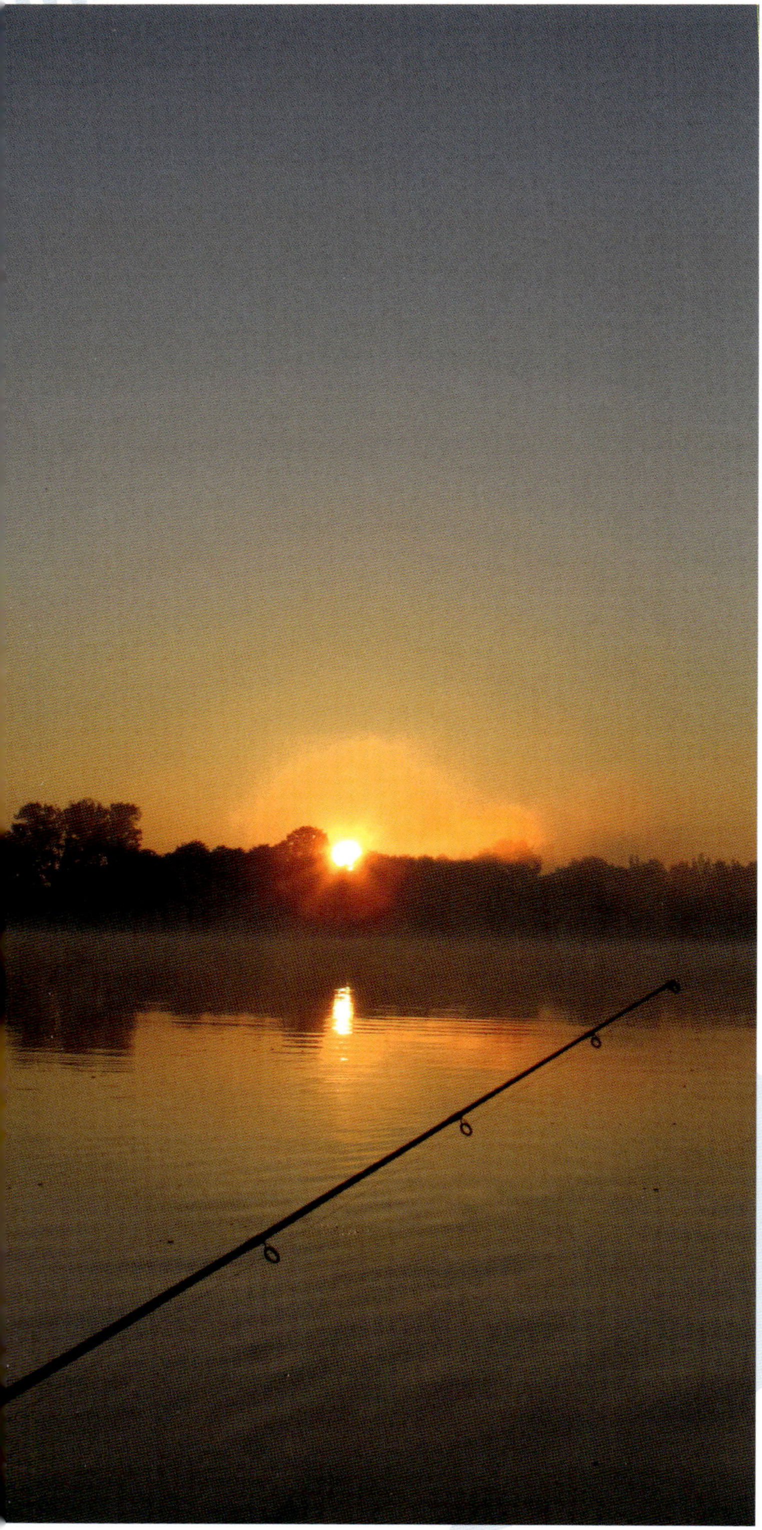

Traumhafter Morgen! Wer den Großteil seines Futters zu Beginn einwirft, kann beim Brassenangeln die Stille genießen

März
13 Wolke im Stillen

Wenn du Frühlingsbrassen im Stillwasser anfütterst, brauchst du ein Futter, das nicht erst am Grund zerfällt, sondern schon beim Einfallen eine verführerische Wolke bildet – gerade im flachen Wasser ist der Lockeffekt dann um ein Vielfaches größer. Auf zwei Wegen erreichst du das: Entweder lässt du dein Futter recht trocken. Oder du machst es überfeucht. Probier mit einem kleinen Ball vorm Ufer, wie sich dein Futter beim Einfallen verhält.

März
14 Kies im Fluss

Im Fluss bringt das Brassen-Füttern ein Problem mit sich: Wie erreichst du es, dass dein Futter tatsächlich am Angelplatz liegen bleibt – und nicht ein paar Hundert Meter flussab die Brassen sättigt? Ein Trick der Profi-Stipper hilft dir weiter: Bis zu einem Drittel Kies mengen sie in ihr Trockenfutter (als Grundlage kann Paniermehl dienen). Ein so beschwertes Futter sinkt schnell ab und lockt die März-Brassen tatsächlich an deinen Angelplatz. In diesem Fall solltest du auf lebende Maden als Beigabe verzichten – sie zersetzen das Futter zu schnell, sodass es vom Platz treibt. Nimm Caster!

März
15 Maden mit Pulver

Egal, mit welchem Lebendköder du angelst, ob mit Zuckmückenlarven, Maden oder Mistwürmern: Probier einmal, diesen Köder durch ein Gewürz aus deiner Küche zu verfeinern. Einige Experten schwören darauf, ihre Lebendköder vor dem Angeln mit Curry- oder Paprikapulver zu überstreuen. Das sorgt für eine Geschmacksnote, die gerade bei kälterem Wasser Eindruck hinterlässt.

März 16 Klug mit Knoblauch

Unabhängig davon, ob du Knoblauch magst oder nicht – du wirst zugeben, dass er dem Essen eine eigene Note gibt. Das gilt auch für dein Futter oder deinen Teig. Im Frühjahr kann der Versuch lohnen, eine Knoblauchzehe in dein Grundfutter zu pressen oder einen Teil davon als Geschmackszugabe für deinen Angelteig zu verwenden. An kälteren Tagen ist das Sommer-Süßmaul Brassen ganz wild auf deftige Knoblauch-Kost.

März 17 Die 90-Prozent-Regel

Der vielfache Stippmeister Michael Schlögl hat einmal im BLINKER verraten: Wenn's auf Brassen geht, wirft er bis zu 90 Prozent seines Futters zu Beginn des Angeltages ein. Eine gute Strategie für Frühjahrsangeln in flachem Wasser, denn jeder weitere Einwurf kann die scheuen Fische verjagen. Außerdem ist die Lock- und Duftwirkung einer größeren Futtermenge nicht zu verachten.

März 18 Überwurf

Was tun, wenn du mit Futterkorb im Flachwasser angelst? Jedes Mal, wenn du deinen Angelplatz anwirfst, veranstaltet der Korb beim Auftreffen einen Heidenlärm. Gegenmittel: Überwirf den Platz und hol den Korb zum Beispiel fünf Kurbelumdrehungen heran. Das funktioniert aber nur, wenn dein Futter im Korb so fest haftet, dass es sich nicht schon beim Auftreffen im Wasser verteilt. Probier das in Ufernähe aus!

März 19 Rettende Kruste

Ein Brassenköder der Extraklasse, der Phasen ohne Biss verkürzen kann, ist die Brotkruste. Reiß ein frisches Brötchen auseinander, gefrier es luftdicht ein und tau es zum Angeltag auf – dann bekommt es eine zähe Konsistenz. Nun ziehst du ein daumennagel-großes Krustenstück auf einen 8er Haken und setzt direkt davor ein Bleischrot. Im Wasser quillt die Kruste auf, steht verlockend über deinem Futterplatz und flutscht beim Ansaugen wie von allein ins Brassenmaul.

März 20 Die Haken-Lüge

Je kleiner, desto besser – nach diesem Motto wählen die Stipper oft ihren Haken aus. Beim Angeln auf Fische mit kleinen Mäulern, wie Rotaugen oder Lauben, mag das stimmen. Nicht aber auf Brassen. Denn ihr Maul ist groß, ein 22er Haken gleitet beim Anhieb oft mitsamt Köder wieder hinaus. In der Regel bleiben an 14er bis 16er mehr Brassen hängen. Ködere einfach zwei Maden oder Zuckis an – dann ist der Haken gut bedeckt.

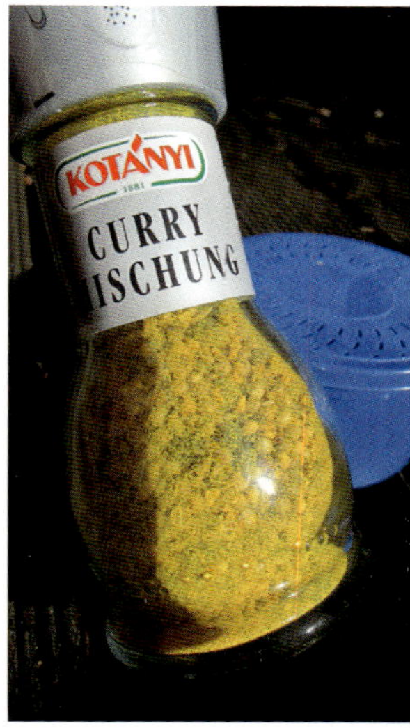

Rezept aus der Anglerküche: Wer Maden mit Curry verfeinert, lockt im Frühjahr mehr Brassen.

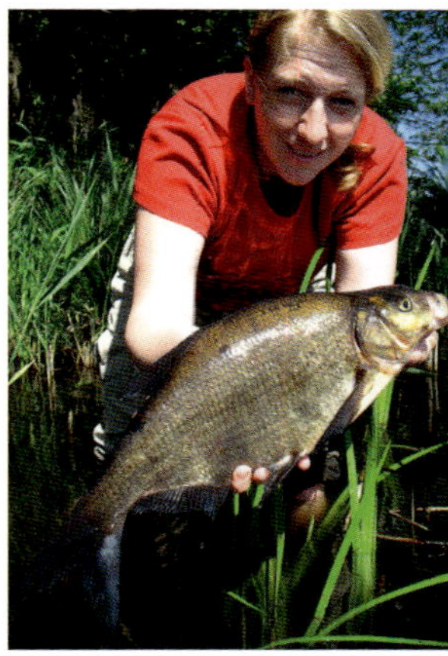

Wenn du Fische wie diesen dicken Brassen mit dem Futterkorb überwirfst, bleiben sie arglos.

21. – 31. März

Karpfen – Gong zur ersten Runde

Der kleine Hunger der Karpfen reicht manchmal für große Fänge – aber nur, wenn du gezielt eine Begegnung zwischen den Fischen und deinem Köder herbeiführst. Gong frei zur ersten Karpfen-Runde!

März

21 Ins Schwarze treffen

Wo erwärmt sich das Wasser am schnellsten? Das hängt von der Windrichtung ab, vom Einfall der Sonne – aber auch von der Farbe des Gewässergrundes. Die dunklen Stellen des Gewässers können dir zu Sternstunden auf Karpfen verhelfen. Schlammiger Boden bringt zum Saisonstart mehr als kiesige oder sandige Abschnitte. Das gilt gerade im flachen Wasser oder dort, wo sich einzelne schwarze Abschnitte zwischen hellem Grund finden – hier dient die dunkle Farbe den Karpfen auch zur Tarnung.

März

22 Spurenleserei

Im Frühjahr steht und fällt dein Erfolg mit der Platzwahl. Weil die Karpfen noch träge sind, kommen sie nicht über weite Strecken an deinen Futterplatz – sondern du musst an ihren Standplatz kommen. Beobachte das Gewässer genau: Wo steigen Gasblasen vom Gründeln auf? Wo trübt sich das klare Wasser durch wühlende Fische? Wo kannst du im Flachwasser Bugwellen, wandernde Rückenflossen oder gar springende

Augen auf am Ufer! Manchmal lockt die Frühjahrsonne die Karpfen im Flachwasser an die Oberfläche.

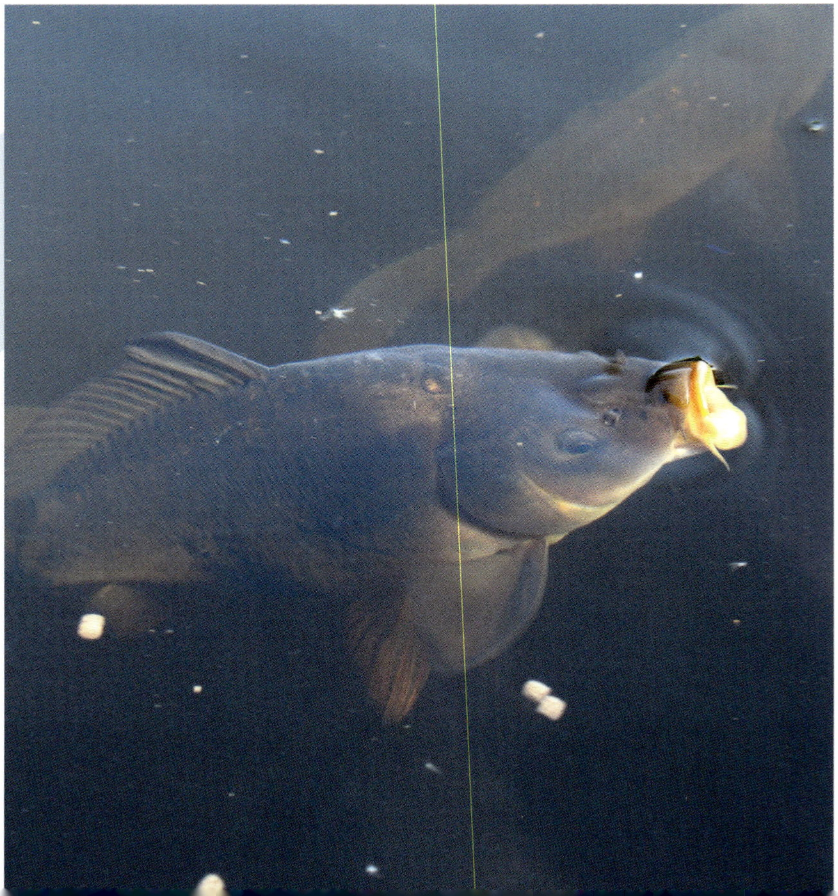

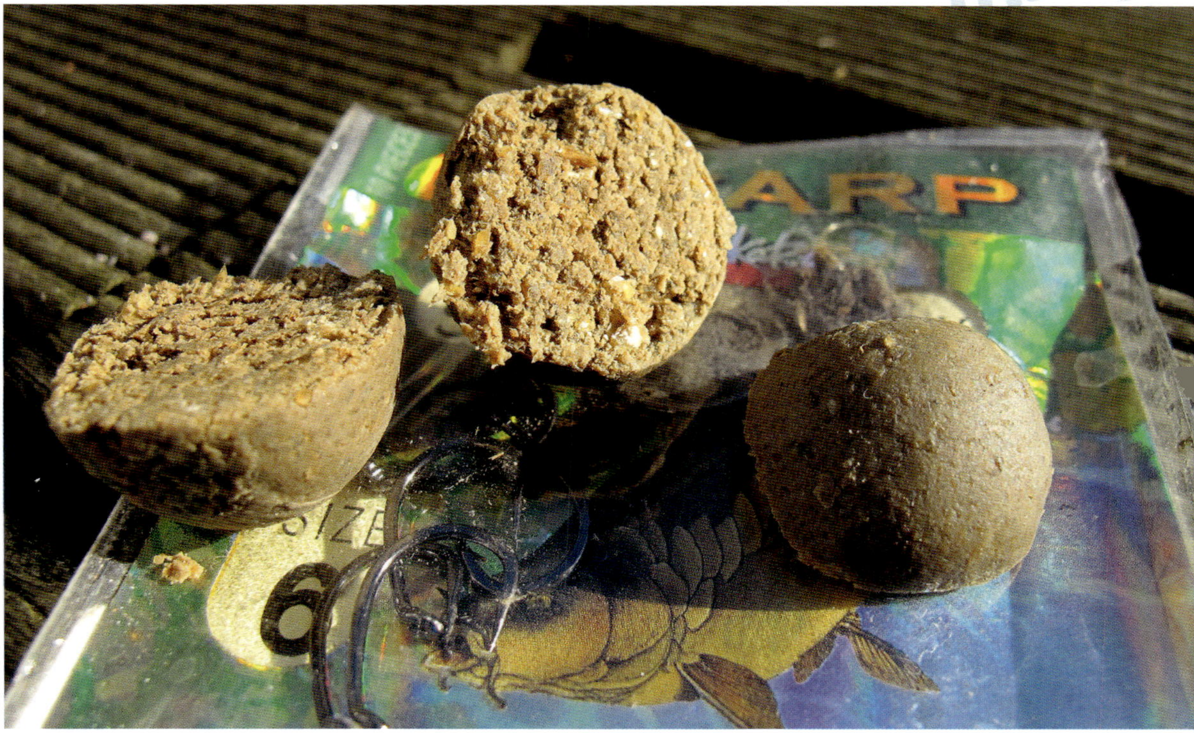

Fische entdecken? Wer vor dem Angeln gründlich schaut, fängt mehr!

März
23 Kleiner Futterplatz

Im Sommer versorgen viele Karpfenangler die Fläche eines Fußball-Strafraumes mit Futter, Motto: Je größer der Futterplatz, desto mehr Fische locke ich zum Köder. Bei den trägen Märzkarpfen geht diese Rechnung nicht auf: Die Fische drehen gesättigt ab, ehe sie den Köder erreicht haben. Darum: Wähl den Platz mit Bedacht. Je kleiner die Fläche, desto größer die Chancen.

März
24 Keine Boilie-Bomben

Boilies sind wahre Kalorien-Bomben. Nachteil im Frühjahr: Der kleine Hunger der Karpfen ist schnell gestillt. Deshalb sollten Boilies jetzt nur eine Beimischung deines Futters sein. Ein gutes Frühjahrsfutter besteht vor allem aus Partikeln wie Mais, Hanf und Tigernüssen. Auch Taubenfutter wird von Profis als Lockfutter geschätzt. All diese Partikel ziehen Karpfen ebenso gut wie Boilies an – aber sättigen nicht so schnell.

März
25 Halbierte Boilies

Ob als Anfutter oder als Hakenköder – wer sagt eigentlich, dass Boilies immer unversehrte Murmeln sein müssen? Eine größere Duftwirkung geht von halbierten oder geviertelten Boilies aus. Die zerteilten Futterbrocken und Köder regen im Frühjahr den Appetit der Karpfen an. Nachteil: In weißfischreichen Gewässern kann sich ungebetener Besuch an deinem Futterplatz einstellen. Vorteil: Kapitale Schleien sind als Beifang drin!

Halbe Portion, doppelt fängig: Halbierte Boilies duften stärker und locken die Karpfen schneller an.

März

26 Lockende Löcher

Meine besten Frühjahrskarpfen habe ich in einer Kuhle von zwei mal vier Metern gefangen. Dort senkt sich das 1,5 Meter tiefe Wasser einer Bucht bis auf knapp drei Meter ab. Dieses Loch ist ein Auffangbecken für Treibnahrung – und damit auch für Karpfen. Solche Kuhlen oder Kanten sind exzellente Frühjahrsplätze, gerade in flacheren Gewässerabschnitten.

März

27 Füttern vom Boot

Wie schaffst du es, dein Futter zentimetergenau ins Wasser zu bringen, etwa in eine Vertiefung? So geht's am einfachsten: Rudere mit einem Boot, zum Beispiel einem kleinen Schlauchboot, an den gewünschten Angelplatz, kipp das Futter konzentriert ins Wasser und setz in der Nachbarschaft eine Markerboje.

Heiße Bienenmade! Im Frühjahr ist dieser Köder beim Karpfenangeln immer für eine Überraschung gut.

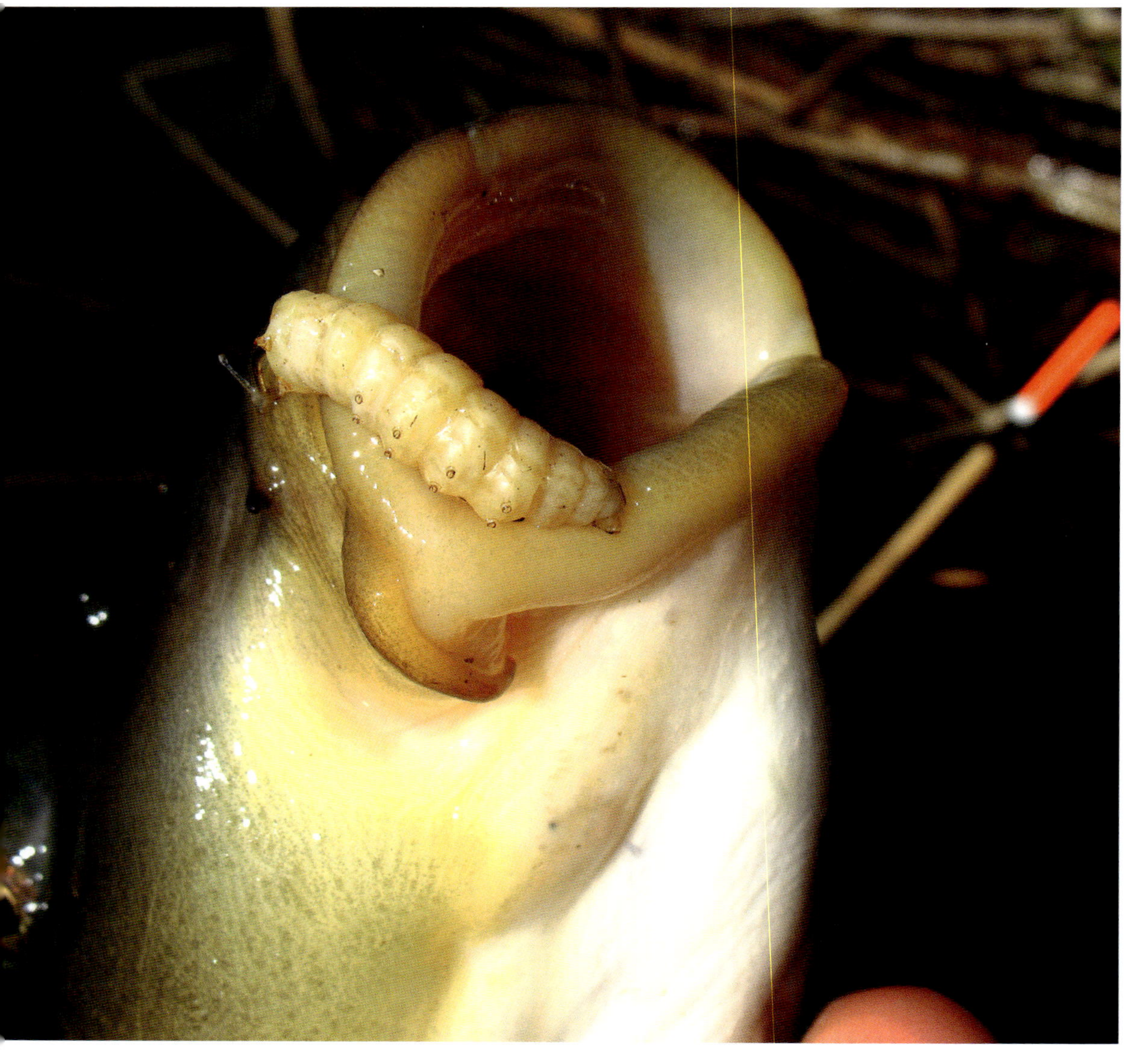

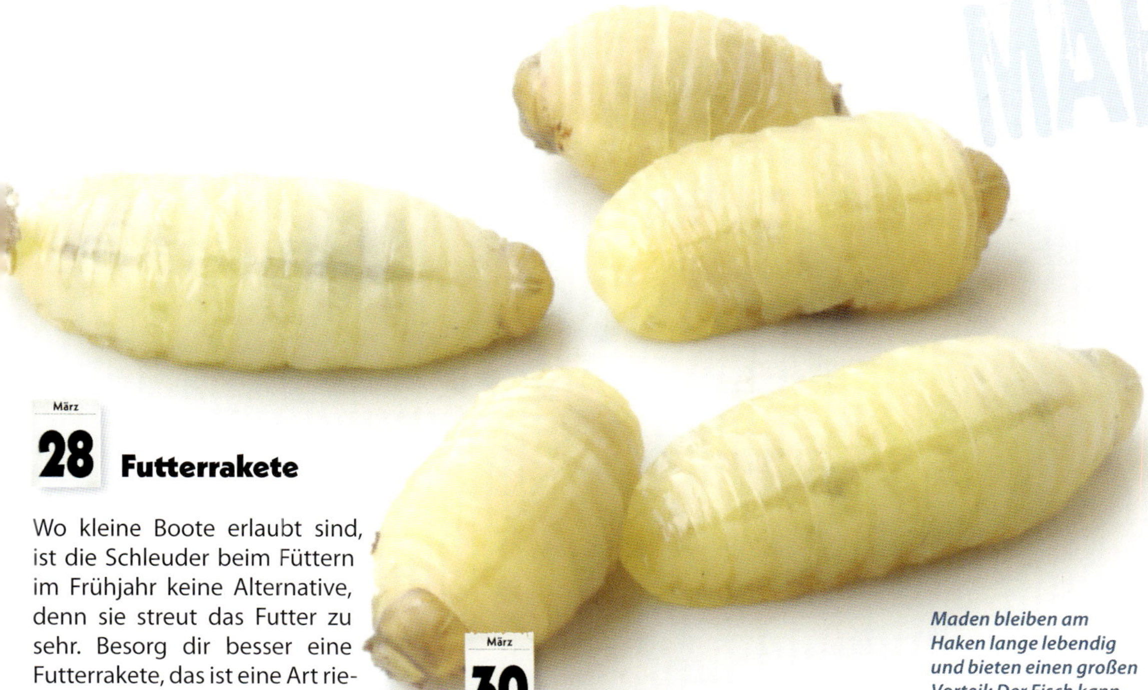

Maden bleiben am Haken lange lebendig und bieten einen großen Vorteil: Der Fisch kann sie kaum abfressen.

März
28 Futterrakete

Wo kleine Boote erlaubt sind, ist die Schleuder beim Füttern im Frühjahr keine Alternative, denn sie streut das Futter zu sehr. Besorg dir besser eine Futterrakete, das ist eine Art riesiger Futterkorb, den du mit einer Rute an deinen Wunschplatz wirfst. Dann hakst du die Schnur in den Rollenclip, holst die Rakete ein, füllst sie mit Futter und wirfst sie so weit aus, bis der Clip den Wurf bremst. Das Futter löst sich beim Auftreffen aus der Rakete. Volltreffer!

März
29 Stich mit Bienenmade

Im Frühjahr kannst du mit tierischen Ködern überraschend gut Karpfen fangen. Also zum Wurm oder zur Made greifen? Es gibt eine spannende Alternative: die Bienenmade. Sie ist größer als die Made und nicht nur ein erstklassiger Forellenköder, sondern steht auch bei den Karpfen hoch im Kurs. An der leichten Grundrute oder mit dem feinen Posengeschirr sind ausgezeichnete Fänge drin.

März
30 Kurzhaar-Vorfach

Du angelst mit Festblei. Der Bissanzeiger piept eine Sekunde. Dann verstummt er wieder. Kleine Weißfische? Nicht unbedingt, auch vorsichtige Karpfen schaffen es, den Köder wieder auszuspucken. Gegenrezept: Kürz dein Haarvorfach! Je kürzer das Haar, desto eher hakt sich der Karpfen schon beim Nippen selbst. Sogar vorsichtige Großfische lassen sich auf diese Weise im Frühjahr fangen.

März
31 Mittags-Erfolge

Einige Karpfenangler halten Tagesstunden am Wasser für verschwendete Zeit: Sie greifen grundsätzlich bei Nacht an. Zur warmen Jahreszeit mag das eine akzeptable Strategie sein – im Frühjahr dagegen ist es ein Fehler. Denn die höchsten Wassertemperaturen und damit die günstigsten Fressbedingungen werden erreicht, wenn die Sonne die meiste Kraft hat – in den Mittagsstunden. Erstaunlich oft beißen die besten Karpfen zwischen 11 und 15 Uhr.

APRIL

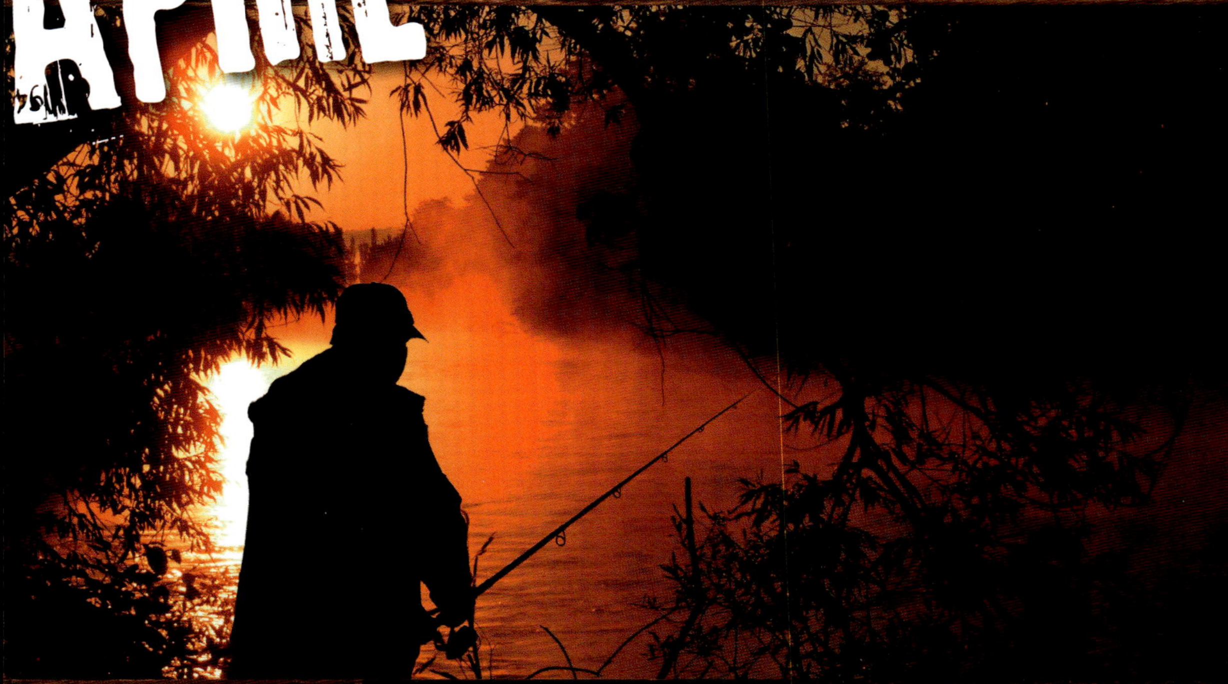

Einladendes Morgenrot: Der April ist ein guter Monat für Schleien – und im Flachwasser laufen die Aale.

1. – 10. April

Schleie – das Grünen beginnt

Wenn die ersten Schleien beißen, grünt es nicht nur am Ufer, sondern auch im Kescher – dann hat die Saison so richtig begonnen. Mit welchen Kniffen kannst du die wechselhaften Aprilschleien zum Biss verführen?

April 1 – Je flacher, je wacher

Die meisten Angler begehen einen Denkfehler: Sie angeln in mittlerer Tiefe auf Frühlingsschleien, in der Annahme, die Fische entfernten sich nur langsam von ihren tiefen Winterplätzen. Das ist ein Irrtum: Die Schleie rückt nach ein paar Sonnentagen oft in einem Rutsch ins Flachwasser auf. Nicht selten sind die besten Schleienplätze im Frühjahr nur einen knappen Meter tief. Es gilt die Regel: Je flacher eine Schleie steht, desto eher beißt sie.

April 2 – Krautsalat

Wo sind bloß die Wasserpflanzen und Krautfelder aus dem Vorjahr geblieben? Nein, sie sind nicht verschwunden – die Pflanzenreste vergammeln am Grund. Und hier bilden sie interessante Einstände und Fressplätze für die Schleien. Gerade in der Zeit, ehe die jungen Pflanzen nachspießen, können (ehemalige) Krautfelder und Seerosenbeete vorzügliche Schleienplätze sein. Probier es aus!

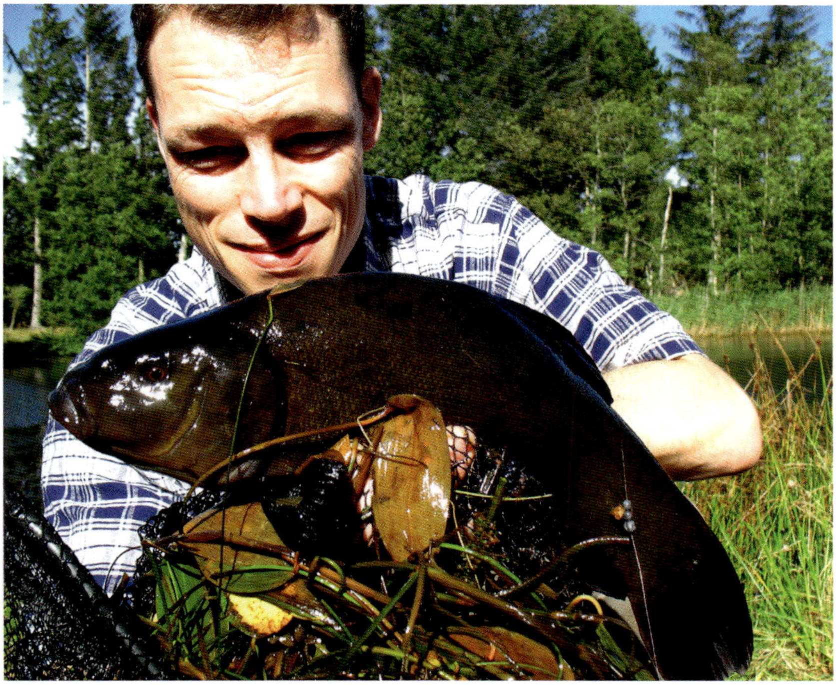

Schleie im Krautmantel. Auch im April treibt sich die Schleie gern im (abgestorbenen) Kraut herum.

April 3

Leise und weise

Die meisten Schleiengewässer haben einen weichen Grund. Wer am Ufer heftig aufstampft, sorgt unter Wasser für ein Erdbeben. Das ist zu allen Jahreszeiten schädlich, ganz besonders aber im Frühjahr, wenn die Fische dicht am Ufer stehen. Darum: Achte darauf, dass du ganz vorsichtig auftrittst, dein Gerät mit Samtpfoten abstellst und dich gut getarnt ans Wasser pirschst.

April 4

Blick-Fang

Nichts ist spannender als das Schleienangeln auf Sicht. Wenn du dich bei klarem Frühlingswasser mit einem Boot am Ufer entlang treiben lässt, kannst du auf kleine Schleienschwärme stoßen. Diese Fische lassen sich am besten mit einem kleinen Mistwurmbündel an der freien Leine beangeln. Beobachte, in welche Richtung die Fische ziehen – und wirf den Köder so aus, dass er ihre Route kreuzt.

April 5

Erde zu Erde

Das effektivste Schleienfutter, das kaum andere Friedfische anlockt, besteht aus einem preisgünstigen Material: aus Naturerde. Wenn du zerhakte Würmer in Erdklumpen packst, befeuchtest, Bälle formst und an deinem Angelplatz damit fütterst, kannst du die Schleien lange dort halten – denn die Fische müssen mühsam nach den Würmern wühlen. Das macht deinen frei liegenden Hakenköder umso verlockender.

APRIL

Erst war der Wurm drin (im Wasser) – dann die Schleie dran (am Haken).

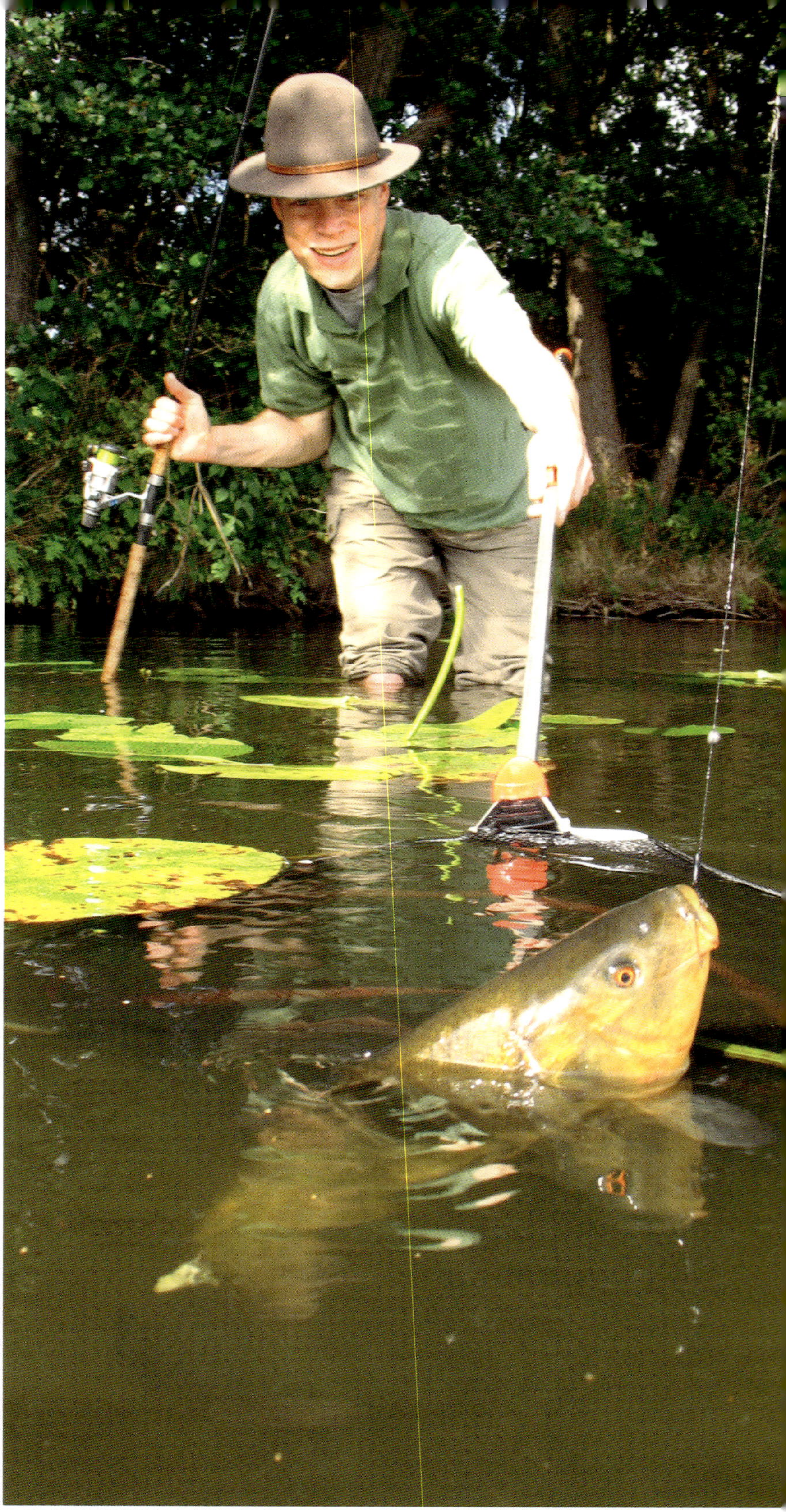

Wilhelm Busch hätte gereimt: »Ist die Hakenspitze frei, hängt ganz sicher unser Schlei!«

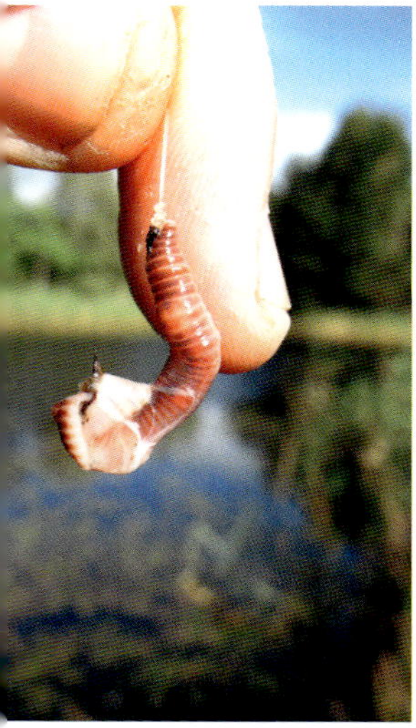

April

6 Tricks gegen Fehlbisse

Beim Wurmangeln auf Schleie gibt es viele Fehlbisse – es sei denn, du ergreifst drei Gegenmaßnahmen. Erstens: Schneid die Enden der Würmer ab; das sorgt dafür, dass der Haken schneller im Maul landet. Zweitens: Nimm einen roten Haken – exakt in der Farbe der Würmer! – und lass die Spitze deutlich frei stehen. Drittens: Schlag erst dann an, wenn der Fisch regelmäßig ein Stück Schnur nimmt.

April

7 Lift zum Fisch

Die Liftmethode ist eine alte, sehr effektive Methode auf Schleien. So geht's: Bleie eine Waggler-Pose so aus, dass ihre komplette Spitze aus dem Wasser schaut. Dann fügst du fünf Zentimeter vor dem Köder ein weiteres Bleischrot hinzu, das die Pose eigentlich unter Wasser ziehen würde. Doch du stellst eine leichte Übertiefe ein – sodass das Bleischrot auf dem Grund liegt und die Pose noch ein winziges Stück aus dem Wasser lugt. Die Schnur hältst du bei abgelegter Rute auf leichter Spannung. Wenn eine Schleie den Köder nimmt, hebt sie gleichzeitig das unterste Bleischrot an. Die Spitze deiner Pose wächst aus dem Wasser. Anschlagen!

April

8 Bibbern für Schleien

Feedern auf Schleien? Warum eigentlich nicht! Die Kunst besteht darin, einen Bogen um die zahlreichen Weißfische zu machen. Der beste Tipp: Verwende kein übliches Grundfutter, sondern füll deinen Futterkorb mit zerschnippselten Mist- und Tauwürmern. Diese »dufte« Mischung lockt die Schleien schneller als jedes Pulverfutter an – davon reichen dir kleine Mengen, um den Korb links und rechts zu schließen.

April

9 Finstere Fänge

Wenn von Nachtfischen die Rede ist, wird die Schleie selten erwähnt – ein Fehler, denn sie lässt sich exzellent in den ersten Nachtstunden fangen. Gerade bei schwachem Licht wagt sie sich an ihre flachen Frühlings-Fressplätze. Je dunkler es wird, desto flacher und ufernäher kannst du angeln. Im Zweifel solltest du gedämpft rote oder blaue Knicklichter den gelben Leuchtwundern vorziehen (siehe 26.4.).

Rotlicht-Milieu für Schleien: Ein rotes Knicklicht ist im klaren Flachwasser unauffälliger als ein gelbes.

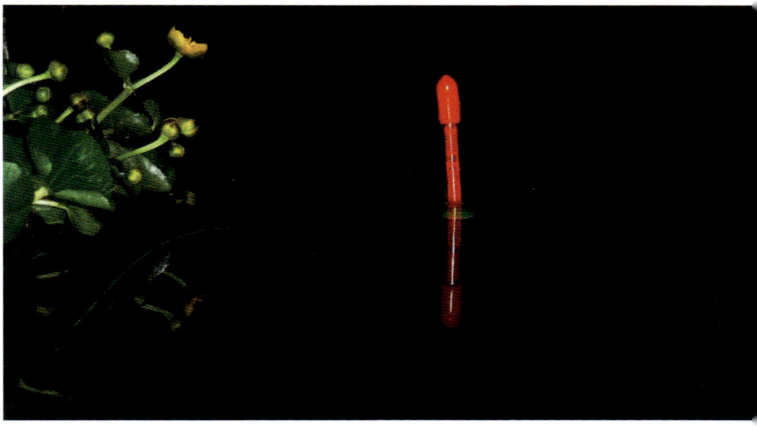

April

10 Trick aus Tirol

Einige Schleienseen sind so schlammig, dass sie jedes Grundblei in Nullkommanichts verschlucken. Dann ist die Montage blockiert – und die Schleien lassen los. Einfache Gegenmaßnahme: Verwende kein gewöhnliches Grundblei, sondern ein Tiroler Hölzl. Dieser Luftschlauch mit eingegossenem Blei steht aufrecht am Boden und gewährt deiner Schnur und damit den Schleien auch bei sehr weichem Boden noch freien Abzug.

11. – 20. April

Forellensee – zehn Kniffe für Extrafische

Die Angler treten sich die Füße platt, fangen sich gegenseitig die Fische weg – typisch Forellensee. In dieser Nahkampf-Arena tun Sieger immer dasselbe: Sie angeln raffinierter als die Mehrheit.

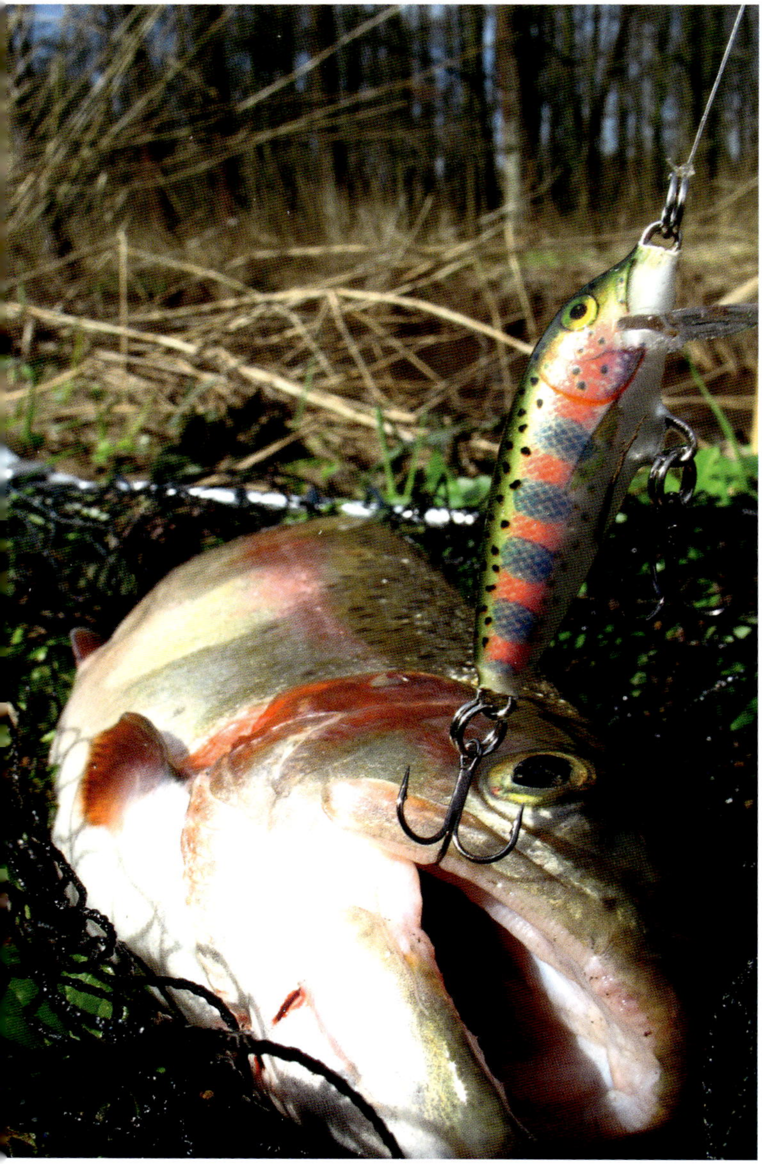

Erst schauen, dann fangen – diese Regenbogenforelle stieg erst an der Oberfläche, ehe sie einen Mini-Wobbler nahm.

April 11 Spät-Start

Ein Forellenseeangler, der etwas auf sich hält, bezieht seinen Platz noch bei Dunkelheit. Diese Methode ist gefährlich: Das Auge angelt nicht mit. Eine klügere Strategie, gerade an unbekannten Forellenseen: Komm erst ans Wasser, wenn das Tageslicht ausreicht, um den See zu beobachten. Nimm dir zehn Minuten Zeit, um herauszufinden: Wo ist Fischbewegung? Kannst du Bugwellen sehen? Ringe? Oder Nahrung an der Oberfläche? An solchen Stellen, die Frühstarter oft übersehen, solltest du dein Glück versuchen.

April 12 Der Maden-Rotor

Teig, Teig, Teig – für viele Forellenseeangler gibt es keinen anderen Köder. Dabei sind Bienenmaden noch fängiger. Aber Achtung: Nimm keine frischen Bienenmaden (denn die laufen schnell aus), sondern konservierte. Am dünndrahtigen Haken kannst du aus zwei Bienenmaden ein »L« formen, das verführerisch rotiert – ein echter Knaller beim langsamen Sbirulino-Fischen.

April 13 Teigfarben-Mischung

An jedem Forellensee haben die Angler zwei oder drei Lieblings-Teigfarben. Und diese Farben werden gnaden- und ideenlos gefischt, von morgens bis abends. Bald schon wissen die Forellen, woher der Wind weht! Wie wäre es, eine völlig neue Teigfarbe zu kreieren? Du musst nur zwei Teigsorten kombinieren, am besten eine dunkle und eine helle. So wird aus Gelb und Dunkelrot ein fängiges Gelb-Rot. Diese Kontrast-Köder sind extrem fängig – nicht zuletzt deshalb, weil sie selten angeboten werden.

April
14 Fängig in Form

Gut in Form? Diese Frage kann sich an einen Sportler, aber auch an einen Forellensee-Teig richten. Denn beim »Schleppen«, beim Spinnfischen mit dem Sbirulino, lautet die Bedingung für den Erfolg: Dein Teig muss rotieren. Den richtigen Dreh kannst du auch ohne handwerkliches Talent erreichen: mit einem Teigformer. Dieser zusammenklappbare Former produziert ideale Teigköder. Nach ein paar Tagen wirst du ein Gefühl für den richtigen Rotationskörper bekommen – und von Hand fängige Varianten formen.

April
15 Wanderlust

Eine Kleinfamilie am Ufer, mit Liegedecke, Kühlbox und Grill – so häuslich richten sich manche Forellensee-Angler an ihren Plätzen ein. Könner gehen anders vor: Sie wechseln ihren Platz im Laufe des Tages – und folgen den Fischen. Wann immer das Beißen nachlässt, solltest du erst die Wurfrichtung variieren. Und dann einen anderen Platz versuchen. Wenn Fische gefangen wurden, verzieht sich der Rest oft. Nur wer sucht, der fängt (dauerhaft)!

April
16 Dropshot-Fänge

Fängt die Dropshot-Montage nur Barsche und Zander? Nein, der in die Schnur geknotete Haken mit Endblei ist auch am Forellensee eine Top-Montage – am besten in Kombination mit Naturködern. Probier einmal, eine Bienenmade an der Dropshot-Montage anzubieten, ganz langsam über den Grund gezupft, mit hoch erhobener Rute – gerade im Winter und Frühjahr ein Fangmagnet für Forellenseen.

April
17 Obenauf mit Teig

Was tut der Forellenseeangler beim Teigwechsel? Er wirft den alten Teig ins Wasser. Dieser Futtersegen entgeht den Forellen nicht: Spätestens in der zweiten Tageshälfte kann ein reges Steigen nach Teig einsetzen. Jetzt solltest du schwimmenden Teig hinter einer kleinen Wasserkugel anbieten, möglichst dort, wo viel Teig an der Oberfläche treibt. Der erste Biss wird nicht lange auf sich warten lassen.

April
18 Wurm mit L

Aus einem Tauwurm (oder Twister) lässt sich ein erstklassiger Köder fürs Sbirulino-Angeln formen. So geht's: Teil den Tauwurm (oder Twister) in zwei Hälften. Eine ziehst du auf den Hakenschenkel, die andere so auf den Hakenbogen, dass das Ende davon absteht und die Würmer ein „L" bilden. Dieser fleischige Köder (oder Doppeltwister) rotiert vorzüglich im Wasser – eine willkommene Abwechslung für die Forellen.

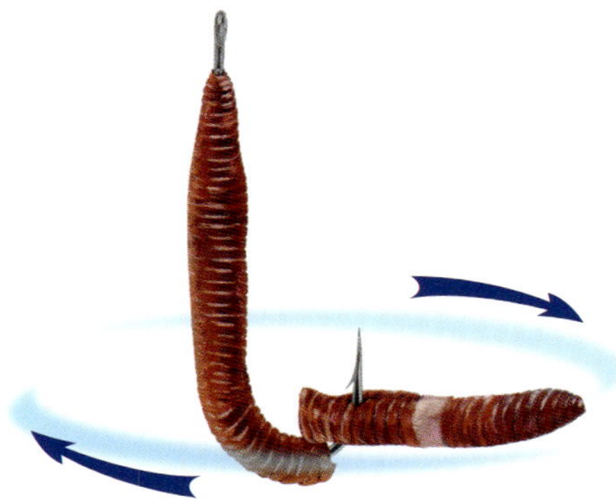

Rotiert verführerisch am Haken: Der Doppeltwister.

April
19 Schwebendes Verfahren

Nicht nur bewegtes, auch stationäres Angeln kann dicke Forellen bringen – vor allem, wenn du deine Grundmontage an einer heißen Stelle einwirfst

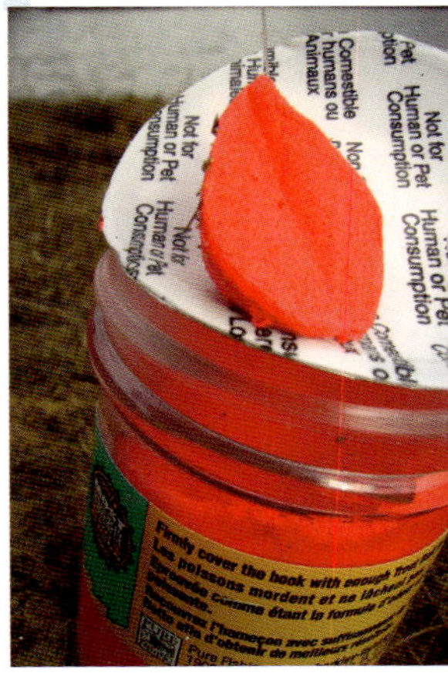

Der perfekte Dreh – mit einem Teigformer gelingt er dir in Sekunden.

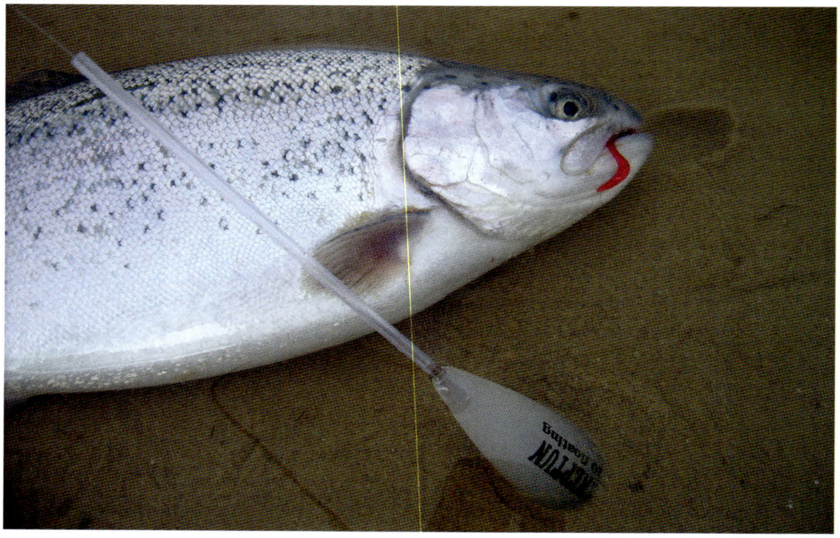

Zwei Twisterhälften – hier eine im Maul, eine außerhalb – ergeben einen fängigen »Drehwurm«.

und den Köder ein Stück auftreiben-lässt. Eine Auftriebskugel wird aufs Vorfach gezogen und zehn Zentimeter vor dem Köder gestoppt. Die Länge des Vorfachs bestimmt die Höhe des Auftriebs. Diese Montage kann Top-Plätze dauerhaft befischen – während eine Pose meist abtreibt.

April

20 Trickreich füttern

Anfüttern ist an fast allen Forellenseen verboten. Aber nehmen wir an, du würdest deinen Köder, etwa eine Bienenmade, beim Grundangeln in eine golfballgroße Kugel aus lockerem Teig packen, auswerfen und ein wenig rucken? Dann hättest du einen Futterhäuflein neben deinem Köder liegen – aber eigentlich nicht angefüttert ... Eine solche Futterportion, eine lockere Mischung aus Forellenteigkrümeln und Paniermehl, übt eine enorme Lockwirkung aus – und wird die Fische schnell zu deinem Köder führen.

21. – 30. April

Aal – Schlangen vorm Ufer

Laufen sie schon? Oder laufen die Aale noch nicht? Diese Frage kannst du nur an einem Ort klären: am Wasser. Gerade beim flachen Uferangeln können dich armdicke Überraschungen erwarten.

April

21 Wohnraum-Suche

Im Frühjahr »läuft« der Aal noch nicht Langstrecke – er geht nur kleine Wege. Je dichter du an seinen Unterständen angelst, desto besser wirst du fangen. Such nach Verstecken, in die sich der Aal bei Tageslicht verkrümelt. Ausgespülte Ufer, Wurzelwerk von Bäumen, abgestorbene (oder aufkeimende) Pflanzenfelder, löchrige Brückenmauern, Häfen mit Hindernissen unter Wasser – solche Stellen versprechen dicke Frühjahrsaale.

April

22 Noch ganz dicht!

»Bist du noch ganz dicht?« Ein guter Aalangler antwortet im Frühjahr: »Ja!« Denn wo wärmt die Frühlingssonne das Wasser am schnellsten auf? Ganz dicht am Ufer! Die ersten Aalfänge gelingen mir oft in Wassertiefen von unter einem Meter. Der Aalspezi Heinz Bormann, mein alter BLINKER-Kollege, bot seine Köder sogar in 50 Zentimetern an. Gerade die ersten Nachtstunden, wenn das Wasser noch erwärmt ist, versprechen gutes Beißen.

April

23 Die fängige Parallele

Was passiert, wenn du deinen Köder direkt unter der Rutenspitze ins Wasser seilst, um ihn dicht am Ufer anzubieten? Dann können jedes Auftreten, jedes Husten und jedes Aufblitzen der Taschenlampe die Aale im Flachwasser verscheuchen. Klüger: Wirf deine Montage am Ufer entlang aus, sodass du mindestens zehn Meter parallel zu deinem Platz angelst, ebenfalls direkt vorm Ufer. Dort können die Fische ungestört fressen.

April

24 Nasen-Flirt

Eigentlich sind im Frühjahr kleine Köder angesagt. Doch exzellente Aalangler wie BLINKER-Autor Hein Diegelmann schwören: Große Portionen fangen besser. Die Erklärung? Je kälter das Wasser, desto schlechter leitet es den Geruch eines Köders. Um dieselbe Duftwirkung wie bei wärmerem Wasser zu erzielen, muss der Köder größer ausfallen. Extrem fängig: vier Tauwurmhälften, auf einen 4er Haken gespießt.

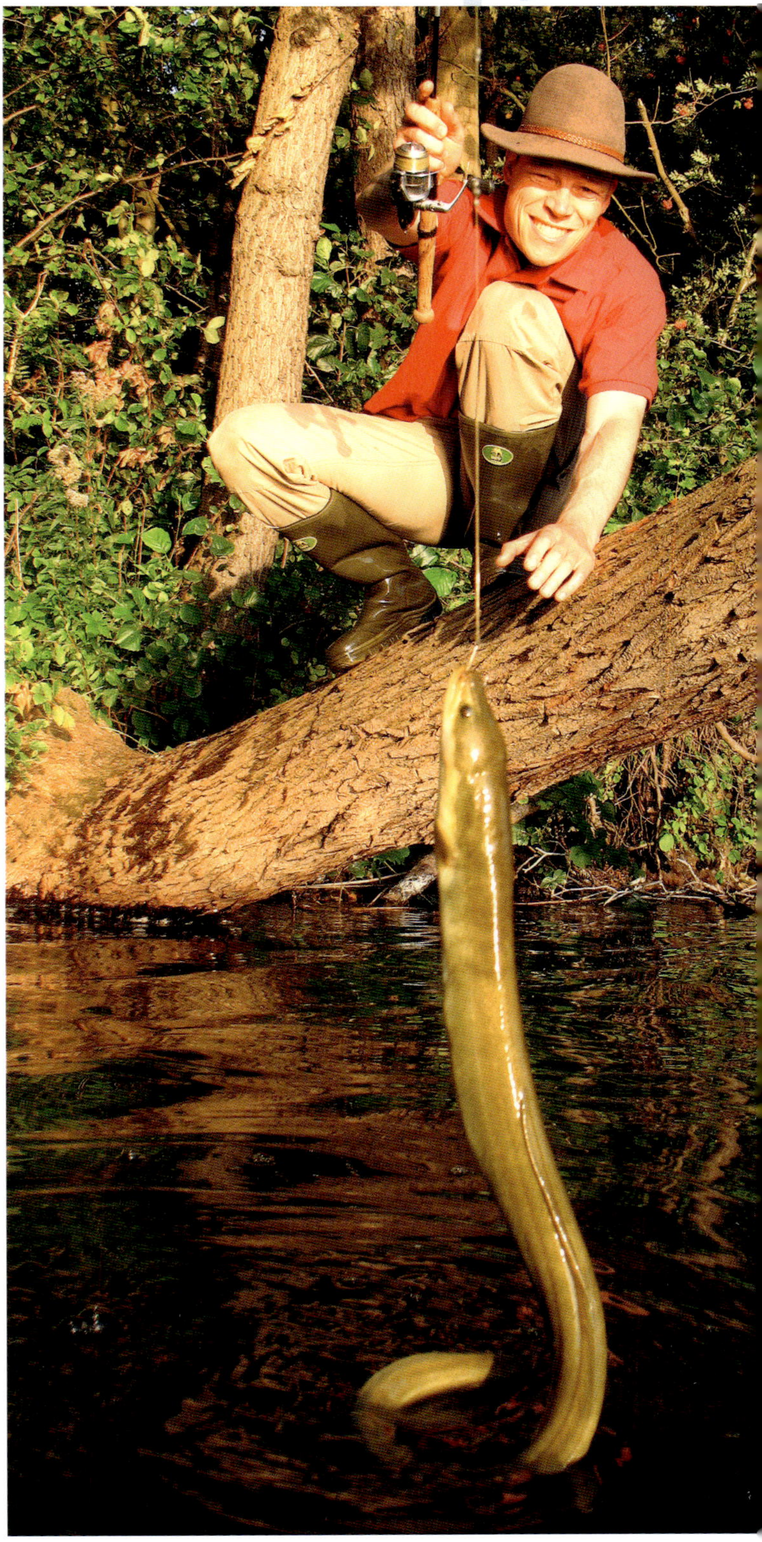

Treffer vorm Holz! Wer dicht am Ufer angelt, fängt im Frühjahr die besten Aale.

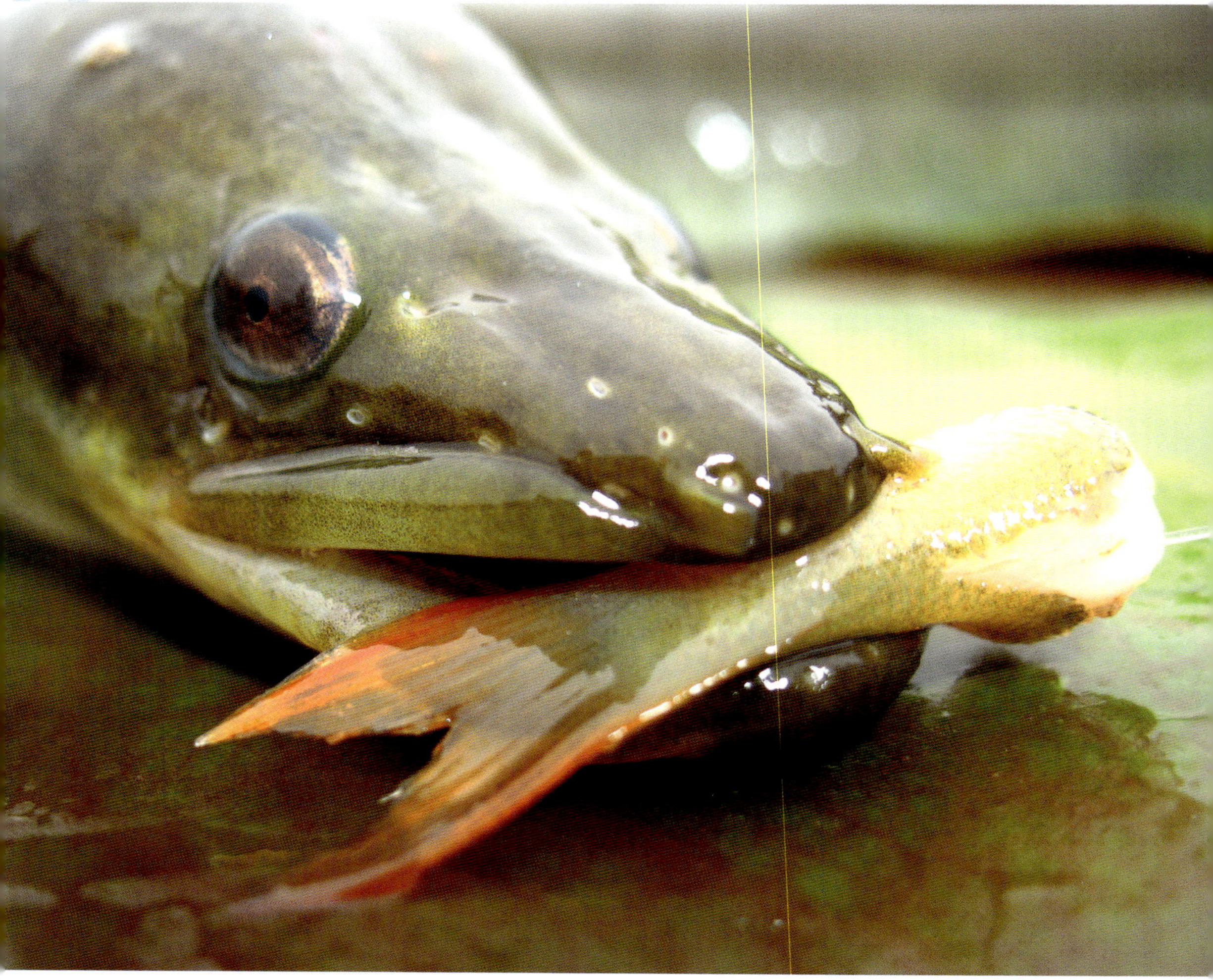

Mit der freien Leine überlistet – dieser Aal nahm einen Barschfetzen.

April
25 Freie Leine

Grundblei oder Pose? Wer nur diese beiden Montagen im Blick hat, übersieht eine dritte Möglichkeit: die freie Leine. Diese Montage besteht nur aus einem beköderten Einzelhaken, dessen Eigengewicht meist für Wurfweiten von 15 bis 20 Metern ausreicht – was im Frühjahr mehr als genug ist. Vorteil: Der Köder taucht leise ins flache Wasser ein. Und der Aal spürt beim Biss keinerlei Widerstand.

April
26 Gedämpftes Knicklicht

Ein gelb strahlendes Knicklicht über 50 Zentimeter tiefem Wasser – bist du ganz sicher, dass die Aale davor nicht zurückschrecken? Ich nicht, und deshalb ziehe ich seit Jahren bei der Frühlingsangelei gedämpfte Knicklicht-Farben wie Blau oder Rot vor. Und falls du nur gelbe Knicklichter zur Hand hast? Wickle ein dünnes Klebband darüber, damit dämpfst du das Licht ebenfalls.

April

27 Such-Ruten

Wer beide Ruten im Flachwasser platziert, hat ein Problem: Er kann an den Aalen vorbei angeln. Denn die können, je nach Tages- oder Nachtlaune, auch im Frühjahr durchs tiefere Wasser geistern. Ich empfehle dir eine Strategie mit zwei Ruten: Biete einen Köder im Flachwasser und einen in mittlerer Tiefe an. In jener Tiefe, wo der erste Biss kommt, kannst du danach beide Ruten auslegen.

April

28 Krabbe fängt

Aale sind Feinschmecker: Sie lieben Krabben! Dieser Köder riecht so intensiv, dass der Aal ihn schon aus großer Entfernung wahrnimmt. Und weil die Krabbe (aus dem Kühlregal des Supermarktes) weich wie Muschelfleisch ist, flutscht sie in Nullkommanichts ins Aalmaul. Gerade in Nächten, in denen Wurm und Köderfisch nichts bringen, kann die Krabbe doch noch für Fänge sorgen. Du kannst sie einzeln auf einem 8er Haken oder als Bündel auf einem 4er anbieten.

April

29 Kurzes Vorfach

Frühjahrs-Aale reißen nur selten die Ruten krumm, bis die Aalglöckchen bimmeln. Vielmehr beißen sie vorsichtig und lassen den Köder oft wieder los. Daraus folgt zweierlei: Erstens solltest du kurze Vorfächer verwenden, 30 Zentimeter reichen – dann hast du eine direktere Bissanzeige beim Grundangeln. Und zweitens solltest du mit dem Anhieb nicht lange zögern – sobald die Schnur ein kleines Stück regelmäßig läuft: anschlagen!

April

30 Duftende Experimente

Wie kannst du Frühjahrsaale an deinen Platz locken? Durch einen Duftbeutel! Nimm ein Zwiebelnetz, füll es mit einer Mischung aus zerhackten Fischen und Wurmstückchen – und dann versenk es mit einer Schnur an deinem Angelplatz. Besonders effektiv ist dieser Trick, wenn du das Netz einen Tag vor der Angelnacht versenkst – dann können die Aale schon zur Stelle sein, wenn du loslegst.

Fängige Delikatesse: Dieser Aal nahm eine Krabbe.

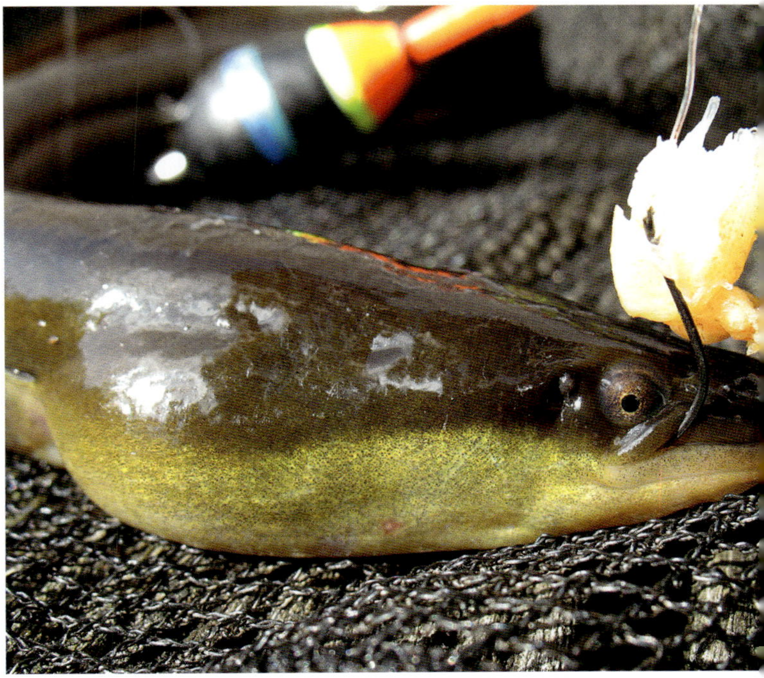

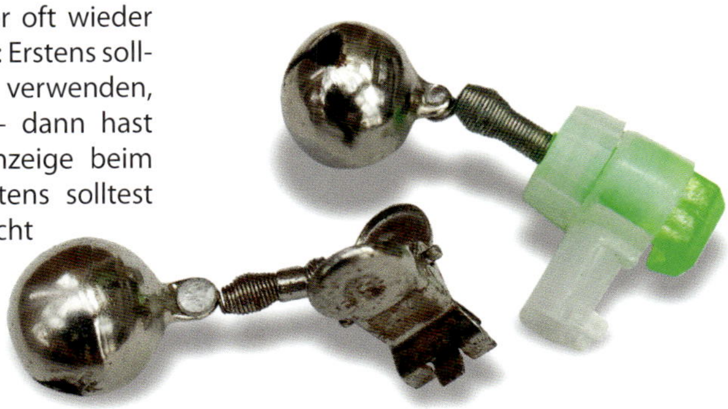

Traditioneller Bissanzeiger: das Aalglöckchen. Für Frühjahrs-Aale ist diese Bissanzeige jedoch nicht fein genug.

MAI

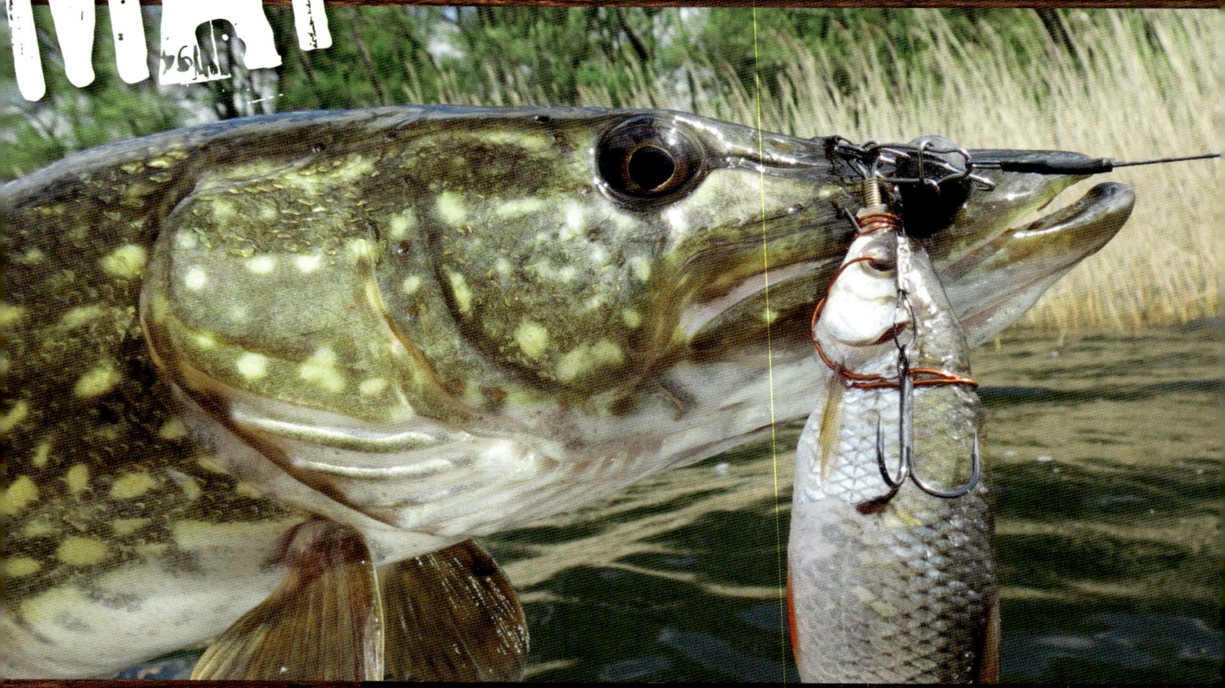

Jedes Jahr im Mai heißt es: »Hechte frei!« Nach der Schonzeit stehen die Räuber vor der Schilfkante. Diesmal war ein Köderfisch am Drachkovitch-System erfolgreich.

1. – 10. Mai

Hecht – zehn Tipps fürs erste Treffen

Wie schaffst du es, dass dein erster Hecht-Flirt nach dem Winter ein Erfolg wird? Alles muss stimmen: dein Platz, dein Köder, deine Strategie. Diese zehn Tipps zum Saisonstart machen dich fit für die geliebten Hechte.

Mai 1 Rand-Erscheinung

Wo der Hecht laicht, dort frisst er auch. Zumindest in den ersten Wochen nach der Laichzeit. Flache Buchten und Schilfgürtel, wo sonst nur Grashechte stehen, können jetzt für zweistellige Räuber gut sein. Klopf mit deinem Spinnköder auch Flachwasser von unter einem Meter ab – sogar im Knietiefen kann es rumsen.

Mai 2 Kürze mit Würze

Such die Uferzone erst mit kurzen, dann mit längeren Würfen ab. Sonst läufst du Gefahr, die Fische dicht am Ufer zu verscheuchen, wenn du einen Hecht von weiter draußen herandrillst. Das umgekehrte Risiko besteht nicht.

Mai
3 Lockende Laicher

Eine große Attraktion für Frühjahrshechte sind laichende Weißfische: Im Liebestaumel schwimmen sie ihnen arglos vors Maul. Achte den ganzen Mai darauf, wo die Weißfische vor den Schilfkanten beim Laichen plätschern. Gerade im Dämmerlicht jagen die Hechte hier gern – und lassen sich verhaften!

Mai
4 Einer geht noch

Dass der Hecht ein Einzelgänger ist, wie oft behauptet wird, stimmt nicht – am wenigstens nach der Laichzeit, denn dann stehen etliche Hechte auf engem Raum. Darum: Hör nach dem Fang eines Fisches nicht auf, sondern setz am selben Platz gründlich nach. Es gilt das Motto: »Einer geht noch (ran)!«

Mai
5 Reizend

Eigentlich heißt es: Je klarer das Wasser, desto natürlicher soll der Kunstköder efärbt sein. Aber nach der Laichzeit sind die Hechte aggressiv, nehmen gerne auffällige Köder. Ob Gummifisch in Gelb, Wobbler in Orange oder Spinner mit rotem Puschel: Solche Reizköder fangen jetzt besonders gut.

Mai
6 Kannibalen-Lust

Doch nicht nur schrille Farben, auch eine Naturfarbe ist im Mai Trumpf: das Hecht-Dekor. Achte mal darauf, wie viele Bisswunden Hechte aus der Laichzeit mitbringen. Dann wirst du ahnen, wie aggressiv die Fische in den ersten Wochen der Saison sind – und warum ein Hecht-Imitat besonders gut fängt …

Mai
7 Frosch-König

Als französische Wissenschaftler die Mageninhalte von Hechten untersuchten, fanden sie mehr Frösche und Kaulquappen als Fische – im Frühjahr offenbar eine Lieblingsspeise! Probier mal einen Gummifrosch, den du mit scharfen Rucken über flachem Wasser führst. Achtung: Beim Biss spritzt das Wasser!

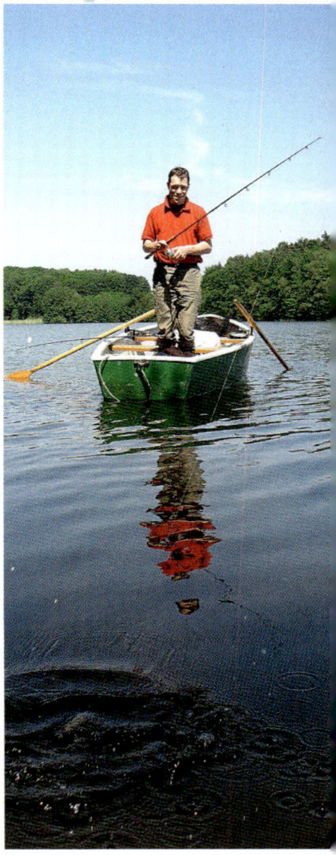

Wurf ins Flache – ein lohnender Versuch direkt nach der Hecht-Schonzeit.

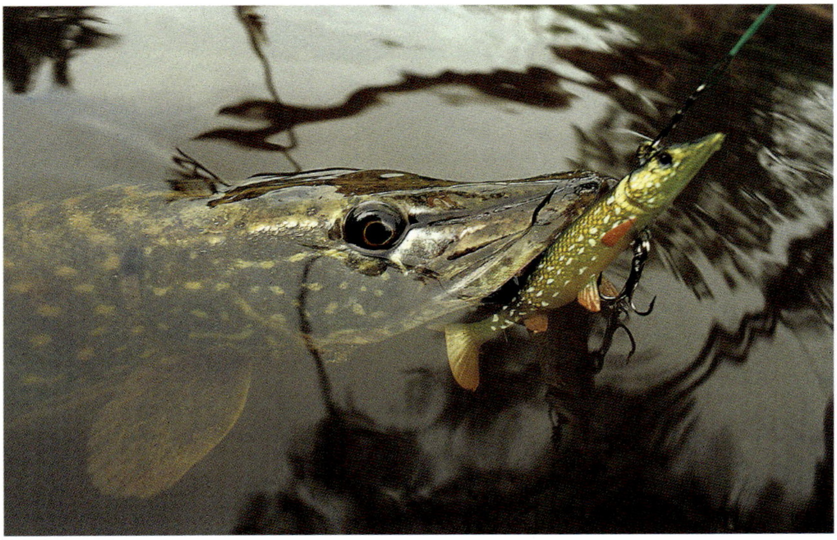

Kannibalen überlisten: Aggressive Frühjahrshechte stehen auf Hechtdekors.

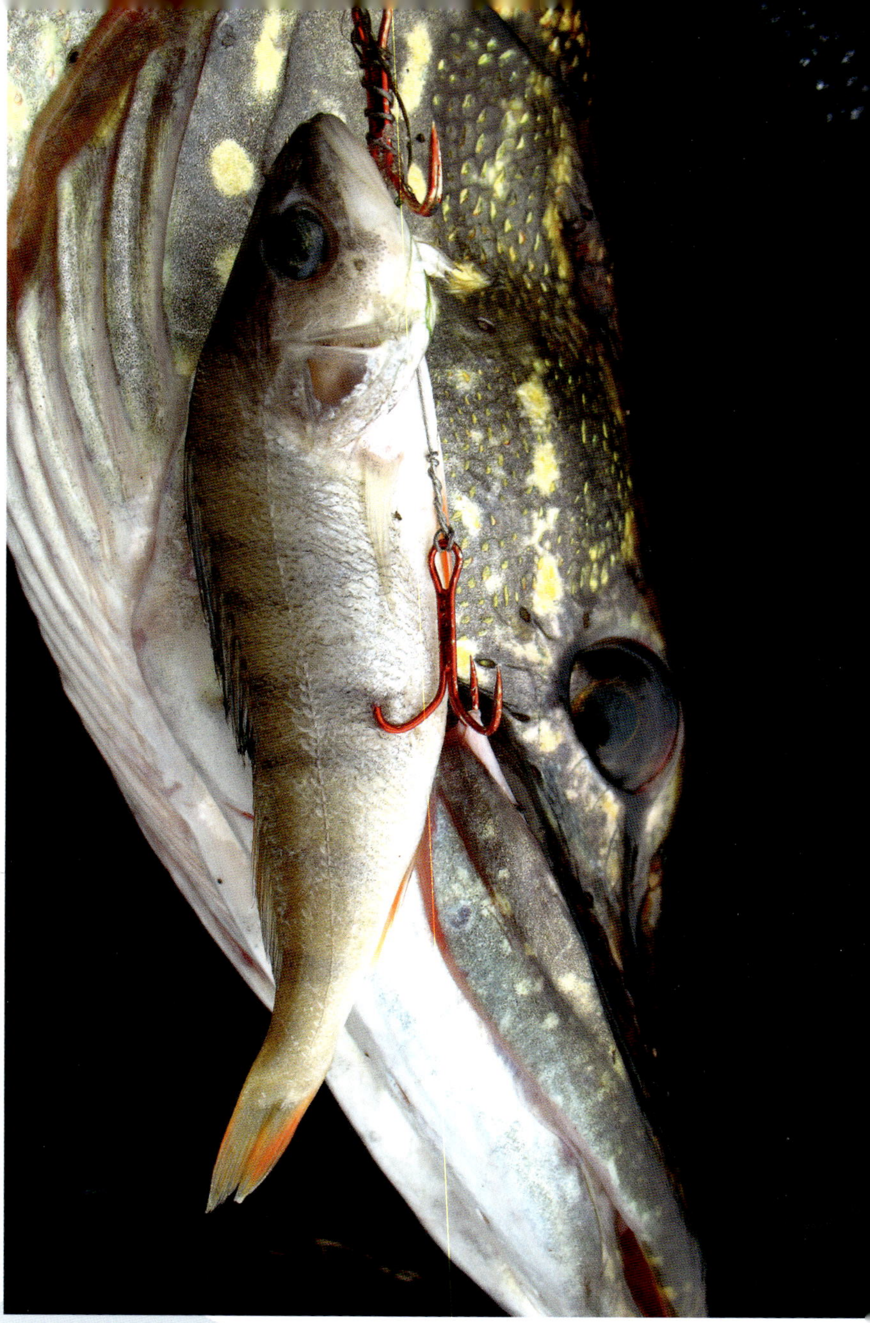

Spinnend zum Erfolg: Dieser Köderfisch am Zwei-Drillings-System ließ einen Hecht zuschnappen.

Mai 8

Wobbler mit Plopp

Schwimmwobbler sind für das flache Angeln Frühjahr ganz besonders geeignet. Eine Köderführung macht Hechte besonders aggressiv: Kurble den Wobbler ein Stück und lass ihn dann immer wieder an strammer Schnur zurück zur Oberfläche ploppen. Diese Flucht nach oben reizt die Frühjahrshechte zum Biss.

Mai 9

Schnecke und Sprinter

Die Hechte im Frühjahr sind gierig – aber noch nicht so spritzig wie im

Sommer und im Herbst. Deshalb kommt ihnen eine abwechslungsreiche Köderführung mit Pausen entgegen: Kurble ein paar Meter blitzschnell, und schalt dann wieder in einen langsamen Gang. Der Biss kommt oft beim Tempowechsel.

Mai 10 Köderfische in Bewegung

Toter Fisch am Grund – das ist ein guter Winterköder. Im Frühjahr jedoch muss sich dein »Köfi« bewegen. Entweder suchst du mit einem Köderfisch am Spinnsystem die Kanten ab, Wurf für Wurf. Oder du schickst ihn an einer Segelpose auf die Reise. Auf dass dein erster Hecht-Flirt der Saison ein erfolgreiches und dickes Ende finde!

11. – 20. Mai

Spinnfischen – Rezepte gegen Fehlbisse

Jeder verflucht sie, die Fehlbisse beim Spinnfischen. Aber was kannst du dagegen tun? Mit welchen Montagen und Strategien bleiben mehr Fische hängen? Hier bekommst du die besten Tipps.

Mai 11 Nagelprobe

Verdammt, Hänger! Du zerrst an der Schnur – bis der Spinnköder schließlich frei ist. Du atmest auf und angelst weiter. Aber wer garantiert dir, dass die Haken noch scharf sind? Fast jeder Hänger stumpft die Drillinge ab. Das führt zu Fehlbissen. Darum lohnt nach Hängern die »Nagelprobe«: Kannst du die Haken ohne größeren Druck etwas in deinen Daumennagel stechen? Wenn nicht, hilft ein Griff zum Schleifstein. Oder Drillingswechsel.

Mai 12 Wichtiger Wechsel

30 Euro hatte ich für meinen Japan-Wobbler bezahlt – ein perfekter Köder, von Lackierung bis Lauf. Einziger Mangel: Der Super-Wobbler war mit einem Billig-Drilling ausgestattet – zu stumpf, zu klein, zu biegbar. In solchen Fällen greife ich zur Sprengring-Zange, löse den Drilling und ersetze ihn durch ein Qualitätsprodukt in passender Größe. Das erspart mir Fehlbisse.

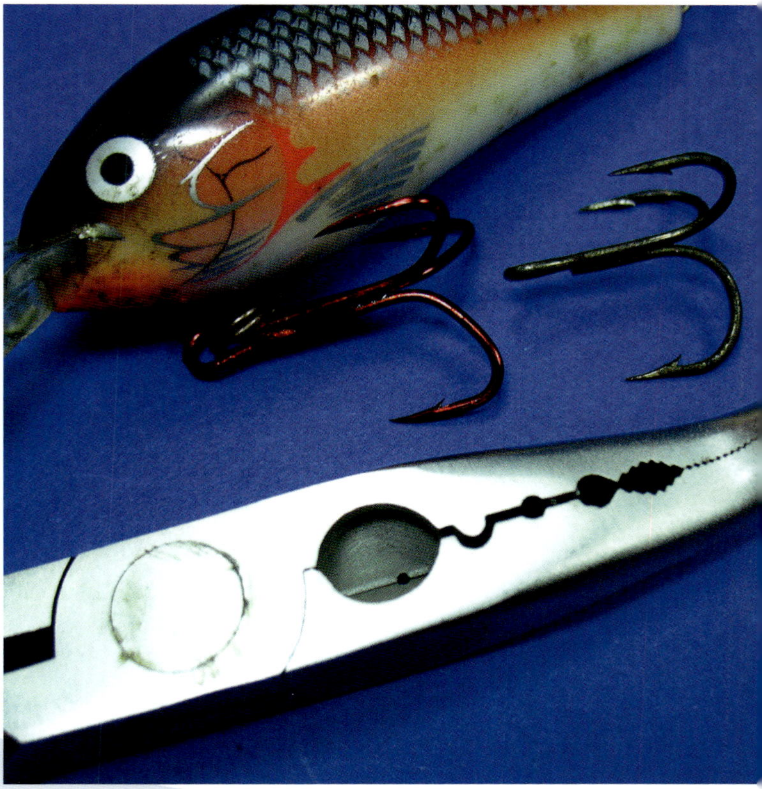

Lohnender Wechsel: Wer schlechte Drillinge durch Qualitätsware ersetzt, bei dem bleibt mehr hängen.

Mai

13 Rücken-Drilling

Alle Wobbler tragen ihre Drillinge an der gleichen Stelle: unterhalb des Bauches. Doch es gibt einen Plan B, falls du viele Fehlbisse bekommst: Verpass deinem Wobbler einen »Rücken-Drilling«. Dazu spannst du den Drilling mit einem Gummiband auf den Rücken des Wobblers und verbindest ihn dann, durch Schnur oder Stahl, mit der Wobbler-Öse.

Mai

14 Angstdrilling

Wer einen 20-Zentimeter-Gummifisch nur am Twisterkopf mit großem Einzelhaken anbietet, darf sich über Fehlbisse nicht wundern: Ein Räuber, der die untere Köderhälfte schnappt, kann gar nicht hängen. Deshalb wurde der »Angstdrilling« erfunden. Das ist ein zusätzlicher Drilling, der unterhalb des Einzelhakens in den Gummifisch gesteckt und mit dessen Öse verbunden wird. Manchmal können sogar zwei Angstdrillinge, einer links, einer rechts, die Quote der Fehlbisse weiter senken.

Mai

15 Angelentfernung

Meerforellen-Angler kennen das Spiel: 80 Meter vom Ufer entfernt gibt es einen kurzen Ruck in der Schnur – und

Mit Monoschnur (wie hier) hart, mit Geflochtener zart: Diese Regel gilt für den Anhieb beim Spinnfischen.

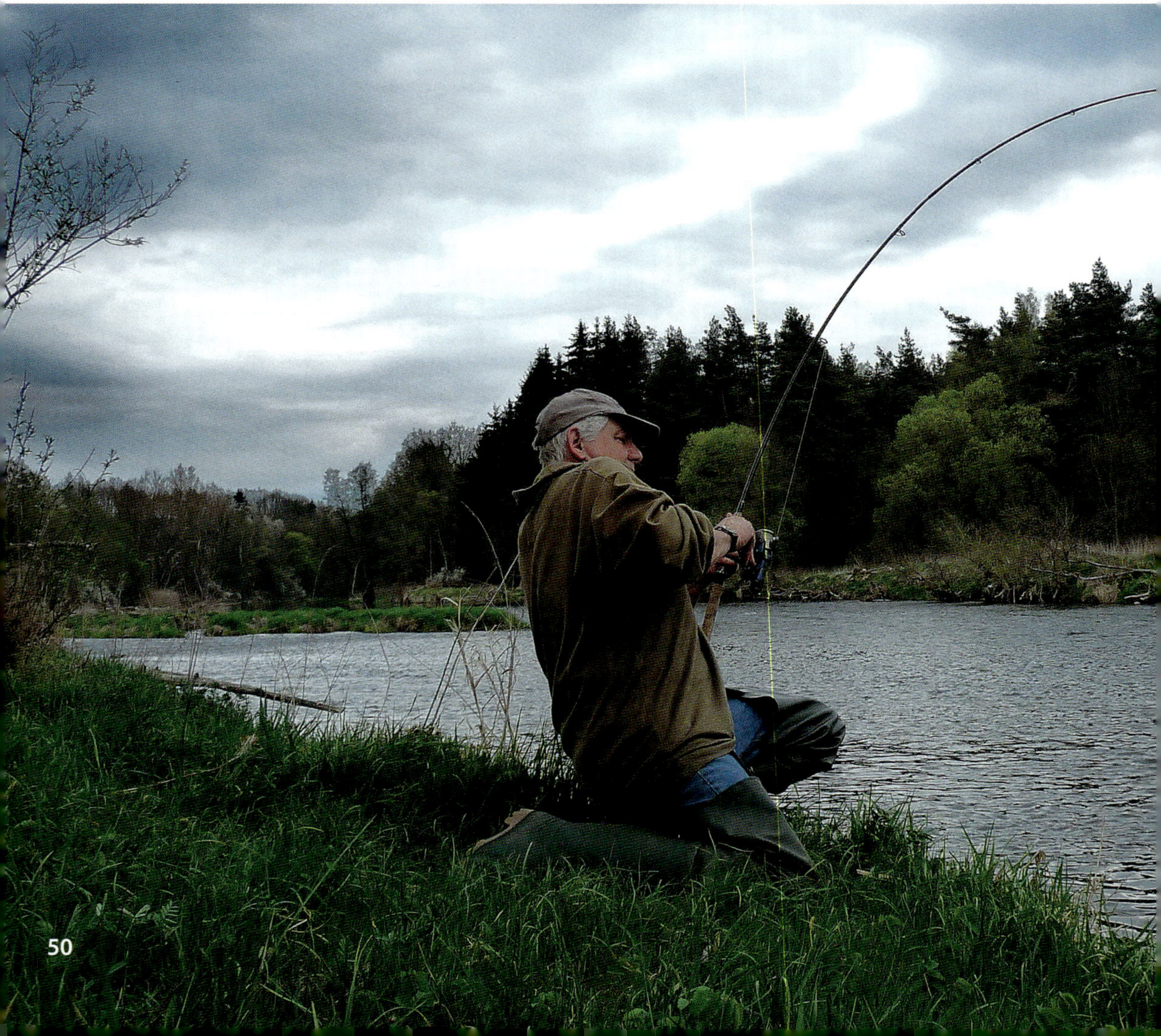

dann tut sich nichts mehr. Ein Fehlbiss, wie er beim Angeln auf große Entfernungen typisch ist. Wann immer es geht, zum Beispiel beim Bootsangeln, werfe ich meine Kunstköder so kurz wie möglich: lieber zwei 20-Meter-Würfe als einen 40-Meter-Wurf. Denn auf kurze Entfernung bemerkt man die Bisse schneller, kommt mit dem Anhieb besser durch, hat weniger Fehlbisse.

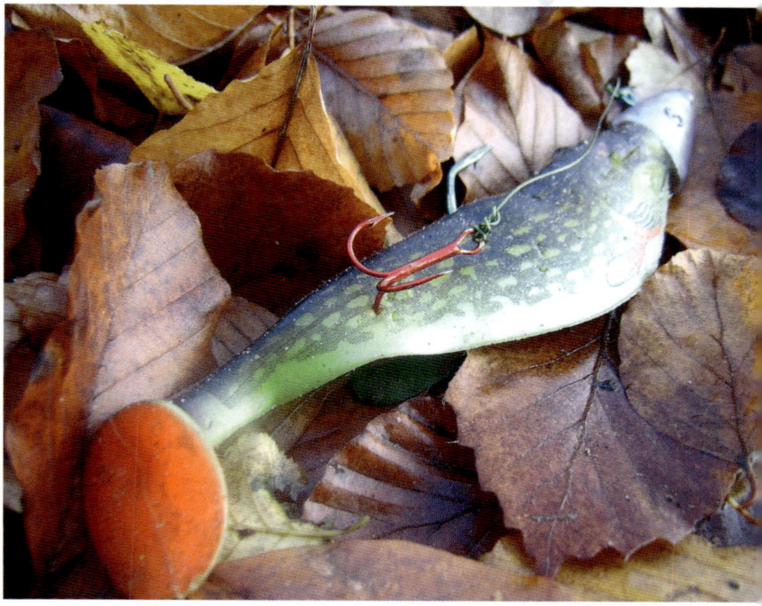

Drilling im Hinterteil – der beste Weg, um Fehlbisse auf Gummi zu vermeiden.

Mai 16 Dehnung der Schnur

Monofile Schnüre haben einen Nachteil: ihre Dehnung. Es dauert einfach länger als mit einer dehnungsarmem Geflecht-Schnur, bis man den Biss beim Spinnfischen bemerkt und der Anhieb durchdringt. Das ist vor allem beim Angeln mit Hartködern ein Nachteil, weil diese von den Räubern sofort wieder losgelassen werden. Dagegen kann beim Angeln mit Gummiköder ein leicht verzögerter Anhieb zu einer besseren Bissausbeute führen. Hier musst du dein ganz persönliches Timing finden, abgestimmt aufs Gerät.

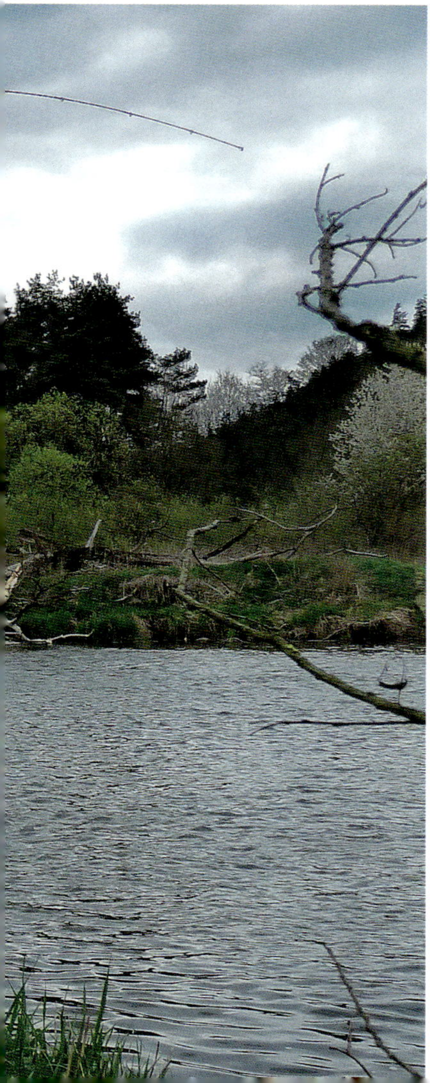

Mai 17 Stärke des Anhiebs

Beim Angeln mit Monoschnur galt für den Anhieb beim Spinnfischen: Er konnte gar nicht hart genug sein. Wer aber mit geflochtener Schnur Kraft-Anhiebe durchpeitscht, reißt so manchem Fisch den Köder wieder aus dem Maul. Gerade Barsche haben spröde Lippen und gehen oft beim Anhieb verloren. Auch solltest du die Angelentfernung berücksichtigen: Je dichter der Biss erfolgt, desto weicher darf der Anhieb ausfallen.

Mai

18 Zahl der Anhiebe

Große Köder wie Riesenwobbler sind sperriges Gerät – das gilt auch im Maul des Hechtes. Der Fisch hält sie mit seinem Kieferdruck fest. Möglicherweise kommt dein erster Anhieb gar nicht bis ins Maul durch. Deshalb: Gewöhn es dir an, bei großen Ködern mehrfach anzuschlagen – so lange, bis du merkst, dass du vollen Druck auf den Fisch ausübst und der Drill beginnen kann.

Mai

19 Spitzen-Frage

Weiche oder harte Rutenspitze – diese Frage wird spätestens seit Einführung der geflochtenen Schnur an jedem Anglerstammtisch diskutiert. Dabei kommt es gar nicht auf die Härte der Spitze an – nur darauf, wie der Angler damit umgeht. Weiche Ruten erfordern eine schnellere Reaktion beim Biss und einen stärkeren Anhieb als harte Spitzen. Im Drill gilt die umgekehrte Formel: Mit harten Ruten solltest du etwas vorsichtiger sein, um ein Ausschlitzen zu verhindern. Bei weichen Ruten ermöglicht dir die Federkraft eine härtere Gangart.

Mai

20 Schlagendes Argument

Beim Vertikalangeln in großen Tiefen kommt der erste Anhieb nicht immer durch – erst recht bei großen Ködern. Der Raubfisch-Experte Stephan Gockel hat eine im wahrsten Sinne schlagende Antwort auf dieses Problem gefunden: Er schlägt nach dem Biss mit seiner freien Hand von oben nach unten auf den Rutengriff. Die Hebelwirkung sorgt dafür, dass auch in großen Tiefen ein gepfefferter Anhieb durchkommt.

Und ab durch die Mitte … Manchmal reicht es, den Wobbler einfach nur einzukurbeln.

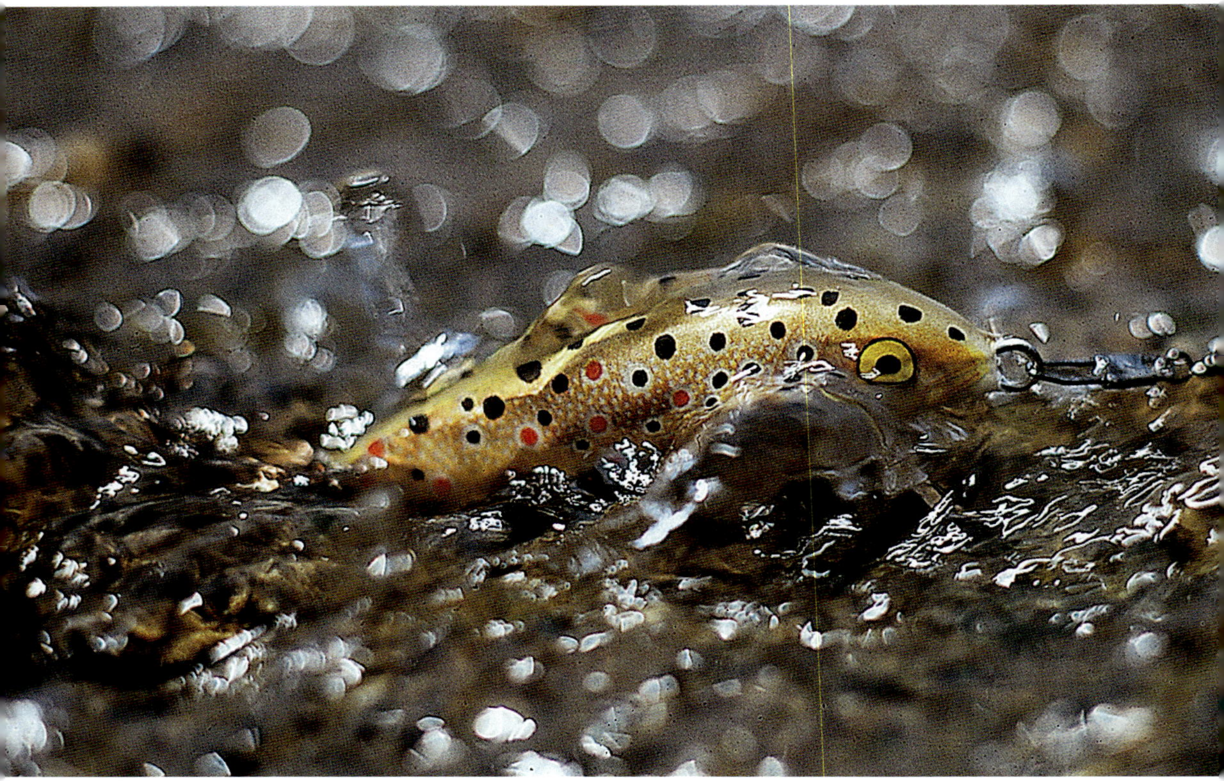

21. – 31. Mai

Wobbler – das Führungs-Seminar

Er ruckt und zuckt, schwänzelt und tänzelt – der Wobbler. Kein anderer Kunstköder lässt sich so variantenreich führen. Welche Führungsstile helfen dir dabei, große Räuber aufs Kreuz zu legen?

Mai 21 Auf Linie

Der einfachste Weg, einen Wobbler einzuholen, ist nicht immer der schlechteste: Du kurbelst ihn geradlinig und gleichmäßig ein. Dieses Angeln empfiehlt sich mit hochrückigen Wobblern, auch Crankbaits genannt. Vorteil: Du kannst große Wasserflächen in kurzer Zeit absuchen. Wenn du die Fische gefunden hast, ist immer noch genug Zeit für raffiniertere Führungstechniken.

Mai 22 Rucken

Amerikanischen Spinnfischern ist immer wieder folgendes passiert: Sie hingen mit ihrem Wobbler im Kraut fest. Um den Köder zu lösen, ruckten sie heftig mit ihrer Rute – worauf sich der Wobbler nicht nur löste, sondern gleich von einem Räuber attackiert wurde. So ist der Jerkbait entstanden, ein (meist tauchschaufelloser) Wobbler, der in scharfen Rucken durchs Wasser geführt wird. Du schlägst die kurze, harte Rute immer wieder nach unten, bis knapp übers Wasser, während du kurbelst. So ruckt dein Köder verführerisch – ideal für Hecht beim Angeln über Kraut!

Im Freiwasser erzittert. Dieser zweistellige Zander nahm einen Squirrel, nachdem er ihn zuvor zweimal angetippt hatte.

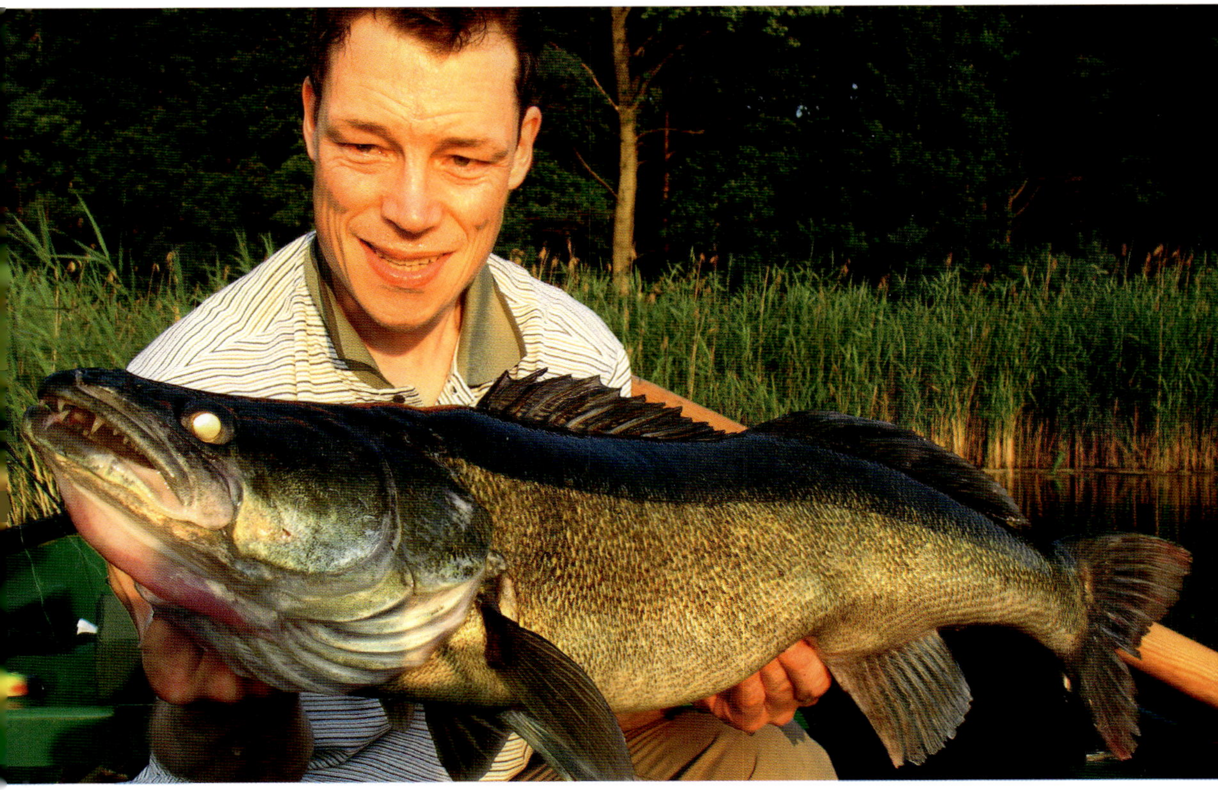

Mai

23 Twitchen

Schlanke Wobbler werden in den USA Twitchbaits genannt – einfach deshalb, weil sie bei einer ruckartigen Führung am besten fangen. Im Unterschied zum Jerkbait, den du mit scharfen Rucken einholst, reichen bei Twitchbaits kleinere Impulse: Lass die Rutenspitze immer wieder zur Seite ausbrechen, vollführe kleine Zupfbewegungen oder heb die Rutenspitze auch mal an – diese Varianten lassen den Wobbler wie ein natürliches Fischchen zur Seite ausbrechen, flanken, schlingern. Raubfische lieben das!

Mai

24 Auf und ab

Hast du schon mal beobachtet, wie sich eine Laube bewegt? Sie schnappt ein Insekt von der Oberfläche, taucht ab, schwimmt ein Stück, kommt wieder nach oben ... Die Auf-und-ab-Technik greift dieses Verhalten auf: Du holst einen Schwimmwobbler ein Stück ein, lässt ihn an straffer Schnur wieder zur Oberfläche steigen, holst ein, lässt steigen und so weiter. Die Bisse kommen oft, während der Köder nach oben strebt; das löst bei Räubern den Beißreflex aus; denn sie fürchten, ihre Beute könnte ihnen durch einen Sprung aus dem Wasser entwischen.

Mai

25 Zittern

Kann ein Wobbler im Stillwasser fangen, ohne dass er sich vorwärts bewegt? Reicht es schon aus, dass er auf der Stelle vibriert? Und ob! Suspender – also schwebende Wobbler – sind für die Räuber besonders leicht zu attackieren, wenn sie auf der Stelle zittern. Dieser Führungstechnik verdanke ich meine ersten Doppelschläge: zwei Barsche an einem Wobbler, jeder Drilling besetzt. Das Zittern sendest du aus dem Handgelenk zum Köder, aus lockerem Arm, mit möglichst hoher Frequenz. Am besten überträgt es sich mit einer dünnen Geflechtschnur. Ideal sind schlanke Wobbler (Minnows). Tests im Uferwasser können dich das Zittern lehren ...

Mai

26 Jig-Technik

Welchen Köder führt man in kleinen Sprüngen über den Grund? Nein, nicht nur Twister – auch sinkende Wobbler schlagen bei dieser Führungstechnik zu. Viele Räuber lauern dicht am Boden. Das gilt für Grundfische wie den Zander, aber auch für Hechte zur kälteren Jahreszeit. Der gejiggte Wobbler landet immer wieder vor ihrer Nase und reizt sie zum Zupacken. Dagegen bleiben höher geführte Wobbler oft ohne Wirkung.

Mai

27 Gas und Bremse

Wer sich die Frage stellt, ob er seinen Wobbler schnell oder langsam führen soll, übersieht eine interessante Alternative: beides zu tun! Am fängigsten sind viele Wobbler, wenn du sie über kurze Strecken beschleunigst, um sie dann verführerisch auf der Stelle stehen oder langsam zucken zu lassen. Das hohe Tempo macht die Fische auf den Köder aufmerksam – die Pausen und das Anrucken danach verführen sie zum Biss.

Mai

28 Rute hoch

Ein Wobbler, der 15 Meter vor dem Ufer auf idealer Tiefe lief, kann zehn Meter vor dem Ufer die unlösbarsten Hänger verursachen – weil seine Lauftiefe nun mit dem Grund kollidiert. Das muss nicht sein, denn du kannst die Laufhöhe steuern: Sobald du den Grund spürst, hältst du deine Rute ein Stück höher. Damit hebst du die Lauftiefe an. Kurz vorm Ufer kann es nötig sein, die Rute zum Himmel zu strecken. Das kann himmlische Nachläufer-Bisse bringen. Statt Hänger.

Mai 29 Rute runter

Wer kennt das nicht: Der »Tieftauch-Wobbler« taucht einfach nicht tief genug, sondern läuft den entscheidenden Meter über die Fische hinweg. Wirksames Gegenmittel: Tauch deine Rutenspitze einen Meter ins Wasser – schon läuft dein Wobbler das nötige Stück tiefer. Aber Achtung: Beim Biss darfst du dich nicht auf deinen Unter-Wasser-Anhieb verlassen (zu viel Widerstand!) – du musst gleichzeitig schnell ankurbeln.

Mai 30 Strömungsspiele

Beim Wobbeln im Fluss hast du einen Komplizen – die Strömung. Wie wäre es, den Wobbler an heißen Stellen ein-fach mal in der Strömung spielen zu lassen? Das funktioniert am besten, wenn du eine Bleiolive vors Vorfach schaltest und einen Schwimmwobbler verwendest. Lass die Strömung den Köder ruhig in einem Bogen über den Boden tragen, zum Beispiel bis an fängige Steinschüttungen heran. Dieses passive Spinnfischen hat sich vor allem auf Zander bewährt – auch bei Nacht!

Mai 31 Schlau schleppen

Schleppfischen hat einen Nachteil: Die Wobbler laufen monoton durchs Wasser. Für mehr Leben sorgt diese Rudertechnik: Zieh nicht beide Ruder gemeinsam durch, sondern erst das eine (damit dein Boot sich zum Wobbler hindreht), dann das andere Ruder (damit dein Boot sich vom Wobbler wegdreht). Dieser Zick-zack-Kurs sorgt beim Angeln mit je einer Schlepprute pro Bootsseite für einen spannenden Effekt: Ein Wobbler flitzt schneller, einer verlangsamt zur gleichen Zeit sein Tempo – fängige Abwechslung!

Perfekte Neigung: Wer die Rutenspitze senkt, bringt seinen Kunstköder auf zusätzliche Tiefe.

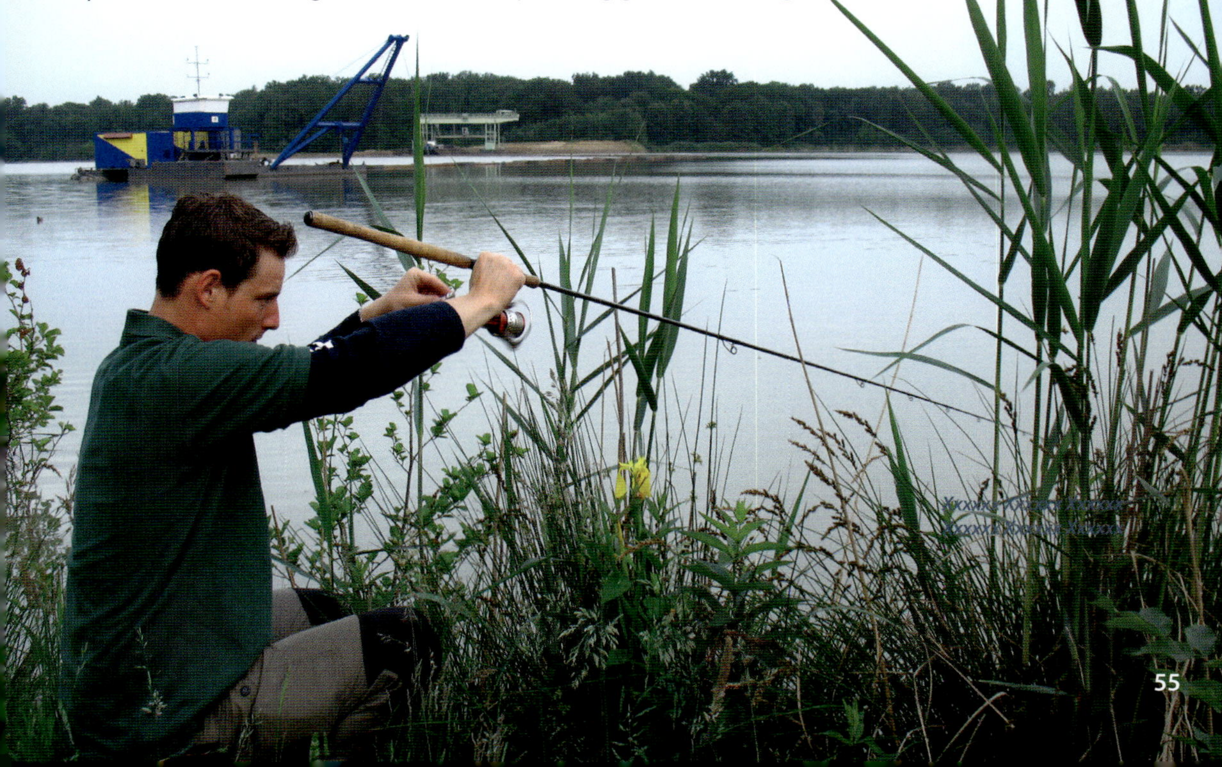

JUNI

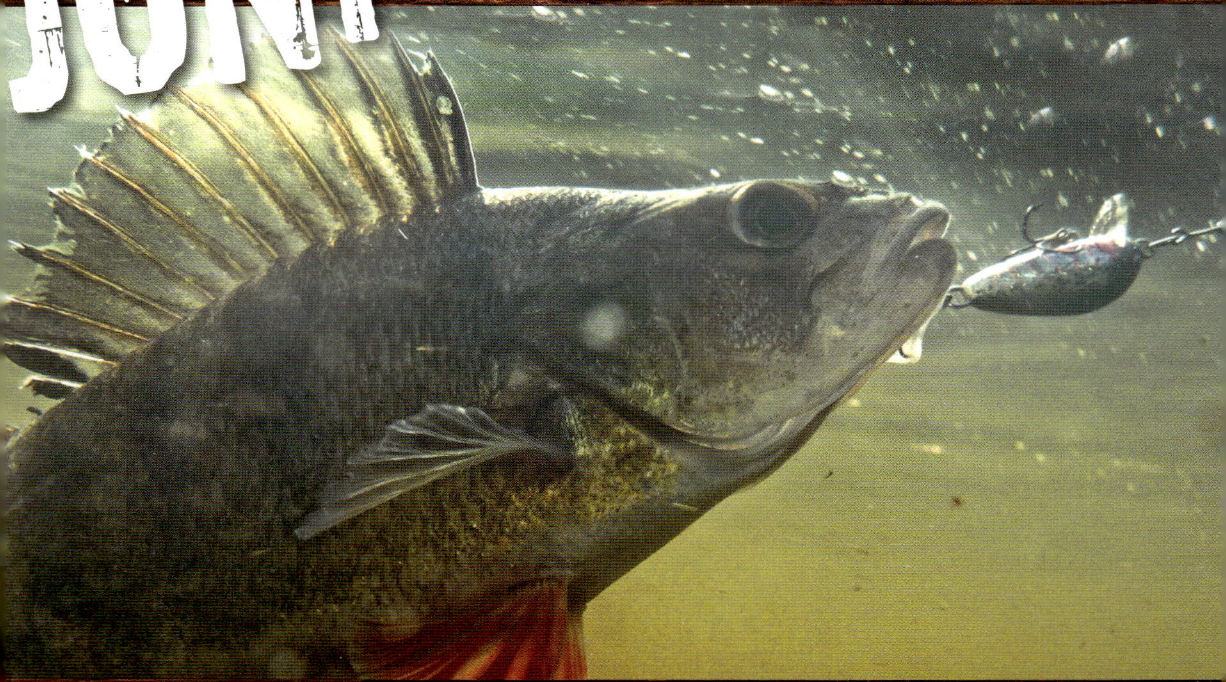

1. – 10. Juni

Der Juni macht Hunger! Als wechselwarme Tiere müssen Fische bei zunehmender Wassertemperatur immer mehr fressen. Hier hat sich ein Barsch am Wobbler vergriffen.

Zander – fangen unterm Junimond

Rio Reiser hat einst den »Junimond« besungen. Vielleicht war er Zanderangler, denn kaum ein anderer Monat bietet so große Fangchancen, Motto: Es ist vorbei – bye, bye – Juni-Zander!

Juni 1 Laicher-Spürhund

Im Juni stehen die Zander in vielen Gewässern noch dicht an dicht, während sie sich im Hochsommer über die Wasserfläche verstreuen. Die Erklärung? Die Fische haben sich im Frühjahr zum Laichen gesammelt, und an diesen meist fischreichen Plätzen bleiben sie noch eine gute Zeit stehen. Deine Aufgabe: Finde heraus, wo die Zander in deinem Gewässer laichen. Versunkene Bäume, besonders Tannen, sind ein heißer Tipp.

Juni 2 Gib ihm die Kante

Fast alle Laichplätze haben eine Gemeinsamkeit: Es handelt sich um flache Stellen oder Barschberge, die unmittelbar mit dem tieferen Wasser verbunden sind. Studier einmal die Tiefenkarte deines Gewässers (oder lass dein Lotblei an die Arbeit): Wo ziehen sich Scharkanten vom Ufer weit in den See? Je länger die Scharkanten verlaufen, desto vielversprechender sind sie. Und je weiter das Jahr fortschreitet, desto weiter ins Tiefe können die Zander sich verschieben.

Juni 3 Trüb ist gut

Hechtangler stöhnen über trübes Wasser: Je weniger der Hecht sieht, desto schwerer ist er auf Kunstköder zu fangen. Beim Zander ist das anders: Als Nachtfisch kommt er mit schlechten Licht- und Sichtverhältnissen klar. Im Gegenteil: Trübes Wasser, etwa nach einem Gewitterregen, kann ihn sogar am helllichten Tag zum Fressen animieren. Der beste Köder? Ein natürlicher Fisch. Zum Beispiel an der Dropshot-Montage angeboten. Oder am Drachkovitch-System.

Juni 4 Nachtangriff

Was in großen Flüssen wie Rhein und Elbe funktioniert, das Zanderfangen am helllichten Tag, ist in klaren Seen die Ausnahme. Hier kann es passieren, dass die Zander bei Tageslicht am Grund dösen, ehe sie in der Dämmerung jagen. Die mit Abstand besten Angelstunden liegen zwischen 22.00 und 1.00 Uhr. Wer nachts angelt, erlebt Sternstunden.

Juni 5 Höhenangst

Viele Zanderangler leiden unter Höhenangst: Sie schicken ihren Köder zu Boden, eben weil der Zander als »Grundfisch« gilt. Dabei jagt er in zahlreichen Gewässern direkt unter der Oberfläche. Ich kenne Spree-Profis, die ihre Oberflächen-Wobbler bei Nacht über der Steinpackung anbieten. Sie fangen gigantisch. Ebenso werden in Stauseen wie dem Schluchsee nahezu alle Sommerzander in einer Schlepptiefe von unter (!) zwei Meter gefangen, obwohl das Wasser an vielen Stellen zehn oder zwanzig Mal so tief ist. Auch das ganz flache Angeln mit Köderfisch funktioniert. Keine Höhenangst – probier es flach!

Juni 6 Die Sprungschicht-Falle

Wie kommt es, dass Zander (manchmal) so dicht unter der Oberfläche stehen? Zwei Erklärungen: Erstens tummelt sich dort ihr liebster Beutefisch, die Laube. Und zweitens bildet sich im Sommer in vielen Seen eine

Fang mit Biss: Dieser Juni-Zander nahm den Köderfisch auf einer Scharkante.

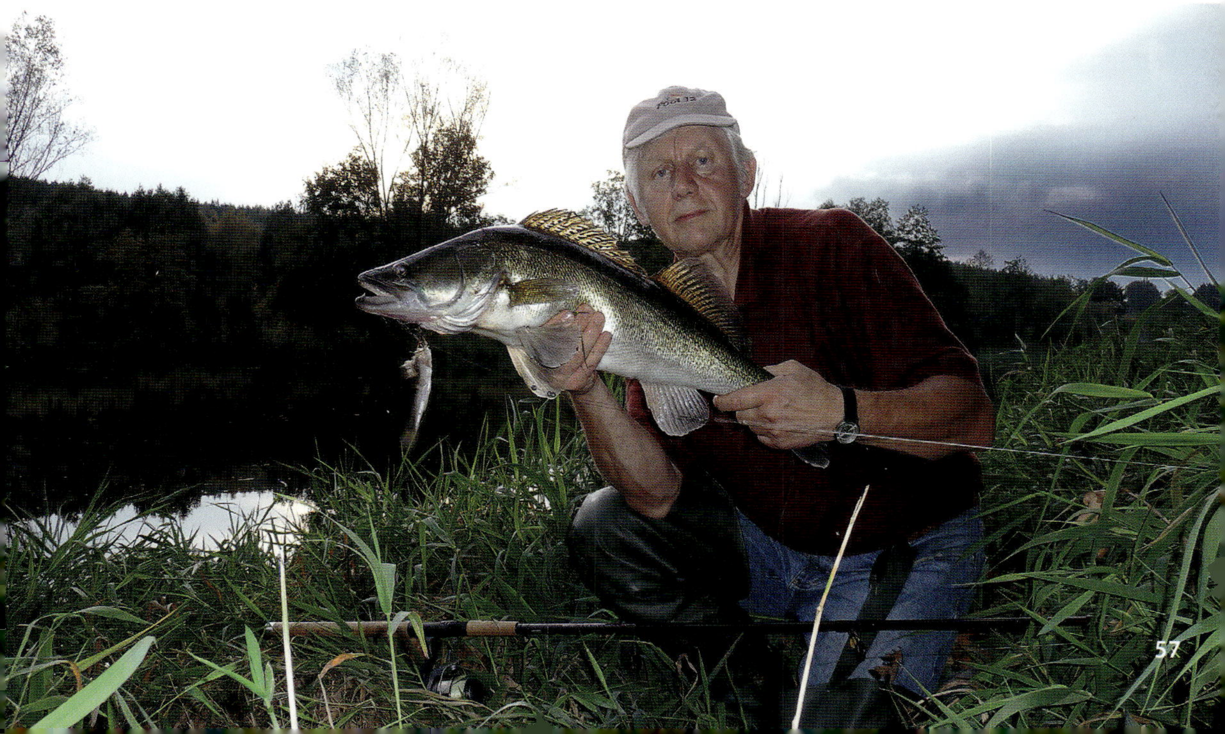

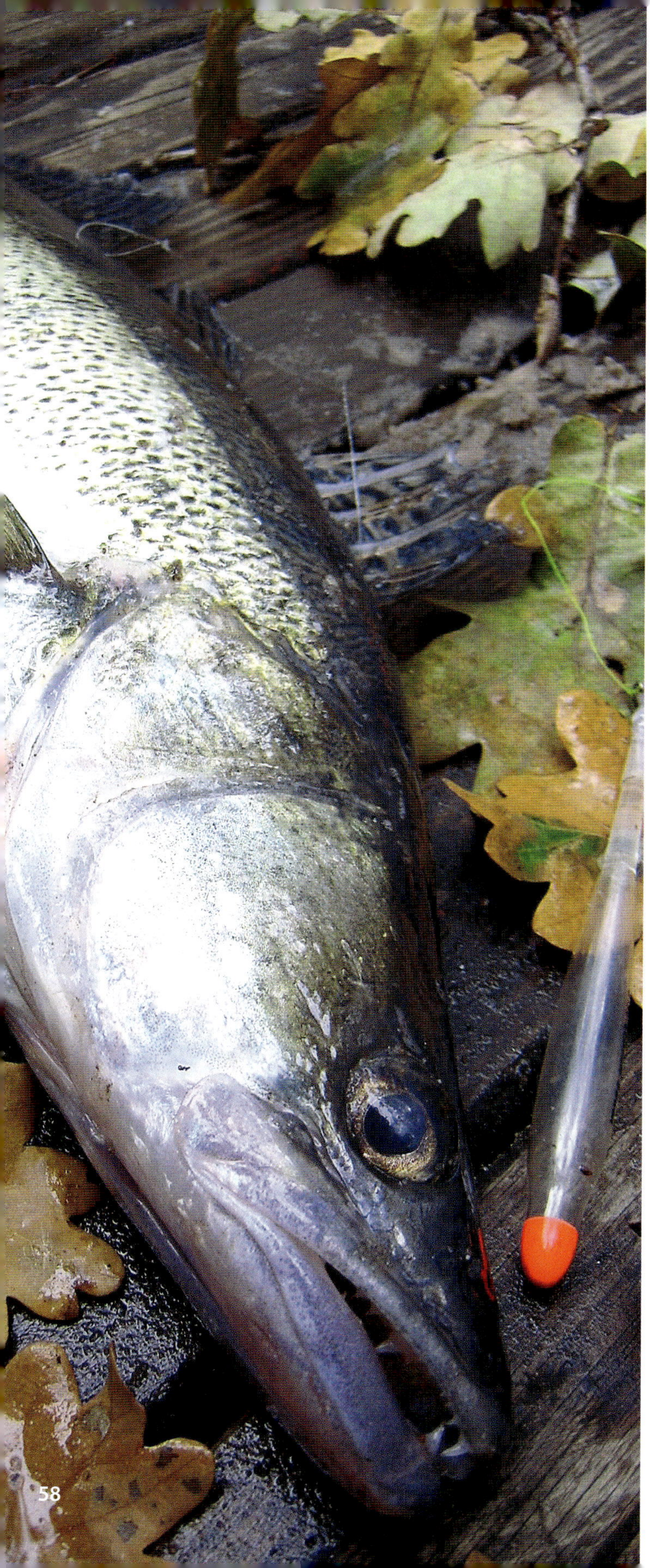

Ohne Höhenangst gefangen: Dieser Zander nahm den Köderfisch nur 1,5 Meter unter der Oberfläche – obwohl es an dem Platz sechs Meter tief war.

Sprungschicht; darunter enthält das Wasser keinen Sauerstoff mehr. Finde unbedingt heraus, zum Beispiel mit einem guten Echolot, auf welcher Tiefe diese Schicht in deinem Gewässer liegt – und angle flacher!

Juni
7

Die Zander-Linie

Nehmen wir an, die Sprungschicht liegt exakt auf vier Metern. Welche Angelplätze, denkst du, sind jetzt zum Grundangeln ideal? Stellen, die ein Stück höher als 4 Meter liegen – sagen wir: 3,75 Meter. Denn alle Zander, die aus dem Freiwasser aufs Ufer zusteuern, sammeln sich auf dieser Tiefe – und ziehen an den Kanten entlang. Darum solltest du deinen Köderfisch auf dieser Tiefe auslegen und beim Spinnfischen parallel am Ufer entlang werfen – damit dein Köder möglichst lange in der Fangzone bleibt.

Juni
8

Fetzige Fänge

Gute Zanderangler lassen gern die Fetzen fliegen! Sie schneiden ihre Köderfische in Stücke. Ein Fischfetzen verströmt einen intensiveren Geruch als ein ganzer Fisch und lässt einen schnelleren Anhieb zu – die Zahl der Fehlbisse sinkt. Fängig sind zum Beispiel Streifen aus Filet, die im Fließwasser verführerisch in der Strömung flattern. Oder Schwanzstücke von Weißfischen.
Ein Warnhinweis gilt für Fetzen wie für ganze Köderfische: Achte darauf, dass sich beim Aufziehen keine Schuppe auf der Hakenspitze festsetzt – sonst kommt dein Anhieb nicht durch.

Juni

9 Flattermann

Was machst du mit der Haut eines abgezogenen Barsches? Einen Zanderköder! Diesem Trick verdankt Georg Hartwich, Vater meines Freundes Edwin, etliche kapitale Zander. Schneid die Haut einer Barschhälfte mit dem Messer so zu, dass ihr Ende sich verjüngt. Dein System besteht aus zwei Haken: vorne einem Ryder-Hook (Einzelhaken mit gegenüberliegendem Köderhaken), hinten einem Drilling. Nun hakst du die Fischhaut so ein, dass sie im Wasser schön gestreckt ist. Nimm ein Stahlvorfach – denn auch die Hechte stehen auf den Flattermann, der sich fürs langsame Spinnen mit Beschwerung oder fürs stationäre Strömungsangeln eignet.

Juni

10 Natürlich Dropshot

Der beste Dropshot-Köder hat einen Namen: Köderfisch. Sein Reiz überbietet jeden Kunstköder. Schau dir mal an, wie eine 10-Zentimeter-Laube an einem ins Fluorocarbon-Vorfach geknoteten Haken spielt – traumhaft! Den Köderfisch wirfst du vor versunkenem Holz ein, lässt ihn zittern und zupfst ihn (beim Uferangeln) mit hoch erhobener Rute langsam ein. Wenn du einen 2er Haken nimmst und nach dem Biss drei Sekunden Schnur gibst, ehe du anschlägst, bleiben viele dicke Zander hängen.

11. – 20. Juni

Spinnfischen – zehn Rezepte gegen Nachläufer

Nachläufer sind Fische, über die man sich besonders ärgert: Fast hätte man sie gefangen – aber eben nur fast! Wie sich Kunstköder fängiger und Nachläufer dingfest machen lassen, das erfährst du hier.

Juni

11 Augen auf!

Viele Nachläufer folgen dem Köder bis dicht vors Ufer. Und dennoch werden sie vom Angler übersehen. Denn der ist in Gedanken schon beim nächsten

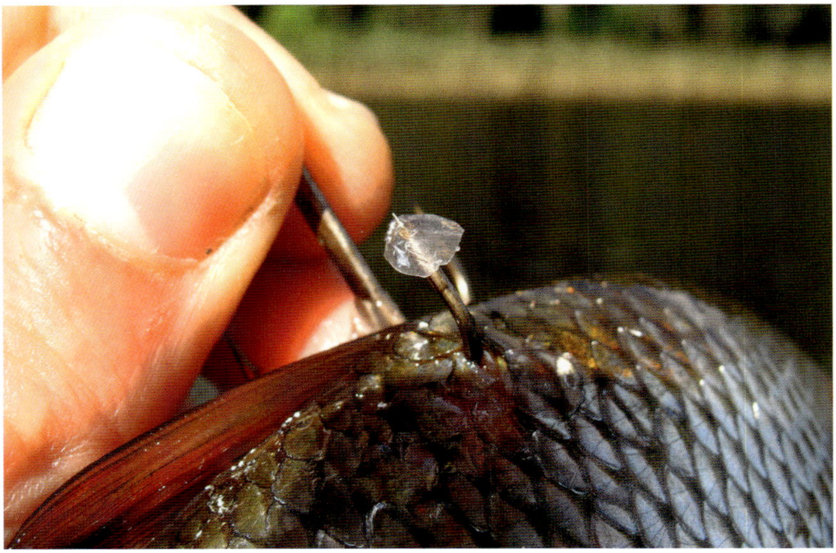

Ob Fetzen oder Fisch: Beim Aufziehen bleibt meist eine Schuppe auf der Hakenspitze stecken. Vor dem Angeln entfernen!

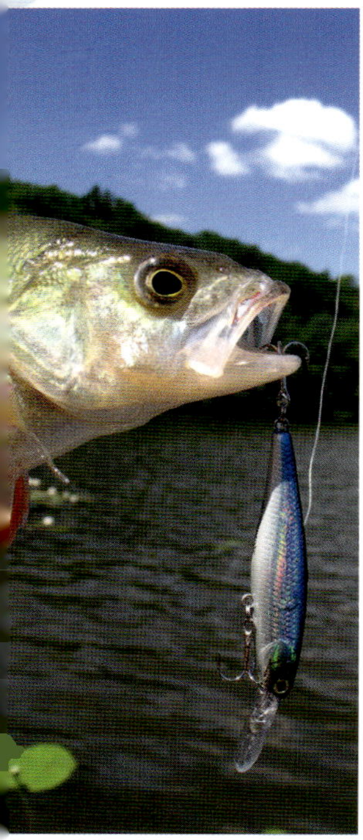

Barsche sind begnadete Nachläufer. Oft siehst du sie nicht, sondern spürst sie nur – zum Beispiel, weil der Wobbler zur Seite ausbricht.

Wurf – statt den aktuellen Wurf gründlich und konzentriert auszufischen. Regel Nummer eins: Solange der Spinnköder im Wasser ist, musst du mit Nachläufern oder Bissen rechnen. Nicht auch, sondern gerade auf den letzten Metern!

losigkeiten? Nein, das können Hinweise auf einen Nachläufer sein, der deinen Köder halbherzig attackiert. Nimm diese Signale wahr, wende einen der gleich folgenden Tricks an und platzier den nächsten Wurf exakt an dieselbe Stelle.

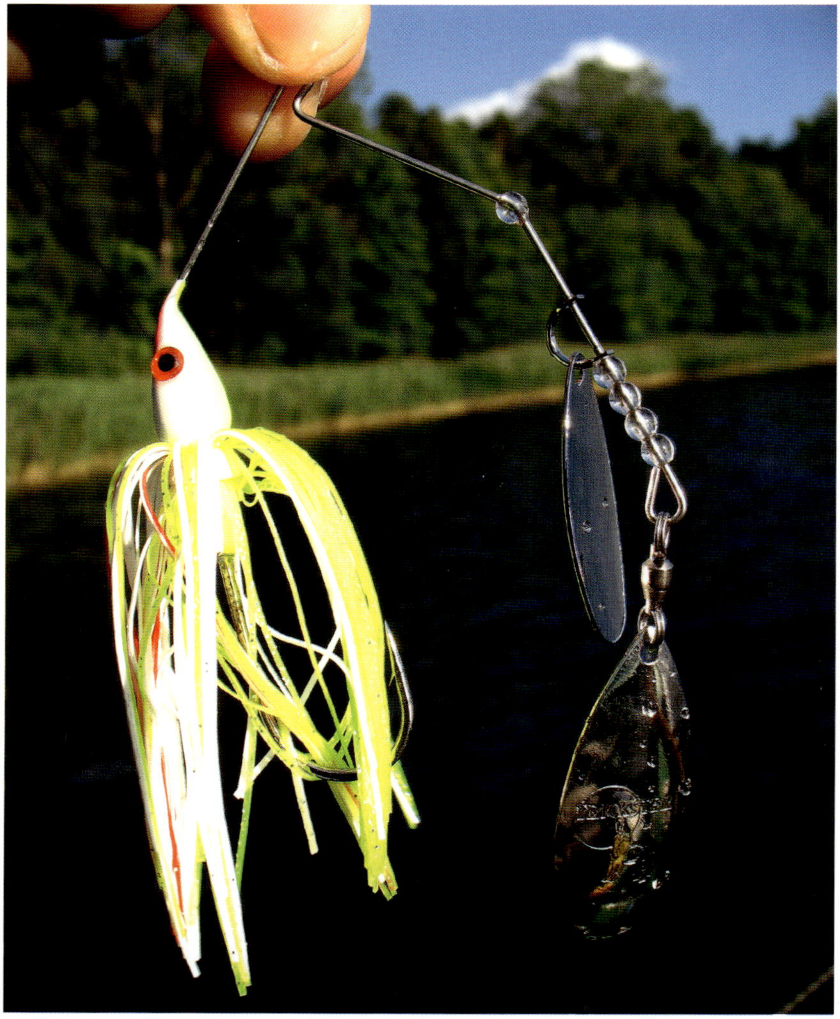

Nachläufer auf Wobbler? Dann probier doch blitzschnell einen anderen Köder – zum Beispiel einen Spinnerbait.

Juni 12 Gespürte Verfolger

Dein Spinner setzt für den Bruchteil einer Sekunde aus. Dein Wobbler bricht kurz aus seiner Bahn. Dein Twister stößt dort, wo gar kein Grund sein dürfte, doch auf Grund. Alles Belang-

Juni 13 Tempowechsel

Was tun die meisten Spinnfischer, wenn kurz vorm Ufer ein dicker Hecht hinter ihrem Köder auftaucht? Sie verlangsamen das Tempo, damit der Hecht den Köder in Ruhe nehmen kann. Doch der Räuber riecht den Braten – und dreht ab. Denn was würde ein Futterfisch tun, wenn er das rettende Ufer fast erreicht hat und von einem Räuber verfolgt wird? Durchstarten! Darum: Kurbel nicht langsamer – sondern leg einen Zacken zu.

Hunger.« Dieses Argument scheint mir zu selbstgefällig. Ein guter Angler wird sich immer fragen: Was mache ich falsch? Was kann ich verbessern, um den Fisch doch noch zum Biss zu bewegen? Zum Beispiel kann ein allzu dickes Stahlvorfach einen Räuber in

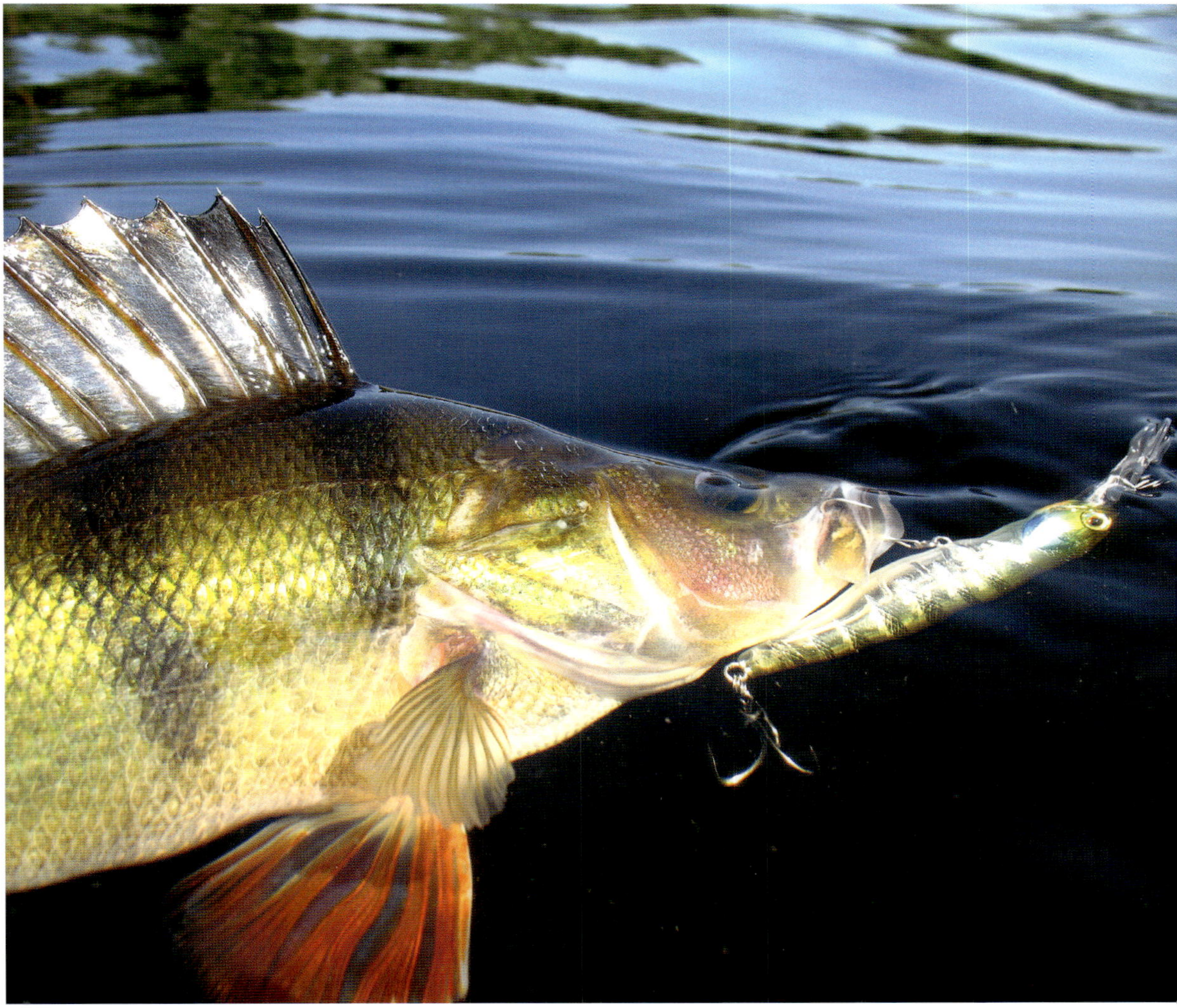

Fang nach Richtungswechsel: Dieser Großbarsch biss erst, als der Köder in eine andere Richtung lief.

Dann wirft sich der Räuber oft auf den Köder.

Juni

14 Montage-Frage

Die gängige Erklärung für Nachläufer lautet: »Der hat wohl keinen richtigen

die Flucht schlagen. Dasselbe gilt für eine monotone Köderführung.

Juni

15 Ersatzspieler

Was tun, wenn ein Tempowechsel den ersehnten Nachläufer-Biss nicht gebracht hat? Dann musst du einen Joker ins Spiel bringen, einen anderen Kunstköder-Typ. Wenn der Räuber zum Beispiel einen Wobbler verweigert hat, kannst du einen Spinnerbait servieren. Die alte Skepsis ist durch einen neuen Köder oft wie weggewischt – und der Räuber schnappt zu.

Juni 16 Natürlich Fangen

Alle Kunstköder haben einen Nachteil: Sie sind künstlich. Sie riechen nicht wie ein Fisch, schmecken nicht so, sehen auch nur entfernt so aus. Deshalb darf es dich nicht wundern, dass gerade Großräuber oft abdrehen. Es sei denn, du zauberst ein natürliches Angebot hervor: einen toten Köderfisch,

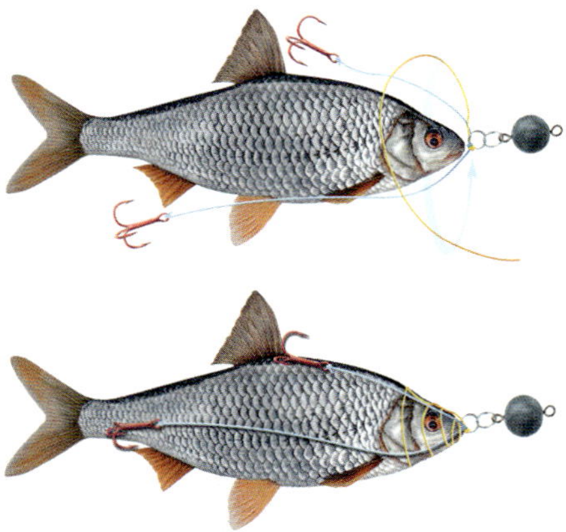

Am Drachkovitch-System wird der Köderfisch mit Draht gesichert.

den du zum Beispiel am Drachkovitch-System anbietest. Die meisten Nachläufer lassen sich nicht lange bitten ...

Juni 17 Farbenspiele

Auf welche Köderfarbe hattest du den Nachläufer? Auf einen Köder in Reizfarbe, Gelb oder Rot? Dann probier beim nächsten Wurf doch mal eine Naturfarbe, zum Beispiel ein Rotaugen-Dekor. Oder hat der Raubfisch gerade ein Naturdekor verweigert? Dann solltest du beim nächsten Wurf einen Köder in Reizfarbe probieren. Abwechslung bringt Nachläufer-Bisse.

Juni 18 Richtungswechsel

Manchmal erweckt dein Kunstköder Misstrauen, weil er sich in die falsche Richtung bewegt. Wenn die Futterfische parallel zum Ufer ziehen, dein Köder aber direkt auf das Ufer zu wandert, könnte das dem Raubfisch merkwürdig erscheinen. Darum: Wechsle deine Wurfposition. Lauf ein Stück am Ufer entlang oder verschieb den Standpunkt deines Boots, um denselben Platz aus einem anderen Winkel anzuwerfen. Oft triffst du damit in den Maulwinkel des Nachläufers!

Juni 19 Wiedersehen

Allen Tricks zum Trotz: Nicht jeder Nachläufer lässt sich blitzschnell aufs Kreuz legen. Vielleicht hat der Fisch gerade eine große Beute verschlungen und hat einfach keinen Hunger. Aber mit dieser Sattheit ist es schnell vorbei. Darum: Such Plätze mit lohnenswerten Nachläufern am nächsten oder übernächsten Tag noch einmal auf. Dann kann das, was ein halbherziger Biss war, zu einer brutalen Attacke werden.

Juni 20 Nachläufer-Buch

Etliche Angler führen ein Fangbuch. Aber wer führt schon ein Nachläufer-Buch? Dabei kann es sich für einen passionierten Spinnfischer durchaus lohnen, alle Nachläufer und Fehlbisse zu notieren – denn diese Fische sind noch im Wasser und lassen sich zu einem späteren Zeitpunkt fangen. Sofern du sie noch findest – dank Nachläufer-Buch!

21. – 31. Juni

Wurmsuche – der kluge Sammlertrieb

Ob Aal oder Barsch, Schleie oder Forelle: Viele Fische haben den Wurm zum Fressen gern . Aber woher Würmer nehmen, ohne sie zu stehlen (oder teuer zu kaufen)? Hier bekommst du Erfolgsrezepte für die Wurmsuche.

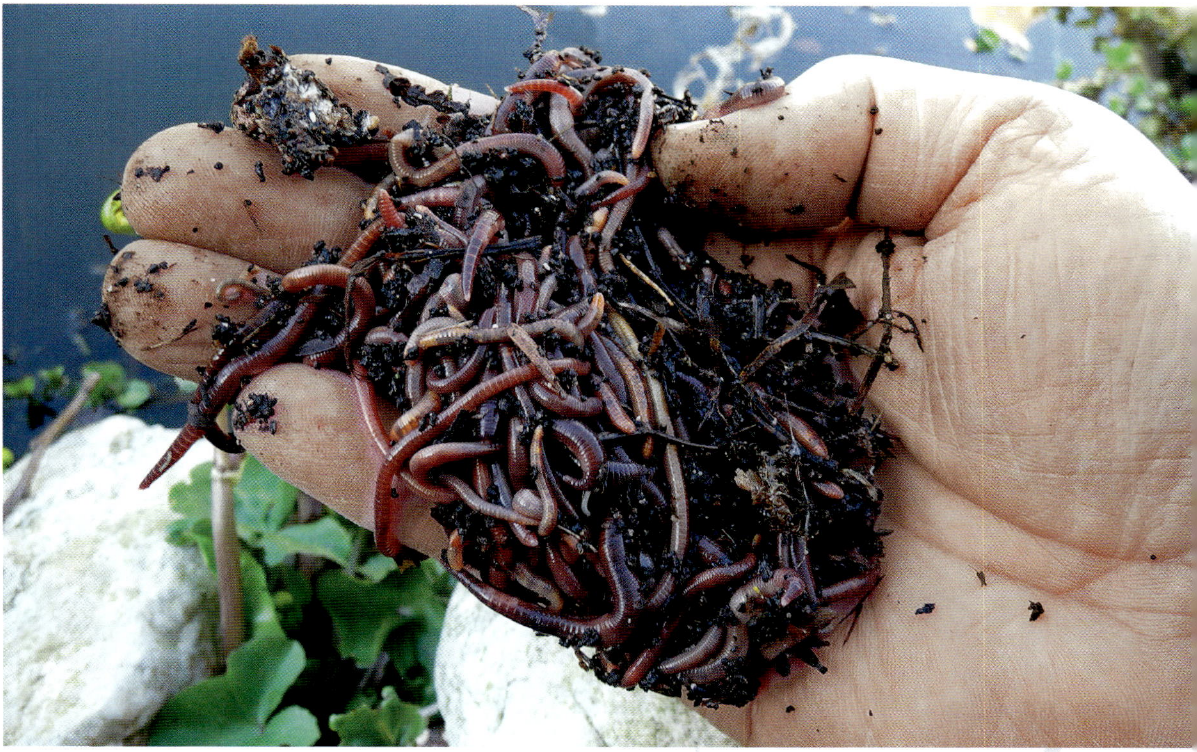

Kostbares aus dem Kompost: Wer seine Würmer selber sucht, kann großzügig damit anfüttern; das kostet ihn keinen Cent.

Juni 21 Steinzeit

Meine Schleienrute war schon wurfbereit, da bemerkte ich mein Missgeschick: Meine Wurmdose stand noch zu Hause. Was nun? Ich drehte ein paar dicke Steine im Ufergras um. Dort fand ich, was ich erhofft hatte: jeweils zwei, drei saftige Würmer. Nach zehn Minuten hatte ich einen Vorrat für den Angeltag zusammen. Gerade im Sommer lassen sich unter kühlen Steinen fast immer Würmer finden.

Juni 22 Kostbar im Kompost

Es gibt drei Motive, einen Komposthaufen anzulegen: Man tut es der Umwelt zuliebe. Man tut es, um Dünger für den Garten zu gewinnen. Oder man ist Angler – und will aus dem Kompost jede Menge Würmer ernten. Bei mir kommen alle drei Motive zusammen. Deshalb ist ein Komposthaufen für mich Pflicht. Sogar im heißesten Sommer lassen sich dort noch ein paar quicklebendige Würmer finden.

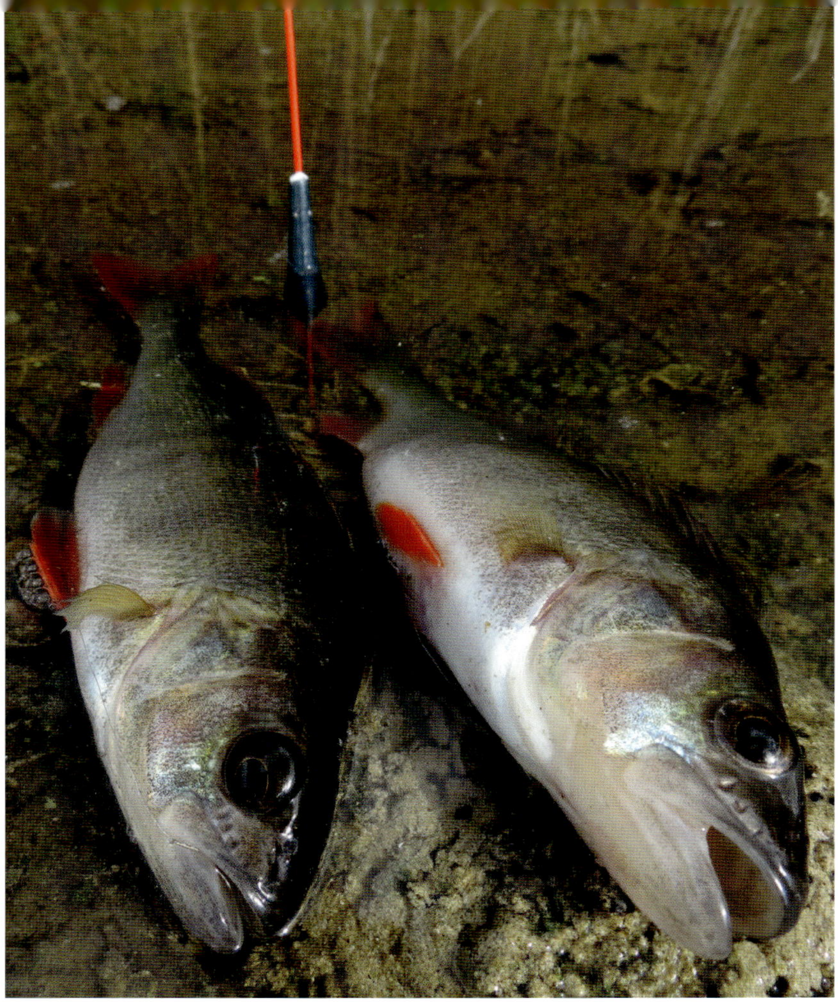

Sturm auf Wurm: Barsche fressen selbstgesuchte Würmer mit Vorliebe.

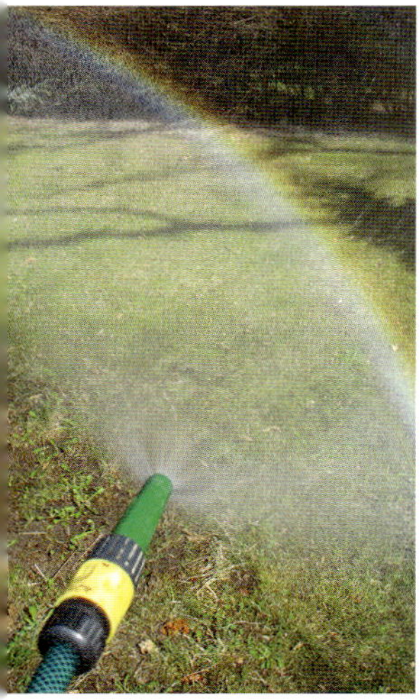

Ein Schatz am Ende des Regenbogens: Wer den Rasen abends wässert, findet auch in trockenen Nächten fängige Tauwürmer.

Juni

23 Mitten im Mist

Ob Pferdemist, Kaninchenmist oder Kuhfladen: Diese Orte, die uns nicht gerade appetitlich erscheinen, sind ein wahrer Wurmmagnet. Jahrelang habe ich meine Schleienwürmer im Misthaufen einer Pferdezucht gesammelt. Dazu reicht es, am Rand des Misthaufens die Erde umzugraben. Mistwürmer sind besonders quirlig und duftintensiv. Wer langes Händewaschen nach dem Sammeln vermeiden will, sollte Einweghandschuhe anziehen.

Juni

24 Nachts im Park

In Regennächten lassen sich große Mengen von Tauwürmern sammeln. Such dir einen Garten oder eine frisch gemähte Rasenfläche. Hier krabbeln die Tauwürmer bei Nacht aus dem Boden. Nur ihr Schwanz bleibt im Erdloch, damit sie sich bei Gefahr blitzschnell zurückziehen können. Nun schleichst du mit Taschenlampe über den Rasen. Leises Auftreten ist Pflicht, sonst verkrümelt sich deine Beute. Die Würmer packst du direkt über dem Erdloch. Wenn du sanft und ausdauernd ziehst, gibt der Wurm nach spätestens zehn Sekunden auf und lässt sich einsacken. Aber bloß nicht zu heftig ziehen, sonst reißen die Würmer ab.

Juni

25 Sprühende Idee

Was tun, wenn der Sommer heißt und trocken ist? Ohne den »Tau« (oder Regen) wirst du bei der nächtlichen Suche kaum Tauwürmer finden. Ein Trick hilft weiter: Greif zum Gartenschlauch und wässere deinen ausgedörrten Rasen am Abend. Dieser künstliche Regen erzielt dieselbe Wirkung wie ein natürlicher Regen: Er lockt die Tauwürmer an die Oberfläche.

Juni

26 Rotlicht

Nicht nur die Erschütterung durch deinen Schritt, auch das grell-gelbe Licht deiner Taschenlampe kann die Tauwürmer bei der nächtlichen Suche in die Flucht treiben. Es sei denn, du verwendest eine Taschenlampe mit Rotlicht. Dazu musst du nur eine rote Folie vor deine normale Taschenlampe kleben. Und schon stehen deine Chancen bei der Tauwurmsuche deutlich besser.

Juni

27 Der Forken-Trick

Wenn die Erde bebt, rennen wir Menschen aus den Häusern. Die Würmer flüchten ebenfalls – an die Erd-Oberfläche. Diese Tatsache kannst du nutzen: Steck eine Forke in einen weichen Rasen – und dann schlag gegen den Forkenstiel, bis er vibriert. Diesen Vorgang wiederholst du 30 Sekunden lang. Meist dauert es nicht lange, ehe die ersten Würmer aus der Erde schießen und sich auf dem Rasen ringeln. Leichte Beute für dich!

Juni

28 Glück beim Gärtnern

Wer einen eigenen Garten hat, kennt das Spiel: Immer wieder stößt man bei der Gartenarbeit auf gute Würmer. Aber weil gerade kein Gefäß zur Hand ist, schenkt man den Würmern die Freiheit. Und ärgert sich danach, weil man insgesamt doch ein Dutzend guter Würmer bekommen hätte. Die Lehre daraus? Wann immer du im Garten arbeitest (oder deine Frau, deine Kinder arbeiten lässt ...) – sorg dafür, dass ein Wurmeimer in der Nähe steht.

Juni

29 Papier und Kaffee

Schon mancher Angler hatte sich stolz einen Wurmvorrat für die Saison angelegt, der dann verkümmert ist. Dem kannst du vorbeugen. Regel eins: Hältere die Würmer an einem kühlen Ort, zum Beispiel im Keller. Regel zwei: Hältere die Würmer nicht nur in Erde, sondern gib professionelles Wurmfutter dazu. Auch angefeuchtete Zeitungen und verbrauchter Kaffee aus Filtertüten halten die Würmer in gutem Ernährungszustand. Regel drei: Hältere nicht deinen ganzen Wurmvorrat in einem Gefäß – teil ihn lieber auf zwei oder drei Wurmbehälter auf.

Juni

30 Gesundheits-Check

Bei den Würmern ist es wie bei uns Menschen: Es gibt eine natürliche Sterblichkeit. Ein toter Wurm kann deinen ganzen Vorrat infizieren und mit in den Tod reißen. Darum ist es wichtig, dass du beim Einfüllen der Würmer darauf achtest: Verkriechen sich alle unter der Erde? Wenn einer oben lieben bleibt, muss du ihn unbedingt aussortieren. Auch solltest du alle zwei bis drei Tage den Wurmbehälter inspizieren und tote Würmer entfernen.

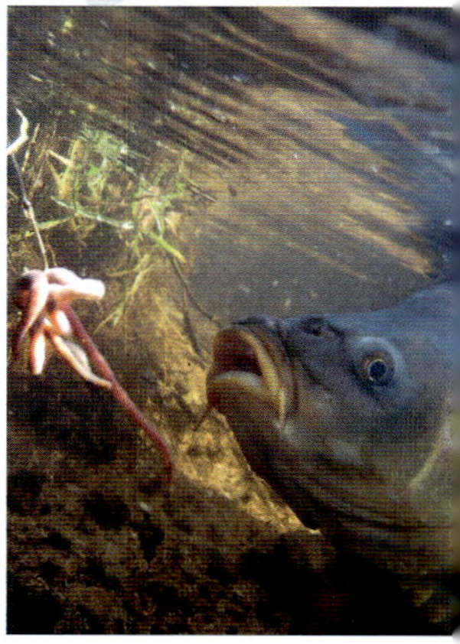

Auf Wurm sind alle möglichen Fänge drin – diesmal interessiert sich ein Karpfen für die Würmer aus dem Garten.

JULI

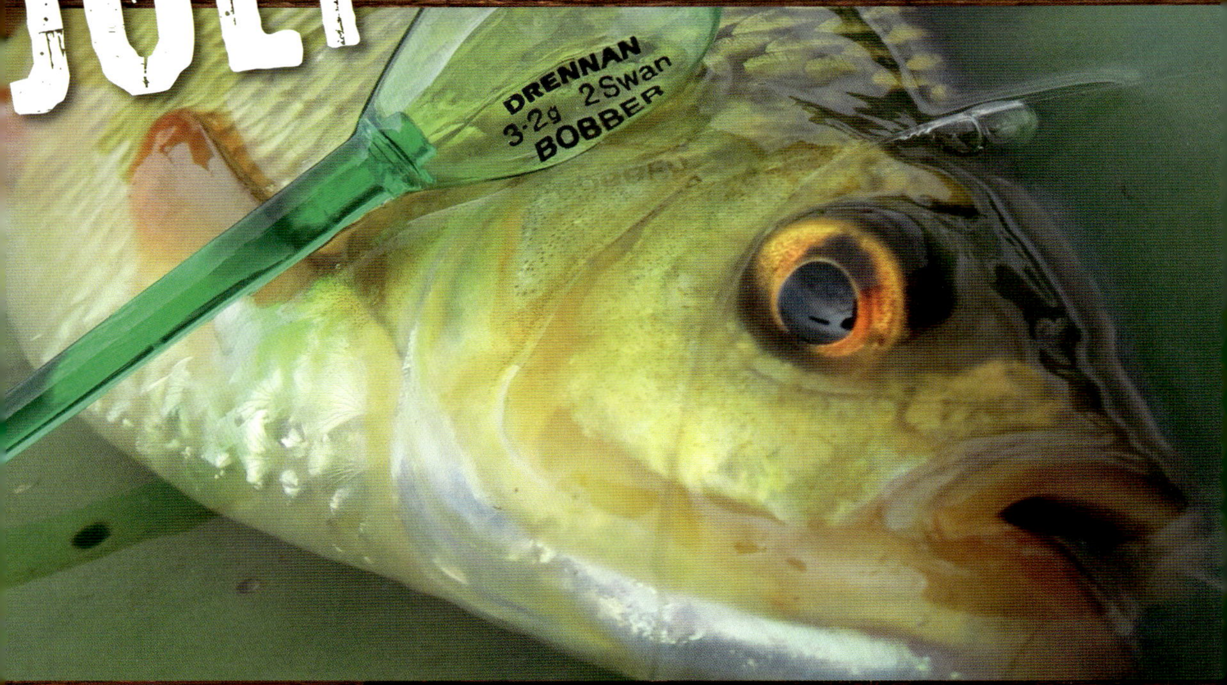

Sommer-Pracht: Zwischen den Seerosen lassen sich Rotfedern ans Sonnenlicht kitzeln.

1. – 10. Juli

Aal – hitziges Gefecht

Wenn die Aale laufen, wird ein Sommermärchen wahr. Doch meist laufen sie nicht von allein, sondern wollen angeschoben sein ... Mit pfiffigen Tricks und Strategien überredest du die Schlängler im Sommer zum Biss.

Juli 1 Nasenfisch

Der Aal ist ein Nasenfisch: Er kann einen Tropfen Rosenöl aus der 25-fachen Wassermenge des Bodensees erschnuppern. Vielleicht erkennt er den Geruch deiner Finger am Köder als Alarmsignal (erst recht, wenn du geraucht oder an deinem Auto geschraubt hast!). Gegenstrategie: Reib dir deine Hände vorm Angeln mit Ufererde ein, zwei- bis dreimal, und wasch sie ab. Das neutralisiert abstoßende Gerüche – und erhöht deine Aalchancen.

Juli 2 Begehrter Schatten

Wohin verkrümeln sich die Menschen bei großer Hitze? In den Schatten. Dort sind auch die Aale zu finden. Mit Vorliebe stellen sie sich im Hochsommer unter überhängenden Bäumen, in ausgehöhlten Ufern oder im Schutz von Hindernissen am Grund ein. In manchen Vollmondnächten verharren sie sogar an diesen Plätzen. Wenn du deinen Köder im Schatten servierst, musst du nicht lange auf Bisse warten.

Juli
3 Versenkter Sack

Als es um Frühjahrs-Aale ging, habe ich dir das Zwiebelnetz empfohlen, um darin Fisch-Hack am Angelplatz zu versenken. Im Sommer geht es eleganter: Gib zerschnittene Brötchen und Brotscheiben in das Netz. Die Brotstücke lösen sich mit der Zeit, steigen aus dem Netz und ziehen Schwärme von Kleinfischen an – und mit ihnen Raubaale und Zander. Ein kleiner Köderfisch am Grund ist jetzt der beste Köder.

Juli
4 Kauli als Spezialität

Der Aal ist wie alle Raubfische: Er liebt leichte Beute – eine Beute, die zahlreich im Gewässer vorkommen und seine Standplätze teilt. Ideal auf Aal: der Kaulbarsch. Er bewegt sich fast nur am Grund, schwimmt ungeschickt und ist somit ein leichtes Opfer für den Aal. Du solltest den Kaulbarsch mit einer Ködernadel auffädeln. Der Haken ragt aus dem Maul, die Schnur führt zur Schwanzwurzel hinaus.

Juli
5 Futterkorb mit Hack

Wenn der Aal eine so empfindliche Nase hat – reicht der Geruch des Köders dann nicht aus, um ihn zu locken? Nicht unbedingt, denn woher weißt du, dass die natürliche Nahrung nicht noch viel verlockender als dein Köder duftet? Eine große Geruchsdosis hilft beim Anlocken der Aale. Ideal: Stopf einen geschlossenen Futterkorb mit Fischfetzen voll, zum Beispiel von Heringen. Dein Köder, ebenfalls ein Fetzen, liegt direkt daneben – wahrscheinlich nicht lange ...

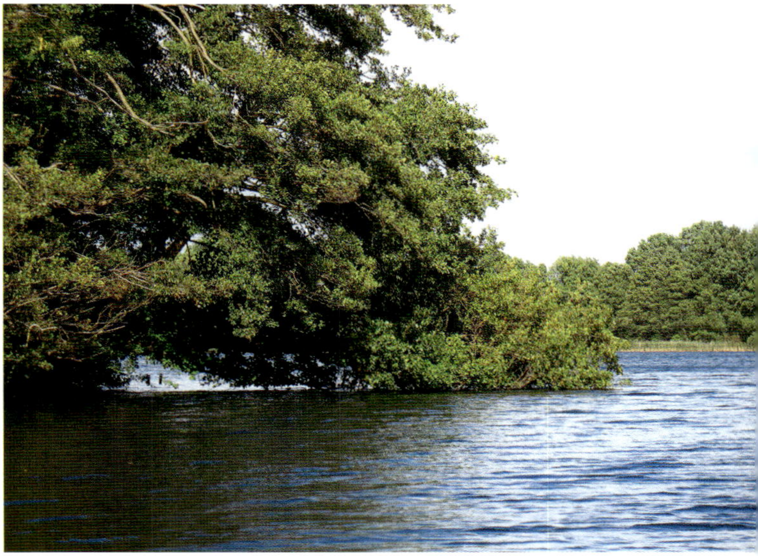

Klassischer Aalplatz bei Tageslicht oder Vollmond: übers Wasser ragender Baum.

Juli
6 Maden am Schnürchen

Maden als Aalköder – was spricht eigentlich dagegen? Sie sind zu klein! Dann schnür doch einfach ein so großes Madenbündel, dass du Ruhe vor Kleinfischen und große Chancen auf Aale hast. Knote einen Haken ans geflochtene Vorfach und lass das Schnurende überstehen. Nun fädelst du mit der Ködernadel etwa 50 Maden auf, bildest einen Kreis und befestigst das Ende der Schnur wieder am Hakenschenkel. Ein fleischiger Madenring, der duftet, zappelt – und garantiert Aale fängt!

Juli
7 Vibrator für Aal

Deine Rute biegt sich, ein prächtiger Aal ist gehakt. Doch nach ein paar Sekunden biegt sich deine Rute mehr, als dir lieb ist: Hänger. Der Aal hat sich um ein Hindernis gewunden. Was nun? Halt die Schnur auf Spannung und klopf energisch auf den Rutengriff – dieses unangenehme Vibrieren kann den Aal lösen.

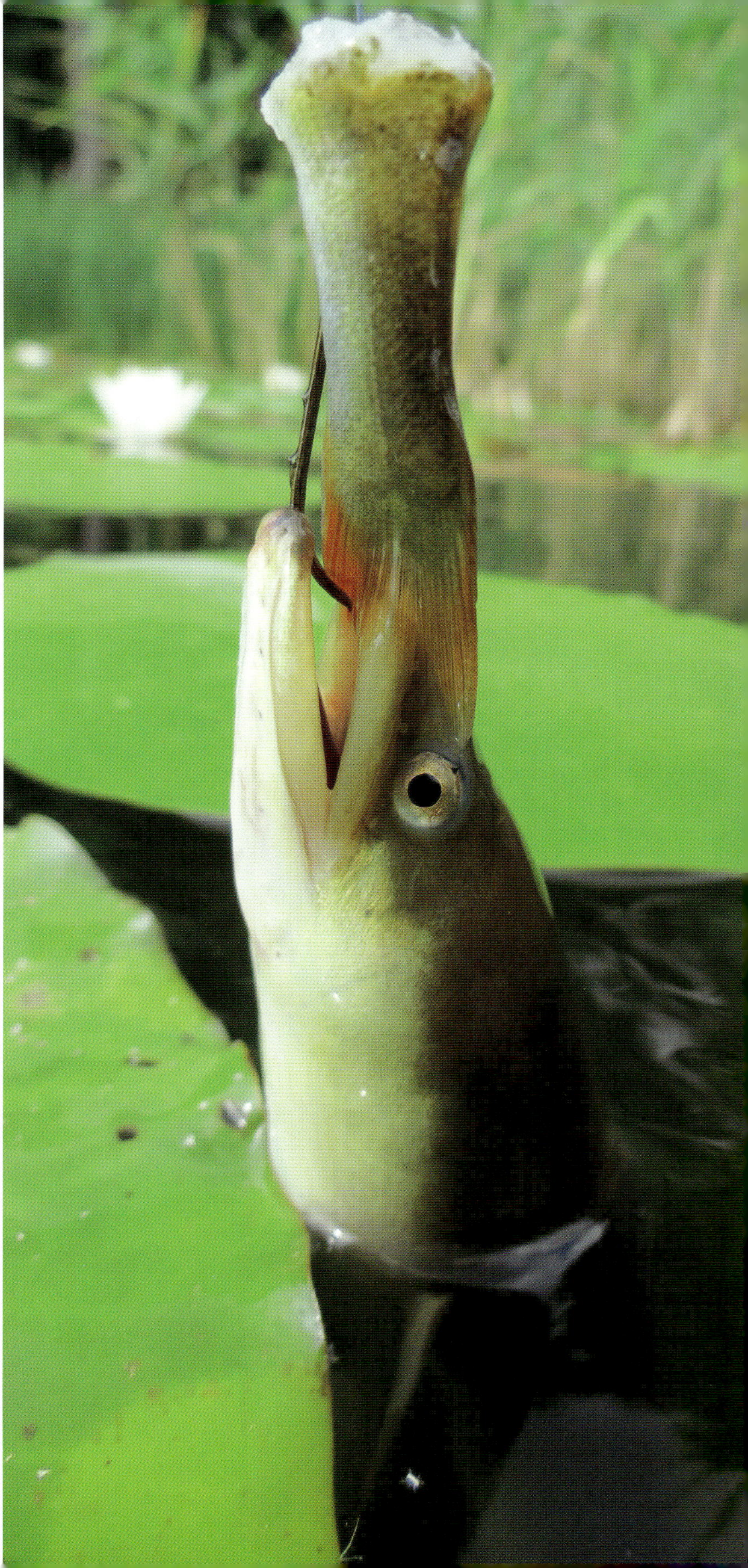

Erst gelockt, dann gerockt: Dieser Aal folgte der Duftspur des Futterkorbes und nahm einen Fischfetzen.

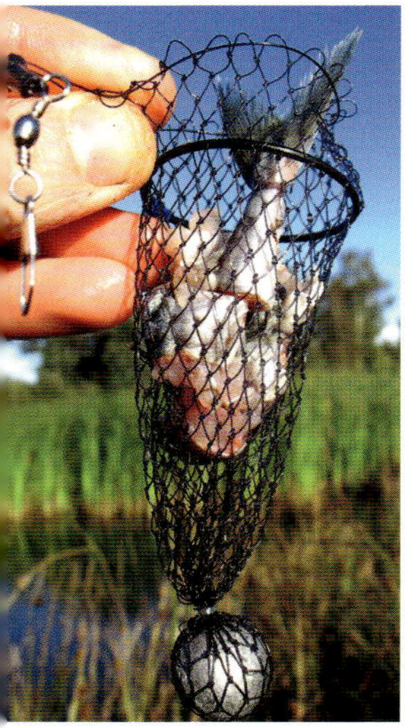

Spezieller Futterkorb für Aale. Das kleine Netz wird mit Fischstückchen gefüllt.

Juli
8 Pödder als Plus

Wie funktioniert das Pöddern, das Aalangeln ohne Haken? Du ziehst 20 bis 30 Tauwürmer mit einer stumpfen Nadel auf einen Woll- oder Zwirnfaden, wickelst sie um deine Hand zum Bündel und hängst es in ein Pödderblei ein. Profis wickeln nun zusätzlich Garn oder Wolle um die Würmer. Diesen Köder lässt du an einem steifen Stock ins Wasser. Ideal sind flache Flüsse oder Bäche, die den Wurmduft verströmen. Wenn es zupft, hebst du den Pödder mit einem gleichmäßigen Zug aus dem Wasser. Die Aale hängen nur mit ihren spitzen Zähnen in den Fäden und fallen leicht ab. Ein Planschbecken im Wasser hilft, die Fische aufzufangen.

Juli
9 Fängiges Doppel

Das Problem beim Pöddern: Die wirklich großen Fische von über zwei Pfund fallen ab. Darum solltest du in allen Gewässern, wo auch Wurm am Haken erlaubt ist, eine Grundrute knapp unterhalb deines Pödders in der Duftfahne auslegen. Köder ist ein dicker Tauwurm – Beute sind oft dicke Aale.

Juli
10 Kescher-Pflicht

Kescher für Aal? Viele Angler winken ab. Die kleinen Aale, heißt es, verschleimten nur das Netz. Und die großen ließen sich ohnehin nicht ins Netz bekommen. Zur Hälfte stimme ich zu: Kleine Aale solltest du tatsächlich aus dem Wasser heben. Aber Wasserschlangen ab zwei bis drei Pfund gehören in einen engmaschigen Kescher. Denn so mancher Riesenaal hat sich noch bei der Landung um die Schnur gewickelt und sie gesprengt.

11. – 20. Juli

Teig – zehn Tipps für Angler mit Knete

Kennst du einen Köder, den du hart oder weich, groß oder klein, viereckig oder rund anbieten kannst? Nur einer ist so flexibel: Teig. Hier erfährst du alles darüber, wie du aus Knete das Beste machst.

Juli
11 Perfekt paniert

Der einfachste Weg zum Teig: Gib Paniermehl in eine Schüssel und befeuchte es langsam mit Wasser, während du die Masse umrührst. Die richtige Konsistenz ist erreicht, wenn das Paniermehl nicht mehr bröselt (weil zu trocken), aber noch nicht matschig ist (weil zu nass). Die Teigmasse knetest du kräftig durch und verfeinerst sie mit Zutaten (siehe unten). Warum Paniermehl-Teig oft mehr als andere Teige fängt? Weil er langsam im Wasser zerfällt. Diese Krümel füttern Fische an und machen sie heiß.

Juli
12 Toast im Tuch

Aus Toastbrot lässt sich in vier Schritten ein besonders feiner, blütenweißer Teig herstellen, wie Rotfeder und Karpfen ihn lieben. Schritt 1: Du schneidest von Toastscheiben die Ränder ab, bis nur weißes Brot übrig bleibt. Schritt 2: Du gibst die Brotscheiben kurz in Wasser, damit sie sich vollsaugen. Schritt 3: Du legst die nassen Scheiben in ein altes Handtuch, rollst es wie ein Bonbonpapier zusammen und wringst das Brot aus. Schritt 4: noch ein wenig kneten – und fertig ist der Teig.

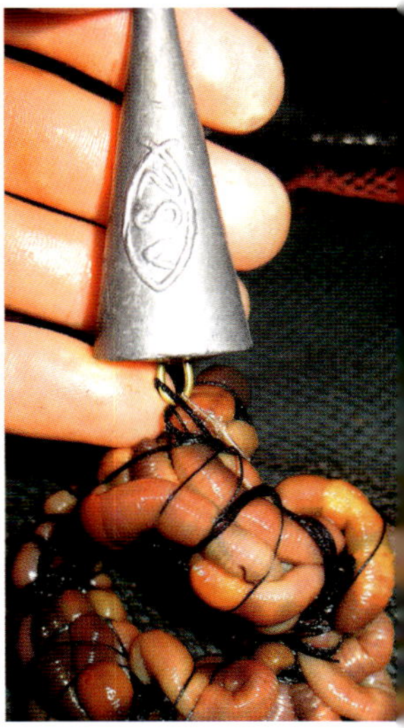

Köder ohne Haken – und doch bleiben Aale hängen: der Pödder.

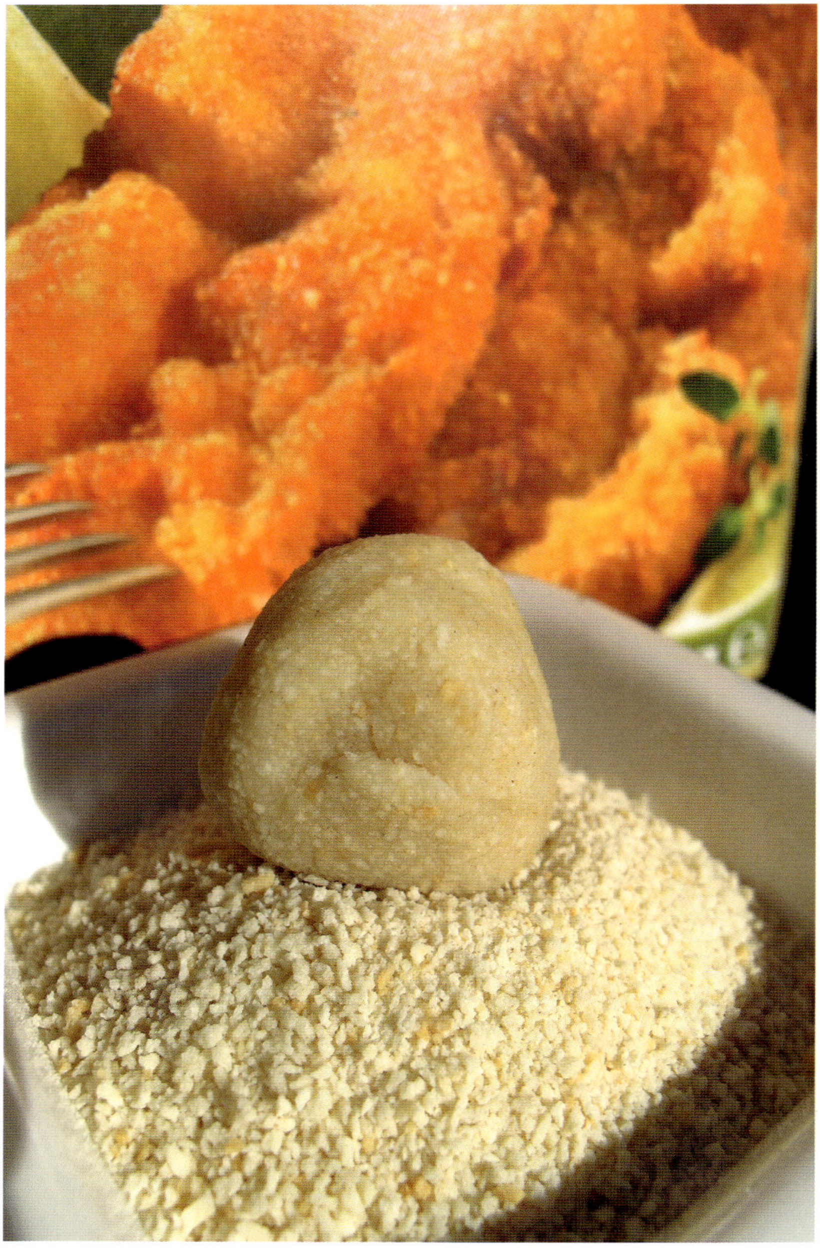

Köder aus Krümeln: Mit Paniermehl kannst du fängigen Teig herstellen.

Juli

13 Sprühende Idee

Wer schon mal Teig hergestellt hat, kennt das Problem: Das Paniermehl bräuchte noch ein wenig Wasser. Doch wenn du etwas hinzugibst, ist es gleich zu viel – und dein Teig wird matschig. Aus diesem Dilemma kann dich ein Instrument retten: ein Sprüher für Blumen. Er zerstäubt das Wasser so fein, dass du es in winziger Dosis hinzugeben kannst – auf dass dein Teig blühende Erfolg bringe!

Juli
14 Mandel-Fänge

Ein Teig aus Brot oder Paniermehl ist nur eine Grundlage, wie ein Stück Fleisch ohne Gewürze. Jetzt liegt es an dir, ihm eine Geschmacksnote zu geben. Eine meiner Lieblingszutaten stammt aus dem Backschrank: Bittermandel-Aroma. Ein paar Tropfen davon verleihen deinem Teig einen Geruch, der ihn für Karpfen und Schleien unwiderstehlich macht.

Juli
15 Honig-Mond

Honeymoon – wörtlich: Honigmond – heißen die Flitterwochen im Englischen. Ähnlich süß und verführerisch, wie dieser Begriff klingt, wird ein Teigköder, wenn du ihn kurz vor dem Auswerfen in Honig tunkst. Gerade im Sommer sind kapitale Brassen und große Karpfen für diese Leckerei zu haben – bis dass der Anhieb sie von ihr scheidet: Honeyhook ...

Juli
16 Anis als Rotaugen-Ass

Walter, mein alter Bekannter, war ein leidenschaftlicher Rotaugenangler. Sein ganzes Leben lang hat er nur einen Köder verwendet: Brotteig mit Anisaroma. Damit hat er so gut gefangen, dass mancher Madenangler vor Neid so blass wie der eigene Köder wurde. Schon drei Anistropfen reichen, um einem Teig aus 400 Gramm Paniermehl eine ideale Duftnote einzukneten. Unwiderstehlich für Rotaugen.

Juli
17 Fett im Geschäft

Dass Paniermehl-Teig im Wasser zerfällt, wird zum Nachteil, wenn du deine Rute länger im Wasser lassen möchtest – etwa beim nächtlichen Karpfenangeln an einem fernen Platz. Was tun? Fette den Teig einfach mit etwas Margarine ein und knete ihn kräftig durch. Diese Fettschicht schützt den Teig vor dem Wasser. So hält er länger zusammen – und bleibt für große Karpfen attraktiv.

Juli
18 Quadratisch und praktisch

Was bildet man aus Teig? Wer jetzt »Kugeln« sagt, hat verloren. Das ist ja gerade der Vorteil von Teig: Du kannst alle möglichen Formen bilden, vom Quadrat über das Dreieck bis zur Rolle. Gerade ungewöhnliche Teigformen, zum Beispiel Würfel, fangen in stark befischen Gewässern besser. Die Fische haben noch keine schlechten Erfahrungen damit gemacht.

Süße Sünde: Wer seinen Teig in Honig taucht, macht Brassen und Karpfen schwach.

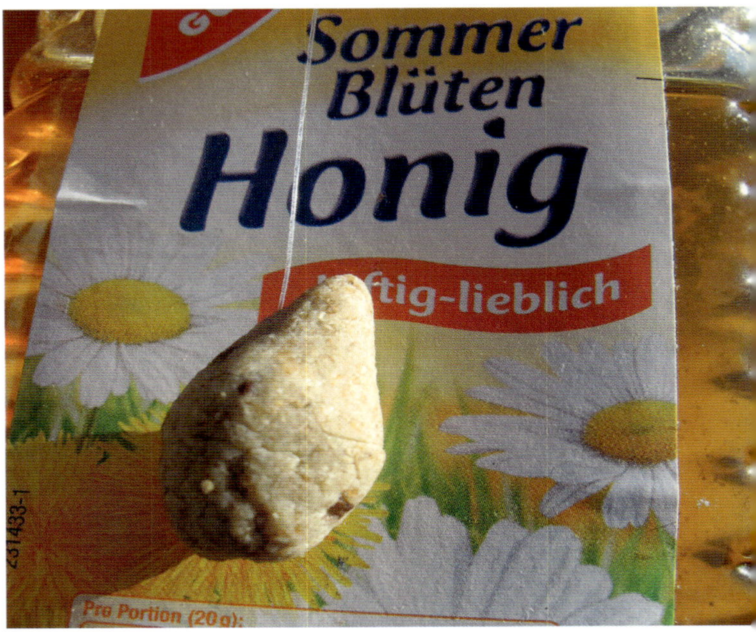

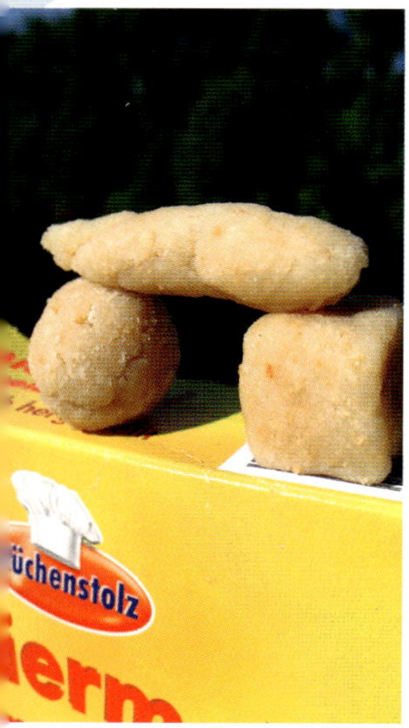

Um die Ecke gedacht … Teig muss nicht immer rund sein. Würfel fangen bei Angeldruck besser.

Juli 19 Trudelnde Plattform

Mit meinen Jugendfreunden Roland und Andreas habe ich Anfang der 1980er Jahre von einer kleinen Brücke auf Forellen geangelt. Doch die Fische waren bald scheu und ließen unsere Teigkugeln, die wir an der freien Leine anboten, unbehelligt zum Grund fallen. Dann kamen wir auf die Idee, »Teig-Plattformen« zu bilden – dünne Scheiben, in die wir den Haken pressten. Der Erfolg war umwerfend: Die Teigscheiben taumeln langsam und mit einer extrem verlockenden Eigenaktion nach unten. Bald fingen wir Forellen satt. Der Trick funktioniert heute noch – zum Beispiel am Forellensee.

Juli 20 Spitze frei

Die golfballgroße Teigkugel liegt schon seit drei Stunden aus. Endlich wirbelt die Schnur von der offenen Rolle – Karpfenbiss! Doch der Anhieb flitzt ins Leere. Diese Situation ist typisch bei großen Teigportionen. Drei Gegenrezepte: Mach den Teig so weich wie möglich. Wähl deinen Haken eher groß als klein. Und lass seine Spitze aus dem Teig schauen. Das stört die Fische beim Beißen nicht, erhöht aber die Quote der gehakten Fische.

21. – 31. Juli

Rotfeder – Schönheit hoch im Kurs

Ihre roten Flossen leuchten prächtig. Mit ihrem scharf geschnittenen Kiel teilt sie das Oberflächen-Wasser majestätisch. Die Rotfeder ist schon wie eine Prinzessin, aber nicht annähernd so wählerisch. Hier erfährst du, worauf sie steht.

Juli 21 Schönheit im Dschungel

Die Rotfeder ist leicht zu finden: Sie treibt sich mit Vorliebe in der Nähe von Wasserpflanzen herum. Wo Laichkraut wuchert, wo Seerosen blühen, wo sich lange Schilfkanten am Ufer entlang ziehen, dort ist ihr Revier. Als Oberflächen-Fisch kannst du sie oft beobachten, wenn sie in kleinen Schwärmen flach umherwandert oder Nahrung von der Oberfläche schnappt. Hier lohnt das Angeln!

Juli 22 Wunderbare Wolken

Die Rotfedern ziehen flach. Ein Lockfutter, das zu schnell zum Grund sinkt, erreicht sie nur für ein paar Sekunden. Deshalb solltest du auf ein Lockfutter mit hohem Kokosmehl-Anteil setzen, das luftig ist und an der Oberfläche verlockende Wolken bildet. Es gilt die Regel: Zu Beginn des Angeltages beißen die Rotfedern ganz flach. Mit der Zeit, wenn das Futter sinkt, können sie tiefer stehen.

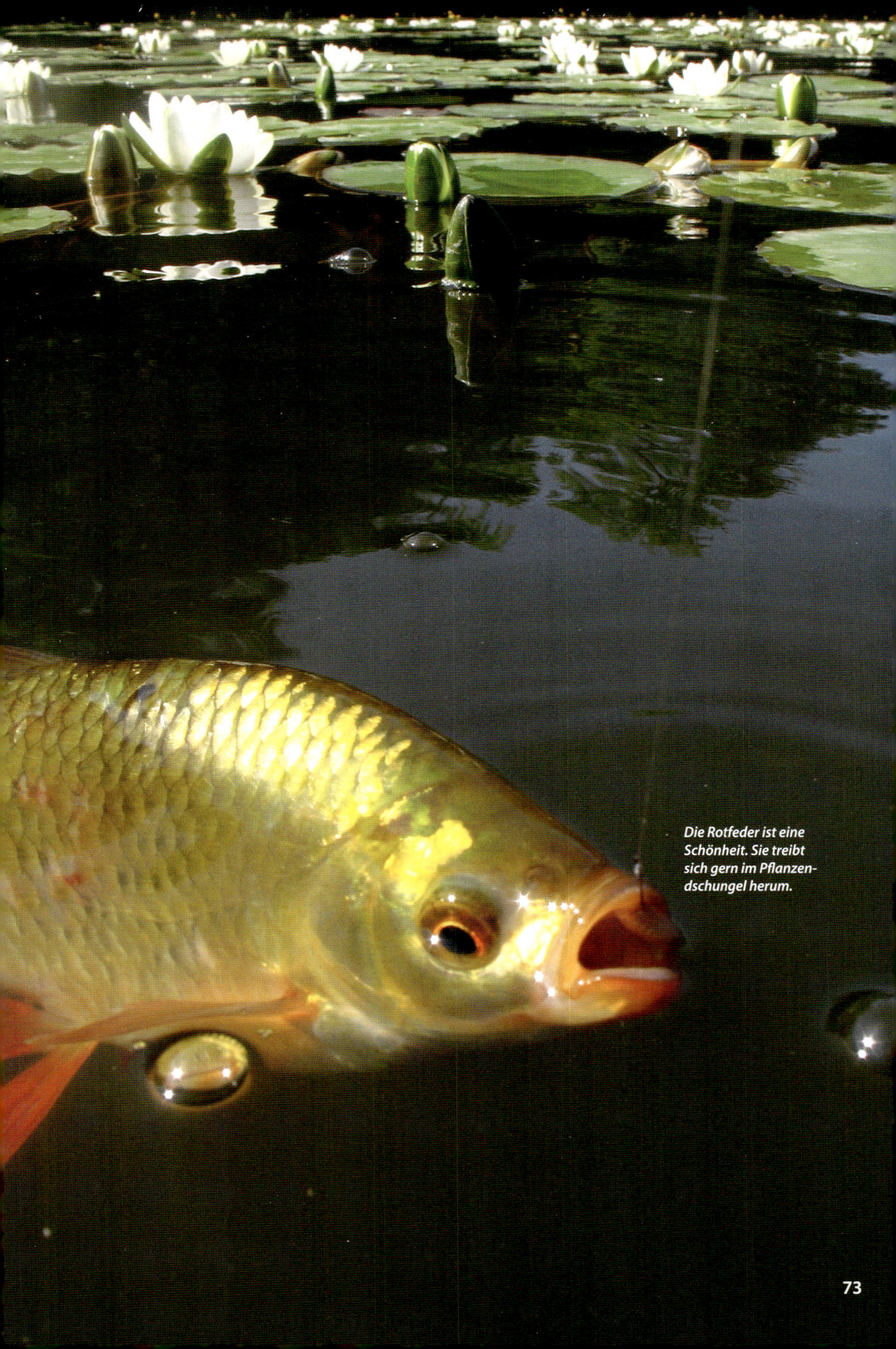

Die Rotfeder ist eine Schönheit. Sie treibt sich gern im Pflanzendschungel herum.

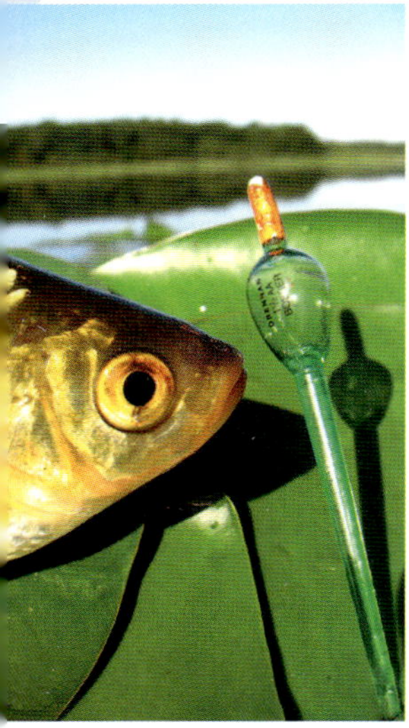

Transparentes Grün – unauffälliger geht es nicht beim Posenangeln zwischen Wasserpflanzen.

Juli 23 Flach und fängig

Wenn ich flaches Posenangeln auf Rotfedern empfehle, meine ich dann: eine Vorfachlänge? Nicht unbedingt, denn wenn die Fische direkt unter der Oberfläche kleben, können schon 50 Zentimeter zu tief sein. Dann solltest du eine Mini-Pose verwenden, dein Vorfach kürzen und deinen Köder nur 15 bis 30 Zentimeter unter der Oberfläche anbieten.

Juli 24 Langsamer Sinkflug

Die Pose landet im Wasser, will sich aufrichten – doch schon wandert sie zur Seite! Ein typischer Rotfeder-Biss. Rotfedern nehmen fürs Leben gern absinkende Köder. Diese Tatsache kannst du nutzen: Schieb deine Bebleiung so weit wie möglich nach oben, verwende ein langes Vorfach, an dem der Hakenköder wie in Zeitlupe sinken kann. Doch Achtung: Das lange Vorfach verzögert die Bissanzeige. Einige Bisse lassen sich auf Sicht erkennen. Ansonsten: Schlag beim geringsten Zupfer an.

Juli 25 Pose aus Glas

Beim Oberflächen-Angeln beißen die Fische oft nur wenige Zentimeter von deiner Pose entfernt. Je unauffälliger die Pose ist, desto argloser die Bisse. Ich verwende gern transparente Posen, zum Beispiel winzige Clear-Waggler von Drennan – klartransparent fürs Freiwasser, grüntransparent für pflanzenreiche Plätze.

Juli 26 Leine frei!

Wer sagt eigentlich, dass du für Rotfedern überhaupt eine Pose brauchst? Es geht auch mit der freien Leine. Fette die ersten beiden Meter der Schnur leicht ein und pendle deinen Köder, zum Beispiel ein Madenbündel oder eine Teigkugel, genau an den Standplatz der Fische. Nun siehst du, wie die gefettete Schnur Stück für Stück vom absinkenden Köder unter Wasser gezogen wird. Sobald es ruckt, hast du einen Biss – anschlagen!

Juli 27 Krusten-Angebot

Rotaugen lassen sich auch in null Zentimeter Wassertiefe fangen – nämlich direkt an der Oberfläche. Mit Brotkrusten, Grashüpfern und sogar mit der Trockenfliege kannst du erstaunlich dicke Fische fangen – gerade dann, wenn du die Rotfedern vorher beim Steigen beobachtet hast. Nimm als Montage die freie Leine. Oder eine ganz leichte Wasserkugel.

Juli 28 Futter-Brötchen

Wenn du zwei halbe Brötchen am Angelplatz einwirfst, sind diese Brocken zwar zu groß, um mit einem Haps von den Rotfedern verschlungen zu werden. Vielmehr sorgst du dauerhaft für Futter: Die Rotfedern stupsen die treibenden Brötchen immer wieder an, damit Brotkrümel ins Wasser rieseln. Umso heißer sind die Fische auf ein maulgerechtes Brotstück, das du direkt daneben anbietest.

Juli 29 Nächtliche Riesen

Meine größten Rotfedern habe ich bei Nacht gefangen, meist beim Schleieangeln. Offenbar sind Rotfedern von über 40 Zentimetern wesentlich scheuer als ihre Artgenossen. Es kann sich lohnen, den angefütterten Platz bis in die Nacht hinein zu befischen. Aber Achtung: Die Rotfedern lassen sich bei Dunkelheit etwas absinken. Das Mittelwasser verspricht jetzt gute Fänge.

Juli

30 Gelegenheits-Räuber

Sind Rotfedern Raubfische? Nein. Lassen sie sich an einem kleinen Spinner fangen? Gelegentlich ja. Zum Beispiel habe ich an einem Sommermorgen vier prächtige Rotfedern beim Barschspinnen gefangen. Offenbar hat sie ihre Neugier dazu überredet, meinen 1er Spinner zu nehmen. Auch wenn du nicht auf Rotfedern spinnst: Zupf immer wieder mal an deinem Köder – Bewegung reizt sie!

Juli

31 Karpfen-Alarm

Karpfen lieben dieselben Plätze wie Rotfedern – und oft auch dieselben Köder, zum Beispiel Brotkrusten an der Oberfläche. Wann immer du Karpfen in der Nähe deines Platzes beobachtest, solltest du das leichte Rotfeder-Geschirr (eine monofile 14er Schnur reicht völlig) aufrüsten – wäre doch zu schaden, wenn dir ein Karpfen im Drill entkäme.

Kapitale Rotfeder im Drill. Solche Fische beißen gern nach Einbruch der Dämmerung.

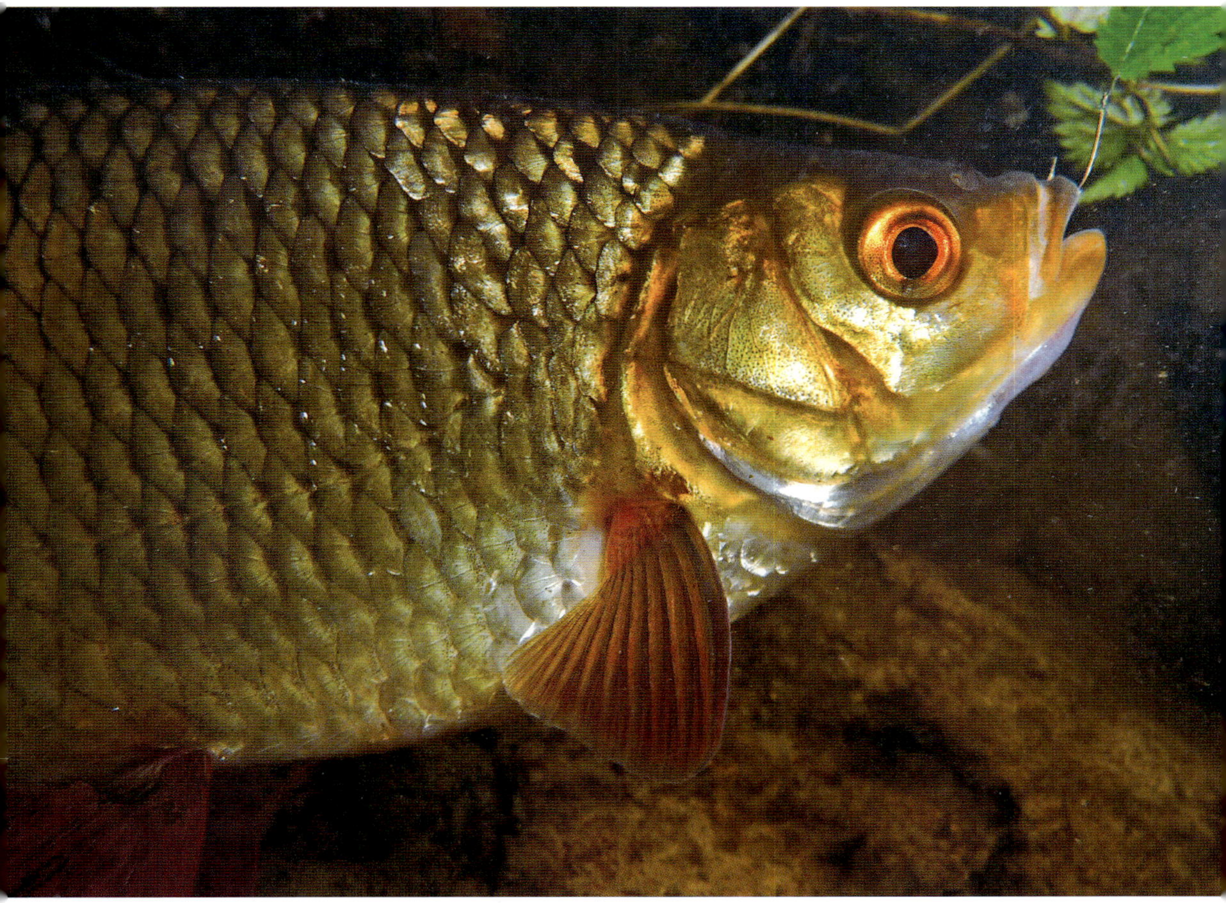

AUGUST

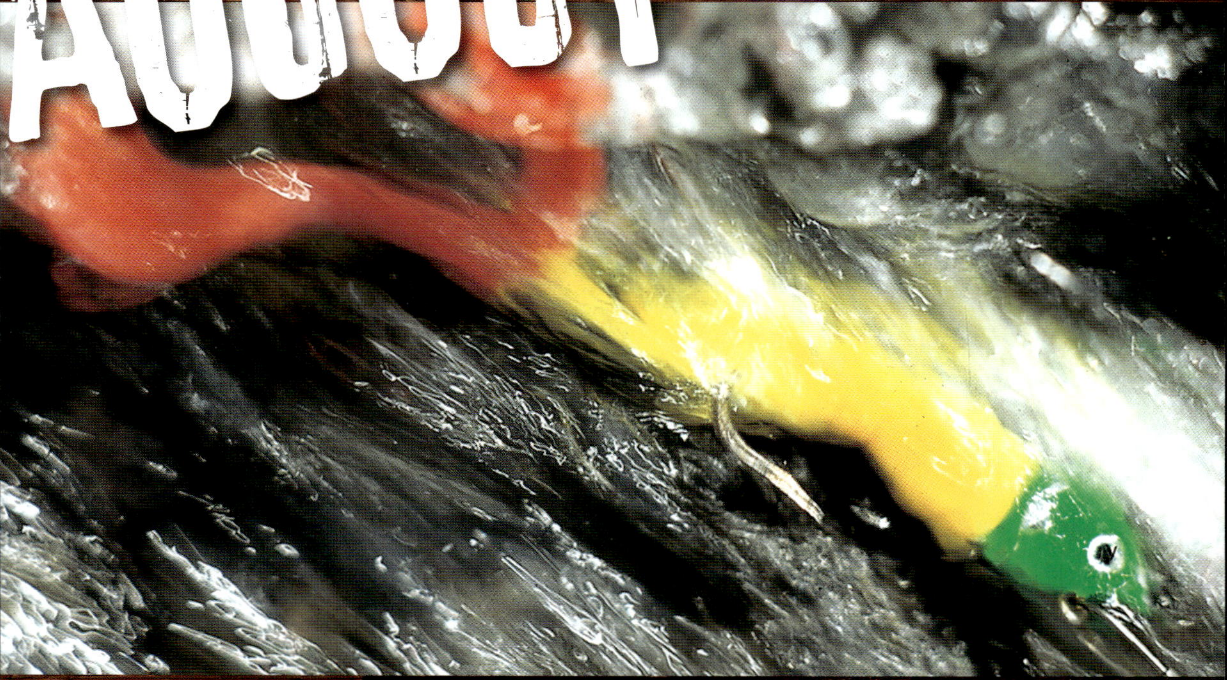

1. – 10. August

Im August kommen die Hechte wieder in Stimmung. Vor allem zwischen Krautlücken und in sauerstoffreichem Wasser lauern gute Fische. Ein Versuch mit Doppelschwanz-Twister lohnt.

Hecht – Mut zur Krautlücke

Sie gelten als unfangbar, die Hechte im Kraut. Doch sie sind: fangbar. Du musst nur wissen, wie du die Räuber aus dem Pflanzendschungel lockst – oder sie in ihrem eigenen Revier aufs Kreuz legst.

August 1 Riesen am Rande

Wo Wasserpflanzen blühen, lauern auch Hechte. Laichkraut und Seerosen nutzen sie mit Vorliebe als Deckung. Aber was, wenn die Pflanzenfelder zu dicht sind, um sie direkt zu befischen? Dann solltest du deinen Spinnköder haarscharf an der Krautkante entlang führen. Große Bucktail-Spinner, schlanke Wobbler (Twitch-Baits) und tote Köderfische am System sind bestens geeignet, die meist zum Freiwasser hin lauernden Hechte zustoßen zu lassen. Oft sind es Kapitale!

August 2 Verstecktes Kraut

Interessante (Laich-)Krautverstecke entziehen sich oft deinem Blick: Sie liegen unter der Oberfläche. Wenn du beim Spinnfischen unerwartet Kraut herankurbelst oder Krautfelder auf dem Echolot siehst, solltest du herausfinden: Wie groß ist das Krautfeld? Wo fängt es an, wo hört es auf? Und wie gelingt es dir, den Platz aus möglichst vielen Winkeln zu befischen? Am interessantesten ist der Übergang zum tieferen Wasser. Eine Wathose kann helfen, in eine gute Fangposition zu kommen.

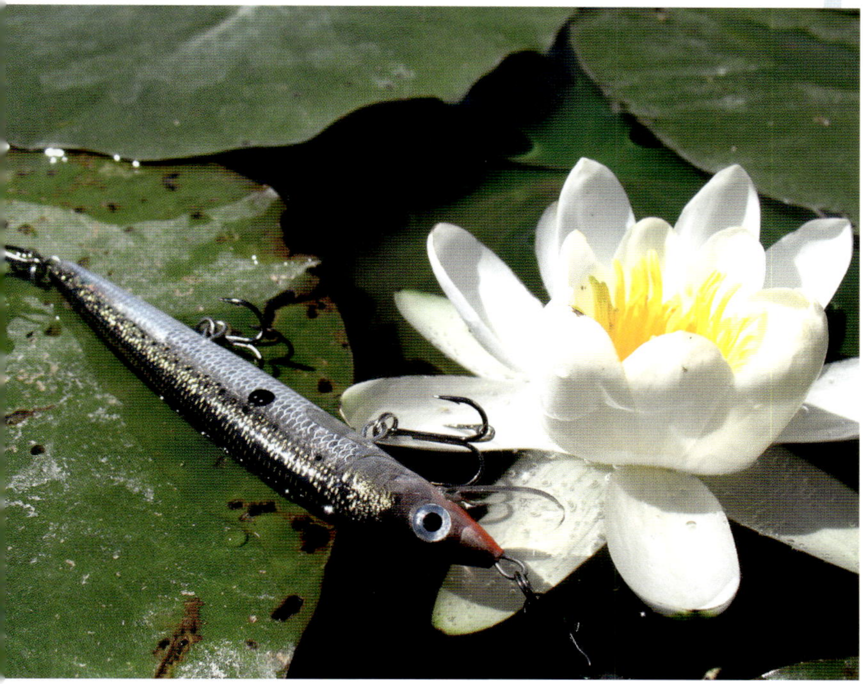

Mut zur Lücke! Nur wer jede Lücke zwischen den Seerosen nutzt (oder dicht an deren Rand angelt), kommt den Krauthechten auf die Schliche.

August

3 Der Sonnen-Trick

Bertus Rozemeijer gehört zu den besten Hechtanglern der Welt. Seine These zum Spinnfischen auf Krauthechte lautet: Man sollte einen Platz immer so anwerfen, dass der lauernde Hecht die Sonne im Rücken hat. So steigt die Chance, dass er sich auf den Köder wirft – und ihn auch erwischt. Blendende Fänge also nur dann, wenn der Hecht nicht geblendet ist ...

August

4 Ruckend zum Erfolg

Ganz egal, wie dicht ein Krautfeld scheint – eine kleine Schneise, um einen Jerkbait anzubieten, findest du fast immer. Erstens stört es die Hechte nicht, wenn dein Köder ein paar Krautfäden hakt. Und zweitens kannst du diese Anhängsel durch deine Köderführung, ein scharfes Rucken, wieder abschütteln. Je dichter die Pflanzen, desto kleiner das Sichtfenster des Hechtes – deshalb solltest du den Köder langsam und mit Pausen führen. Dann steigt die Chance, dass der Hecht deinen Jerk zu fassen bekommt.

August

5 Lösung von der Stange

Braucht man wirklich eine Jerk-Stange? Oder wäre es klüger, den Jerk an einem normalen Stahlvorfach anzubieten? Finger weg von Standard-Stahl! Es verhakt sich mit den Drillingen des Jerks (was nervt) und wird durch die scharfe Köderführung häufig beschädigt (was Fische kostet). Die Stange unterstützt den ausscherenden Lauf des Köders und bietet dir Tragkraft-Sicherheit. Die Hechte stört sie nicht im geringsten.

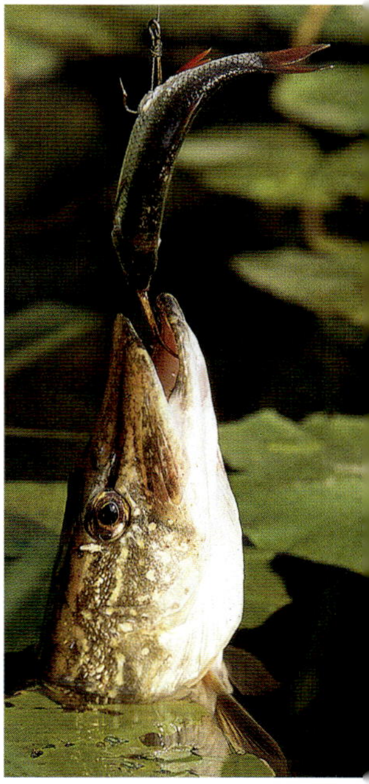

Ehe ein Hecht zwischen den Pflanzen klein beigibt, wie dieser, liefert er einen wilden Drill.

August

6 Spinnerbait

Wer gerne mit Spinnern fischt, hat einen exzellenten Krautköder zur Hand: den Spinnerbait. Dieser amerikanische Köder ist mit einem Einzelhaken ausgestattet, der gegen das Kraut auf fängige Weise abgeschirmt wird: von einem Spinnerblatt, das über einen Querbügel vorgeschaltet ist. Dieses Spinngestänge lässt kaum einen Hecht kalt. Am Grünzeug schrammt es meist unbehelligt vorbei.

August

7 Mit Auftrieb

Ist es eine Schnapsidee, einen toten Köderfisch mitten im Kraut anzubieten? Kommt drauf an, wie! Ein guter Ansatz: Pump in den toten Köderfisch mit einer Spritze Luft (oder schieb ihm Styropor als Auftriebskörper in den Leib). Dann wählst du dein Vorfach fürs Grundangeln so lang, dass der Köderfisch direkt über dem Kraut schwebt. Wenn du ihn mit Drillingen erst am Maul und dann in der Flanke köderst, steht der Köder wie ein gründelnder Fisch überm Kraut – ein Leckerbissen für Hechte.

August

8 Tolles Tunken

Meine Lieblingsangel-Art zwischen Wasserpflanzen ist das Tunkfischen. Dabei senkst du einen toten Köderfisch mit einer langen Rute in Krautlücken ab. Der Fisch wird mit zwei Drillingen gehakt, der erste sitzt im Schwanz, der zweite im Maul. So nimmt er beim Tunken eine natürliche Fresshaltung ein. Auf diese Weise suchst du gezielt Krautlücken ab, wo kein anderer Angler seine Köder anbietet – und noch viele dicke Hechte stehen!

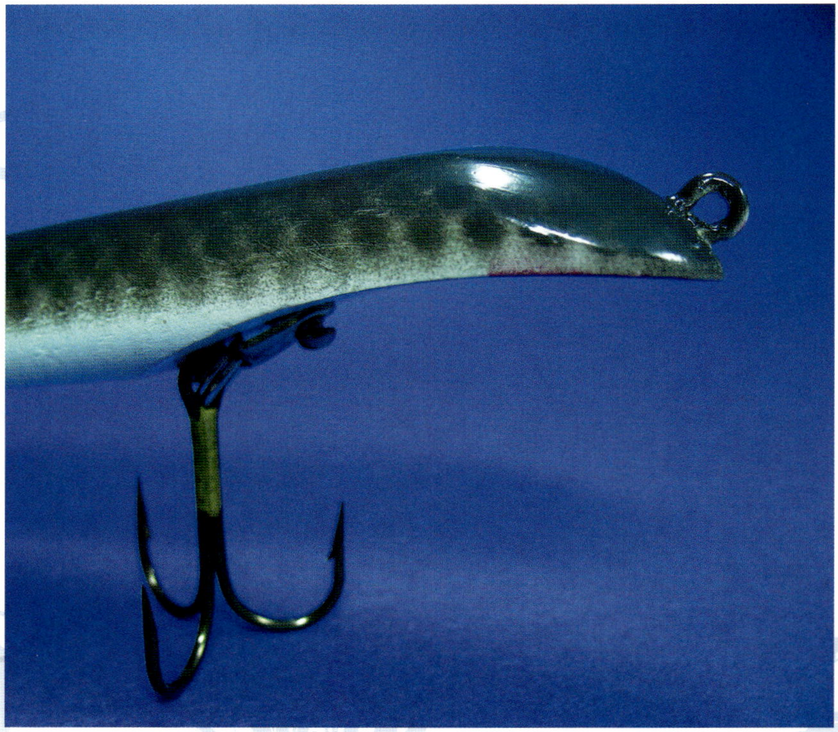

Ohne Tauchschaufel erfolgreich: So sieht ein Jerkbait aus. Profis verwenden zum Angeln eine Spinnstange – und nicht nur ein Stahlvorfach.

August

9 Power-Drill

Das Wasser klatscht, die Rutenspitze biegt sich, deine Bremse singt und singt. Eigentlich eine schöne Szene – aber nicht in dichtem Kraut! Je dichter und zäher das Kraut ist, desto weniger darfst du den Hecht nach dem Drill abziehen lassen. Verwende starkes Geschirr, 20er Geflecht oder 35er Mono. Damit kannst du auch große Hechte auf engem Raum drillen – und verhindern, dass sie in die Binsen gehen.

August

10 Eng besiedelt

Dichtes Kraut wirkt wie eine Trennwand im Büro: Es schirmt die Nachbarn voreinander ab. Schon öfter habe ich es erlebt, dass ich auf wenigen Quadratmetern gleich zwei Hechte aus dem Kraut zaubern konnte. Deshalb: Lehn dich nach dem Fang eines Krauthechtes nicht zurück – sondern greif noch einmal in der Nachbarlücke an.

11. – 20. August

Nachtangeln – zehn Tricks für Durchblick

Der Sternenhimmel glitzert, der Mond träufelt Silberlicht, ein Käuzchen schreit: Nachtangeln kann ja so romantisch sein – wenn du bei Dunkelheit den Durchblick bewahrst. Wie das geht, erfährst du hier.

August

11 Freie Bahn

Die meisten Fische, die beim Nachtangeln abkommen, werden schon bei Tageslicht verloren – durch falsche Platzwahl. Wo Holz herausragt, Muschelbänke lauern oder Uferbäume übers Wasser lehnen, kannst du bei Tageslicht mit viel Geschick große Fische landen. Aber bei Nacht wird der Drill zum Blindflug – und mancher schöne Fisch setzt sich fest. Wenn du auf kampfkräftige Fischarten wie Karpfen oder Welse angelst, solltest du allzu hindernisreiche Plätze beim Nachtangeln meiden.

Nur wer weiß, wo die Hindernisse lauern, bekommt bei Nacht kapitale Zander wie diesen sicher in den Kescher.

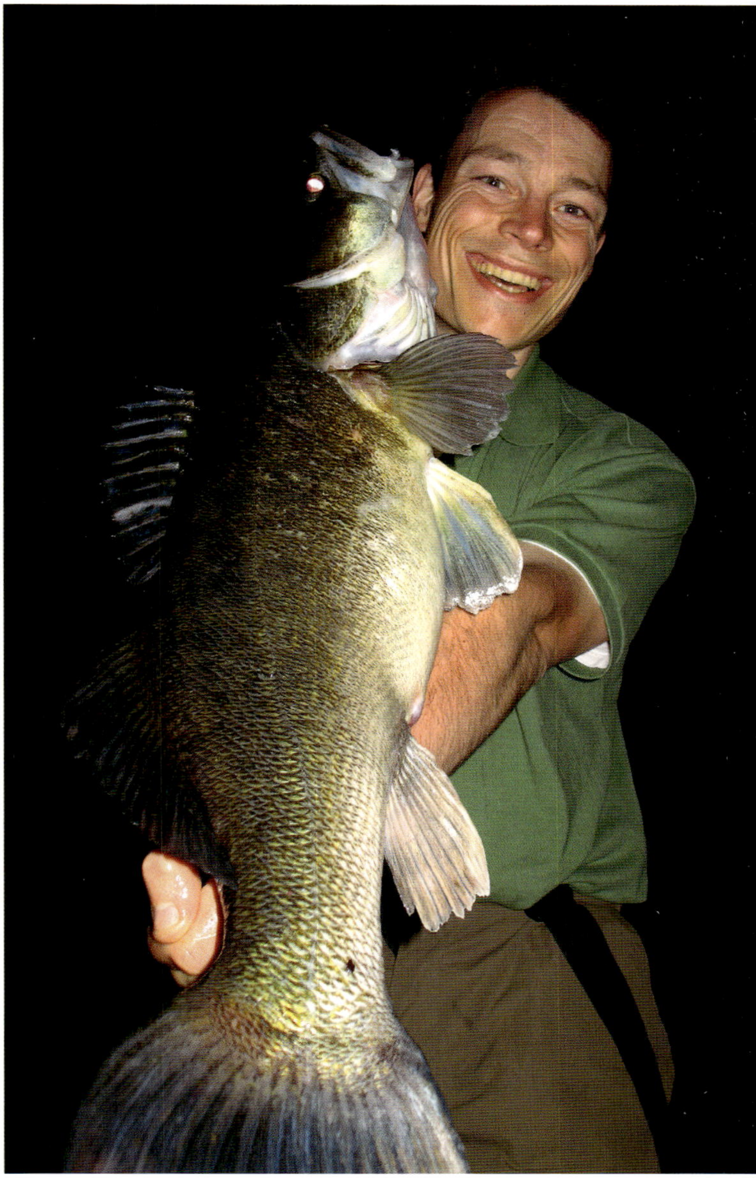

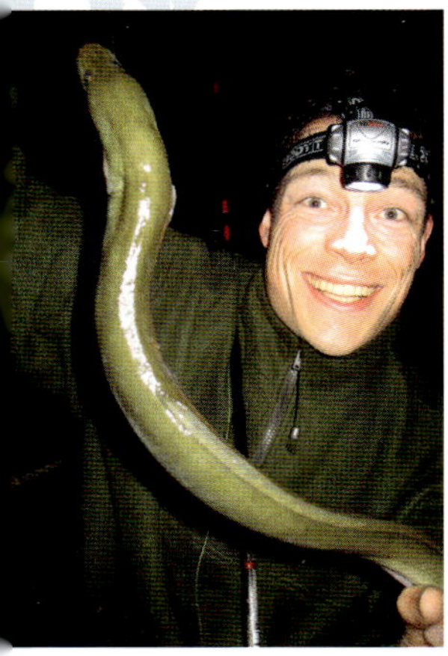

Helles Köpfchen:
Wer die Lampe an der Stirn trägt, hat die Hände für Fische wie diesen Aal frei.

August
12 Markierte Gefahr

Auf Aal kann es sich lohnen, dicht am Hindernis zu angeln. Mit starker Schnur bekommst du die meisten Aale schnell aus der Gefahrenzone bugsiert (siehe 19.8.). Die größere Gefahr lauert schon beim Werfen: Wie platzierst du deinen Köder dicht am Hindernis, ohne hinein zu werfen? Setz bei Tageslicht ein Markierungs-Knicklicht am Hindernis, zum Beispiel mit einer hakenlosen Drittrute (übertief eingestellt, mit Blei am Grund). Diese Orientierung verhilft dir zu zielsicheren Würfen – am besten mit einem Knicklicht in anderer Farbe.

August
13 Ordnung muss sein

Zugegeben, eigentlich bin ich ein Chaot beim Angeln. Meine Begeisterung für die Fische besiegt meinen Ordnungssinn. Nicht so beim Nachtangeln! Dann achte ich penibel darauf, dass alle wichtigen Zubehör-Teile sofort greifbar sind: Vorfächer und Bleischrote, Posen und Arterienklemme, Wirbel und Kescher. Ich verteile mein Kleingerät noch bei Tageslicht auf einem weißen Handtuch – dann habe ich bei Nacht einen besseren Überblick.

August
14 Gedeckelter Eimer

Die Fressphasen der Aale sind wie Sternschnuppen: Sie vergehen sehr schnell. Damit du diese Zeit optimal nutzen kannst, solltest du die gefangenen Aale mitsamt Vorfach ausklinken und in einen Wassereimer mit Deckel geben. Neues Vorfach einklinken – und weiterangeln. Sobald die Beißphase vorbei ist, kannst du dich um die Fische kümmern.

August
15 Helles Köpfchen

Wenn du mich als helles Köpfchen bezeichnest, stimme ich dir zu. Wenigs-

Kapitale Überraschung!
Wo beim Aalangeln mit Welsen zu rechnen ist, solltest du zwei Nummern stärker montieren.

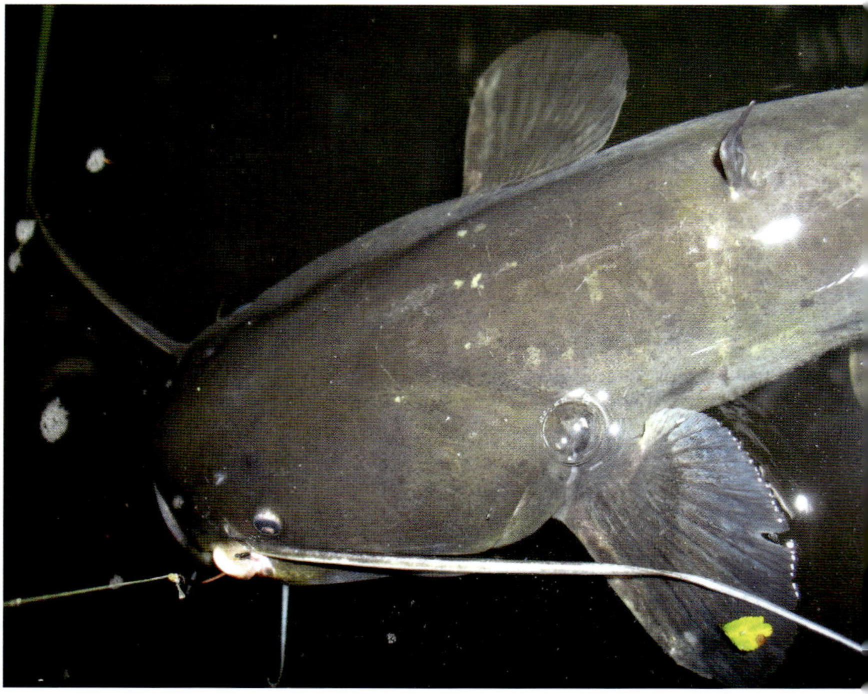

tens beim Nachtangeln. Dann trage ich eine Stirnlampe. Sie hat einen entscheidenden Vorteil, verglichen mit einer Taschenlampe: Ich brauche keine Hand dafür. Der Lichtstrahl folgt automatisch meinem Blick. So habe ich eine zusätzliche Hand frei – ob beim Anködern, beim Montieren oder beim Keschern.

August 16 Lichter Kescher

Je flacher und klarer ein Gewässer ist, je dichter mein Angelplatz am Ufer liegt, desto mehr scheue ich mich, im Drill aufs Wasser zu leuchten. In solchen Fällen rüste ich den Kescher mit Eigenlicht aus: Ich befestige mit Angelschnur oder Tesafilm in jedem Kescherwinkel ein leuchtendes Knicklicht. Diese Beleuchtung reicht für den Nahkampf vorm Kescher – ohne andere Fische abzuschrecken.

August 17 Obenauf!

In Vollmondnächten passiert es öfter: Am Grund tut sich gar nichts – aber an der Oberfläche schmatzt es. Meist sind das Aale, die Nahrung schlürfen. In solchen Nächten solltest du deinen Grundköder mit einem Auftriebskörper, zum Beispiel einer leichten Unterwasser-Pose, so weit nach oben schicken, dass er nur einen halben Meter unter der Oberfläche angelt. Ebenfalls lohnt ein Versuch mit einer treibenden, flach eingestellten Knicklicht-Pose.

August 18 Rücksicht auf Riesen

Der hässlichste Knall der Welt ist oft beim Nachtangeln zu hören: wenn ein Wels das Aalgeschirr in Stücke reißt. In Gewässern mit Welsbestand solltest du immer daran denken: Auch die Riesenräuber lieben Tauwürmer oder kleine Fische. Eine 40er Monoschnur ist beim Aalangeln kein Schaden – aber bei einem Welsbiss äußerst nützlich.

August 19 Brutal auf Aal

»Drill« ist eigentlich das falsche Wort: Einen Aal, der dicht am Hindernis beißt, solltest du schwungvoll Richtung Ufer zerren. Halt die Rute so weit wie möglich über deinen Kopf, pumpe wie ein Leistungssportler und lass die Kurbel deiner Rolle rotieren – bis der Aal fern vom Hindernis ist. Dann darfst du sanfter (und im eigentlichen Sinne des Wortes) »drillen«.

August 20 Vergiss die Friedfische nicht!

Wels, Zander, Aal – diesem Trio stellen die meisten Nachtangler nach. Aber auch Friedfische beißen nachts besonders gut. Schleie und Karpfen, Rotauge und Rotfeder, Karausche und Döbel – nicht selten gehen bei Nacht die Kapitalen an den Haken. Probier es mal ganz flach vor den Wasserpflanzen; dort sind oft die besten Friedfisch-Fänge drin.

Stabs-Team im Einsatz: Wer einen Senkstock verwendet, ist beim Senken erfolgreicher.

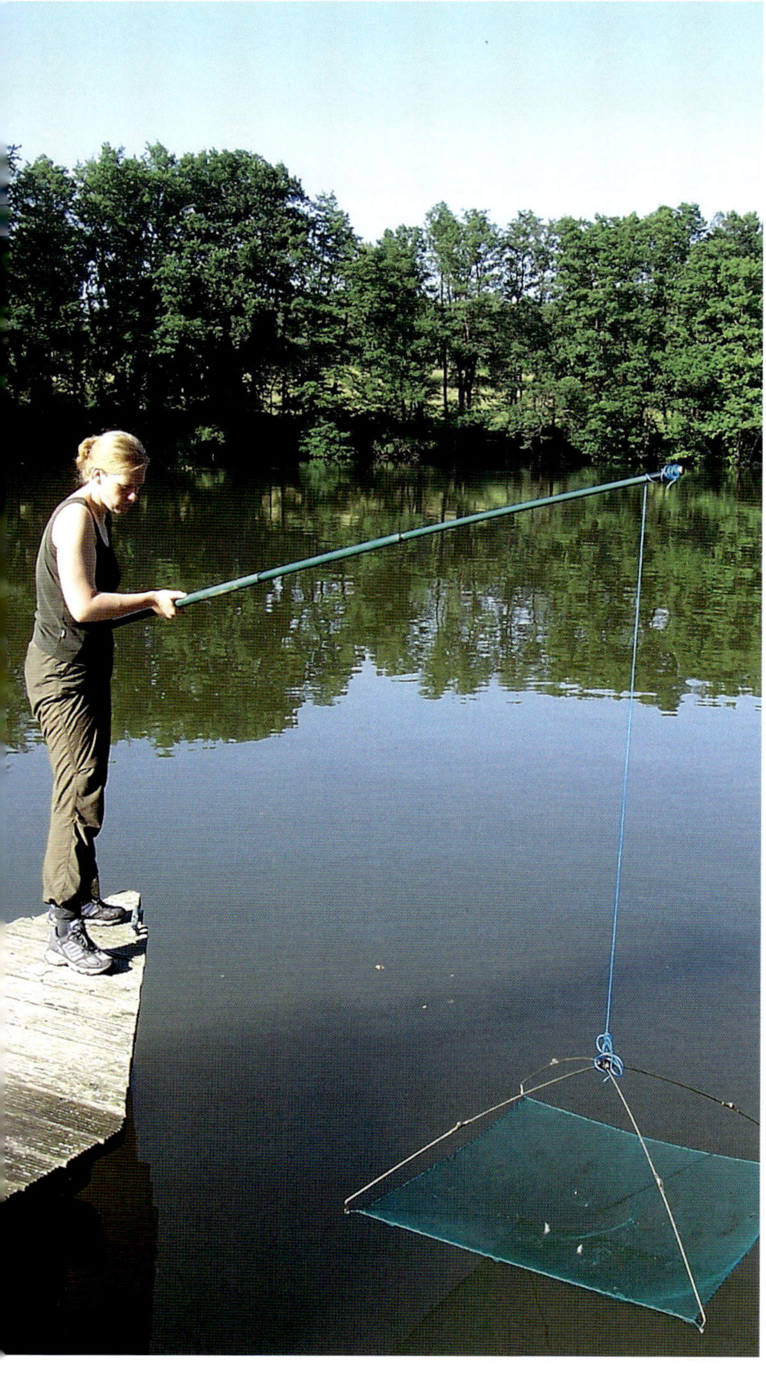

21. – 31. August

Köderfisch-Fang – erst denken, dann senken!

Kleine Köderfische bringen nicht nur Raubfische, sie können auch Angler zur Verzweiflung bringen – wenn sie nicht auf die Senke gehen. Hier liest du, wie du deine Nerven schonst und dein Senknetz füllst.

August 21 Pol-Spionage

Beim Senken in klarem Flachwasser solltest du deinen Erfolg nicht dem Glück, sondern deinen Augen überlassen: Schau ins Wasser und achte darauf, wann Fische über dein Netz schwimmen. Mit Polbrille hast du den Durchblick. Die Senke nicht zu früh liften – erst wenn die »Vorkoster« den Schwarm aufs Netz mitreißen, lohnt es sich.

August 22 Helle Stelle

Auf dunklem Boden ist die Tarnung einiger Fische perfekt: Zum Beispiel wirst du kaum bemerken, wenn ein Kaulbarsch auf dein Netz schwimmt. Es sei denn, du wirfst deine Senke an Stellen aus, wo der Grund helle (Sand-) Flecken aufweist. Je heller der Untergrund, desto besser wirst du die Fische sehen. Dein braunes oder grünes Netz dämpft den hellen Grund ab und lädt die Fische ein.

August 23 Stabs-Team

Die meisten Angler verwenden als Senkstange ihren Arm – und wundern sich, wenn ihnen nach weiten Würfen die Köderfische von der gekippten Senke fallen. Einfacher geht es mit einem professionellen Senkstab. Die meisten sind teleskopisch und lassen sich drei bis fünf Meter ausfahren – genau die richtige Entfernung, wenn du an flachen Ufern senkst.

August

24 Kurz auf Barsch

Keine Frage wird häufiger beim Senken gestellt: Wie lange mit dem Hochziehen warten? Das hängt ganz von der Fischart ab! Barsche sind neugierig und schwimmen gern auf ein frisch gelandetes Netz, das den Grund aufwirbelt. Rotaugen dagegen flüchten und brauchen mehrere Minuten, bis sie sich aufs Senknetz wagen. Also: schnell ziehen auf Barsch – lange warten auf Rotauge.

August

25 Verlockender Glanz

Die Neugier der kleinen Barsche kannst du nutzen: Knote einfach ein paar Silber- oder Perlmutt-Knöpfe in das Senknetz. Diese glitzernden Knöpfe locken die verspielten Köderbarsche und manchmal sogar größere Fische an. Außerdem helfen dir die hellen Punkte, Fische auf der Senke zu erkennen.

August

26 Futter aufs Netz

Weißfische brauchen gute Gründe, um auf ein Senknetz zu schwimmen. Der beste Grund: Nahrung. Wenn du kleine Futterbälle oder gar Maden pur über der Senke einwirfst, wird es nicht lange dauern, bis kleine Rotaugen sich einstellen. Ein voller Futterkorb, oben ans Gelenk der Senke gebunden, erfüllt dieselbe Aufgabe – sogar dauerhafter, weil immer wieder Futter nach unten aufs Netz rieselt.

Bunte Beute beim Senken. Lange Wartezeiten und Futter erhöhen die Chance auf Weißfische. Glitzernde Knöpfe bringen Barsche.

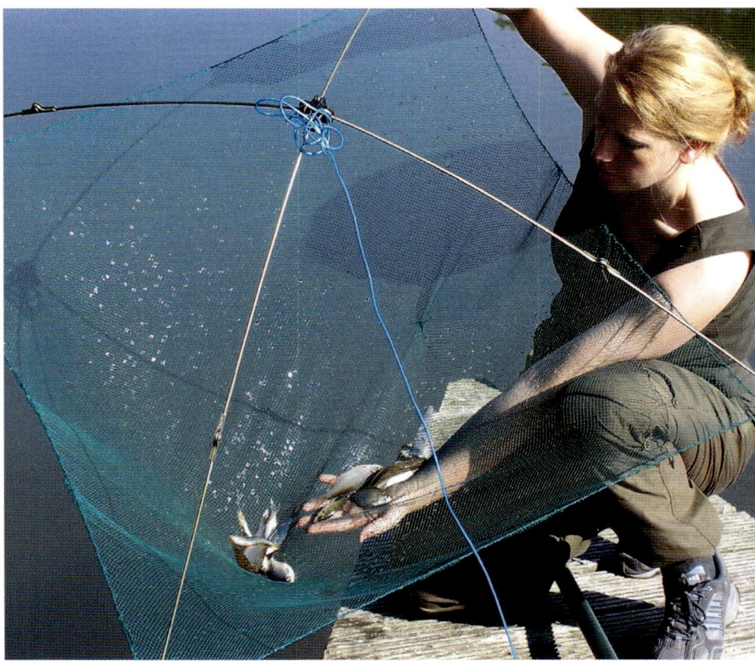

August

27 Halbe Tiefe

Gerade im Spätsommer fange ich einen guten Teil meiner Köderfische über tiefem Wasser. Aber nicht, indem ich die Senke acht Meter nach unten seile. Vielmehr lasse ich sie dort, wo Kleinfischschwärme an der Oberfläche ziehen, etwa einen guten Meter unter Wasser und halte sie auf der Stelle. Dann blitzschnell ziehen – und ein schöner Laubenvorrat für Barsch oder Zander ist gesichert.

August

28 Fängiges Schilf

Du hast keine Ahnung, wo die Köderfische stecken? Dann solltest du es unbedingt an der Schilfkante versuchen. Nahezu immer wechseln Futterfische im Sommer zwischen dem Gelege und dem freien Wasser hin und her. Wo du einmal mit Erfolg gesenkt hast, solltest du weitere Würfe probieren – dann die Senke allerdings etwa um ein Drittel der Zeit länger liegen lassen; denn die Fische werden vorsichtiger.

August

29 Attraktive Boote

Der Weg zur besten Senkstelle ist oft kurz: Bootsstege bieten alles, was kleine Futterfische brauchen – Nahrung, Deckung und Schatten. Am Rand von Stegen sind immer Barsche unterwegs, oft Kaulbarsche und Rotaugen, manchmal Mini-Güstern und Mini-Brassen. In wenigen Senkminuten lässt sich hier ein Vorrat für den Tag fangen.

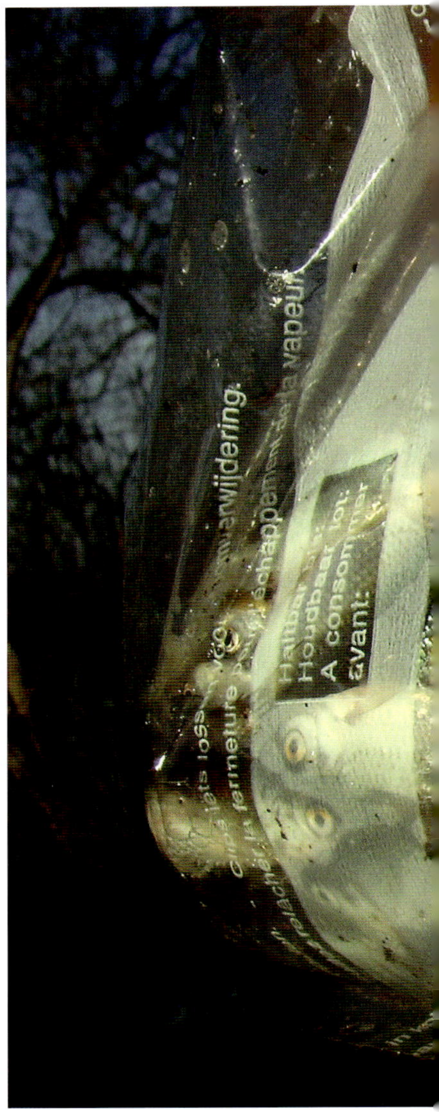

August

30 Brückenschlag

Brücken sind Futterfisch-Magneten. Zum einen grasen die Fische gern die Brückenpfeiler ab. Zum anderen finden sie hier Schatten und vermeintliche Sicherheit. Brücken sind ideal, um mit einem langen Seil Köderfische zu senken, auch direkt an den Pfeilern. Bei tiefem Wasser die Senke nur knapp unter die Oberfläche lassen – am bes-

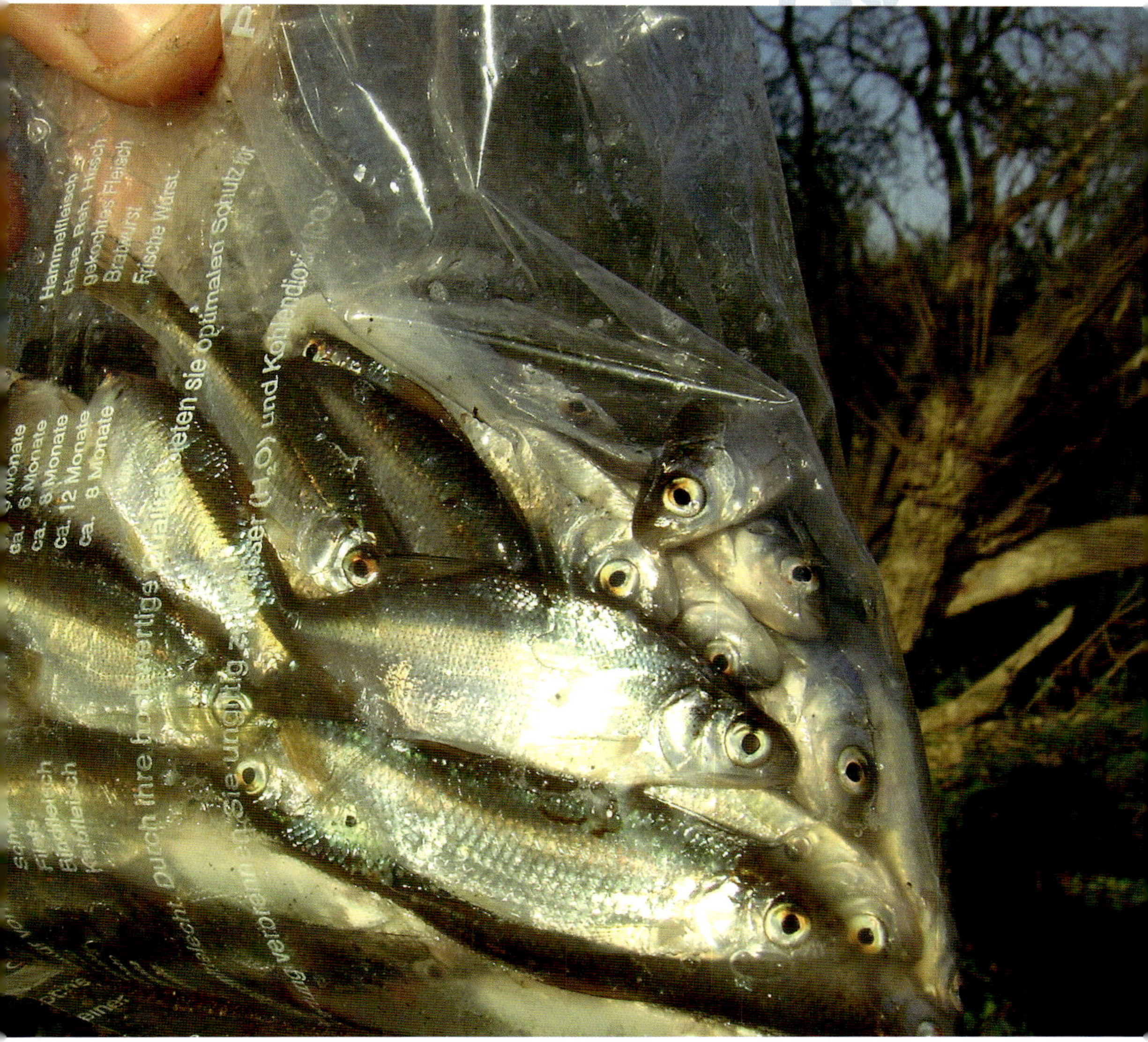

ten dort, wo Ringe auf spielende Kleinfische hinweisen. Falls du gleichzeitig von der Brücke auf Raubfische angelst, kannst du die Senke auch als Landhilfe nutzen.

August 31 Auf Eis gelegt

Senktipps für den Winter? Nicht von mir! In den meisten Gewässern hat die Senke Mitte November ausgedient. Dann verlagern sich die Fische in tieferes Wasser. Doch der kluge Angler sorgt vor: Senk dir im Sommer einen Vorrat an Mini-Fischchen, gefrier sie luftdicht ein. Und freu dich dann im Winter auf tolle Barschfänge mit Fischchen (siehe 20.02.).

Guter Vorrat! Kluge Angler bauen für die kalte Jahreszeit vor.

SEPTEMBER

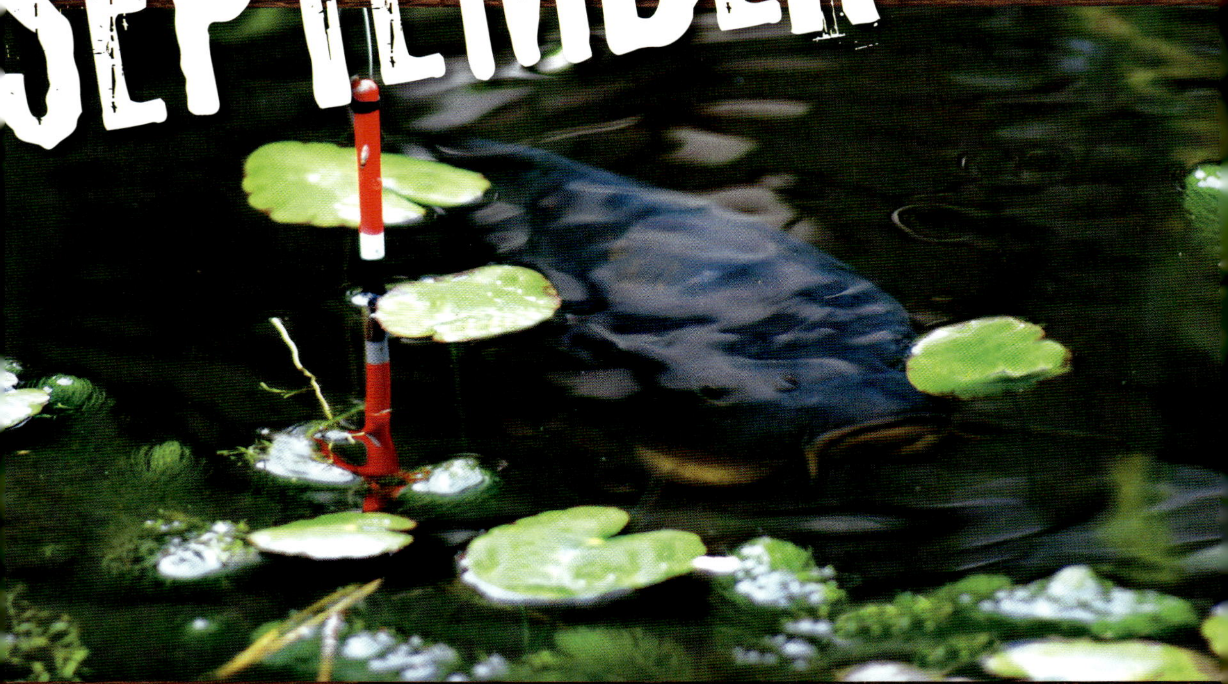

Unterwasser-Spionage: Dieser September-Karpfen ist der Futterspur gefolgt, schaut sich aber erst mal die Pose an.

1. – 10. September

Kunstköder – zehn gesponnene Ideen

Manchmal helfen schon Kleinigkeiten, um einen Kunstköder fängiger zu machen. Das ist einfacher als gedacht – hier zehn Ideen, wie dein Köder erfolgreicher spinnt.

September 1 Drillings-Raub

Je mehr Drillinge, desto weniger Fehlbisse – diese Rechnung geht bei kleinen Wobblern nicht auf. Manchmal bleibt an einem Drilling mehr hängen als an zweien, die sich im Weg sind. Aber lass auf keinen Fall den Kopfdrilling weg – er ist unentbehrlich, weil kleine Fischchen eher auf Kopf- als Schwanzhöhe attackiert werden. Also: Schwanzdrilling ab – und auf zu neuen Fangtaten!

September 2 Schöne Augen machen

Eines fällt an winzigen Fischchen auf: das überproportional große Auge. Dies mag der Grund sein, warum Kunstköder-Augen die Räuber zur Attacke reizen. Aber was, wenn dein Köder von Haus aus kleine Augen hat? Greif zu einem wasserfesten Stift und mal ihm große Augen auf. Oder nimm Klebeaugen, wie es sie im Fachhandel gibt. So kannst du den Räubern schöne Augen machen ...

September

3 Auf Achse

Wer im Sommer einen Spinner anbietet, muss immer wieder auf die Achse achten: Haben sich Krautfäden festgesetzt? Wenn ja, rotiert der Spinner nur noch halbherzig oder bei allzu schneller Führung. Eine Achsen-Säuberung kostet nur einen Handgriff und kann die Fangchancen erheblich steigern.

September

4 Blei vorm Maul

Wie kannst du einen kleinen Schwimmwobbler, der nur einen Meter tief läuft, direkt über drei Meter tiefem Grund fischen? Indem du ein großes Schrotblei auf die Schnur vor dem Köder klemmst. Beim langsamen Einholen schrammt das Blei über den Boden, und der Wobbler läuft knapp darüber. Kaum Hänger – aber viele Bisse!

September

5 Höhenflug ohne Maul

Was tust du, wenn dir bei einem Schwimmwobbler die Tauchschaufel abbricht, etwa nach einem Wurf gegen einen Brückenpfeiler? Den Köder bloß nicht wegwerfen! Vielmehr kannst du ihn als Oberflächenköder nutzen. Lass ihn durch schnelle Führung übers Wasser schlittern – ein idealer Köder fürs Rapfelnangeln im Fluss. Oder, falls der Wobbler groß ist: Setz ihn als Jerkbait fürs Hechtangeln über Kraut ein.

September

6 Wobbler mit Schwanz

Wie kann man einen Köder mit einem Handgriff neu erfinden? Zum Beispiel so: Rüste deinen Wobbler auf, indem du ihm zwei Doppelschwanz-Twister auf die Drillinge steckst. Gleich zwei? Ja, sonst gerät sein Lauf aus dem Gleichgewicht. Dieser Wobbler-Twister sorgt für neue Reize und damit: neue Bisse!

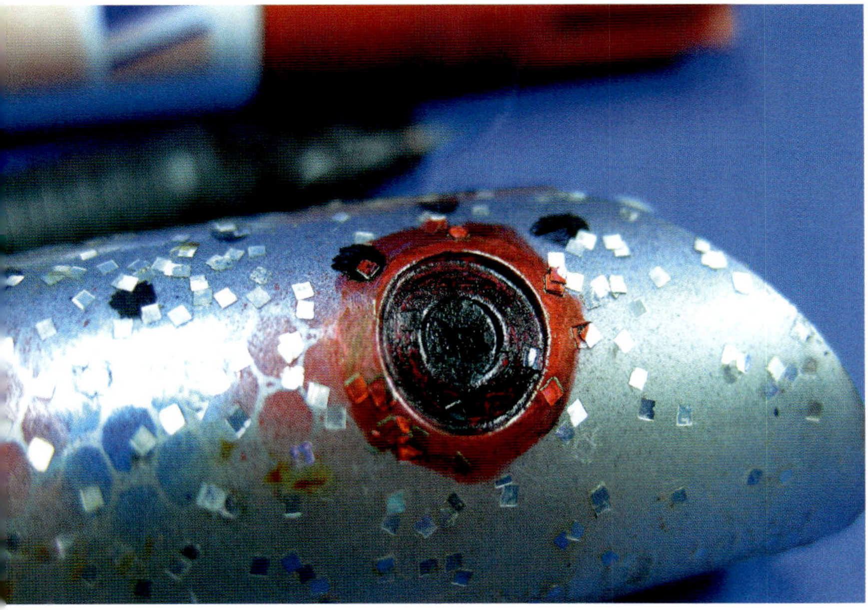

Einem Wobbler schöne Augen machen – mit wasserfesten Stiften geht's.

September

7 Nils, der Schlepper-König

Viele Schleppwobbler habe ich in den letzten Jahren probiert. Mein Lieblingsmodell auf Hecht ist immer noch dasselbe wie vor zehn Jahren: der Invincible, der »Unbesiegbare«, von Nils Master. Dieser finnische Klassiker hat eine ausgesprochen geringe Aktion, er torkelt beim Schleppen nur ganz langsam von einer Seite zur anderen. Gerade diese geringe Aktion spricht Großräuber an. Ein immer noch und immer wieder fängiger Schleppköder!

September

8 Suspender mit Nachhilfe

Die meisten Suspender-Wobbler – erkennbar durch ein »S« auf der Packung – schweben eben nicht im Wasser, wie sie es sollten. Sondern sie haben Auftrieb. Oder gehen langsam unter. Der Grund? Die Eigenschaften des Wassers hängen von seiner Temperatur ab. Die meisten Suspender sind für 6 bis 8 Grad ausgelegt. Also musst du aussteuern: Wenn dein Wobbler zu viel Auftrieb hat – gleich es durch das Gewicht deines Einhängers aus. Oder wickle einen leichten Draht um die Drillinge. Wenn er zu wenig Auftrieb hat – wechsle die Drillinge gegen leichtere aus. Und dann lass den Köder in die Mäuler schweben ...

September

9 Hart und weich

Weich der Schwanz, hart der Körper – diese Wobbler-Kombination ist ein Knaller auf Hechte. Einer meiner Lieblingsköder ist der Real Jerk von Jackson, ein zweiteiliger Hartköder mit Gummischwanz. Dieser Jerkbait fängt vor allem, wenn du nach scharfen

Halb Wobbler, halb Twister – der garnierte Schwanzdrilling erhöht den Reiz des Köders.

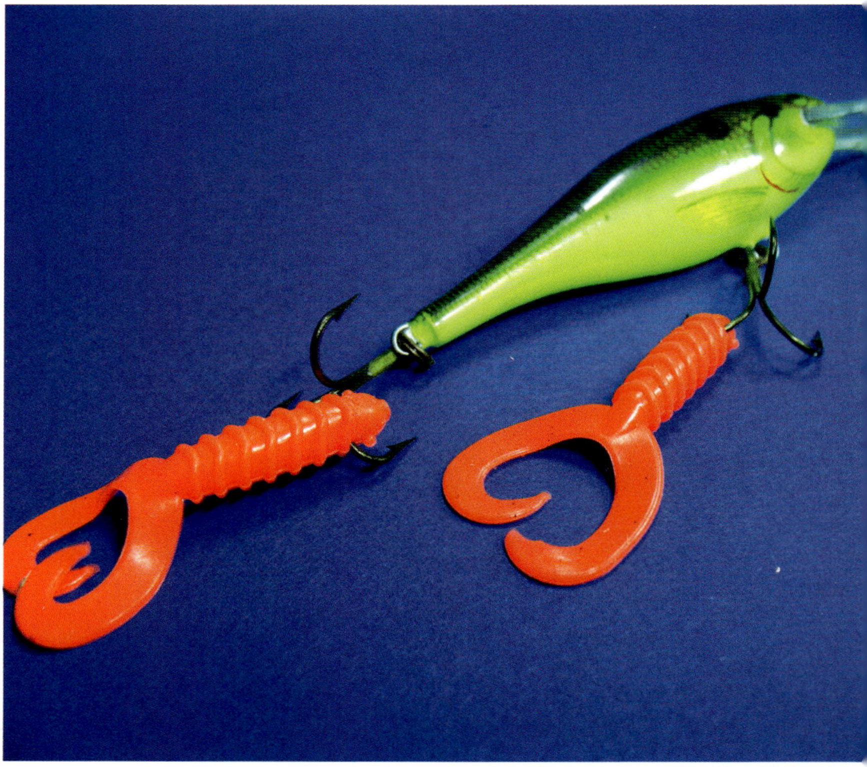

Rucken kurze Pausen einlegst. Seine Bewegungen im Wasser gleichen einem kranken Futterfisch, sogar große Hechte fallen auf ihn herein.

September
10 Klarsicht-Transport

Wenn du keine Lust hast, lange in deiner Kiste nach dem passenden Köder zu wühlen, ist eine Klarsicht-Transporttasche eine interessante Möglichkeit für dich. Ich habe mir eine solche Tasche mit Köderfächern angeschafft und bin sehr zufrieden: Die Köder verhaken sich nicht. Ich kann sie auf engem Raum transportieren, weil die Tasche sich zusammenlegen lässt. Vor allen Dingen sehe ich auf einen Blick, wo welcher Köder steckt. Pech für die Fische!

11. – 20. September

Forelle – zweiter Frühling am Bach

Je älter die Saison, desto scheuer die Forellen. Mittlerweile kennen sie die Artikelnummern der Köder auswendig. Wenn du einen zweiten Frühling am Bach erleben willst, musst du die Fische überraschen.

September
11 Neuland

Zwei Ansätze, um spät in der Saison zu fangen: Sprich scheue Forellen auf neue Weise an; oder sprich neue Forellen an, die bislang kaum befischt wurden. Der zweite Weg ist eleganter. Überleg dir: Welche Stellen, welche Kurven, welche versteckten Winkel deines Flusses wurden kaum beangelt?

Ein Hartköder, der Hechte weich macht – und selbst einen weichen Schwanz hat: der Real Jerk von Jackson.

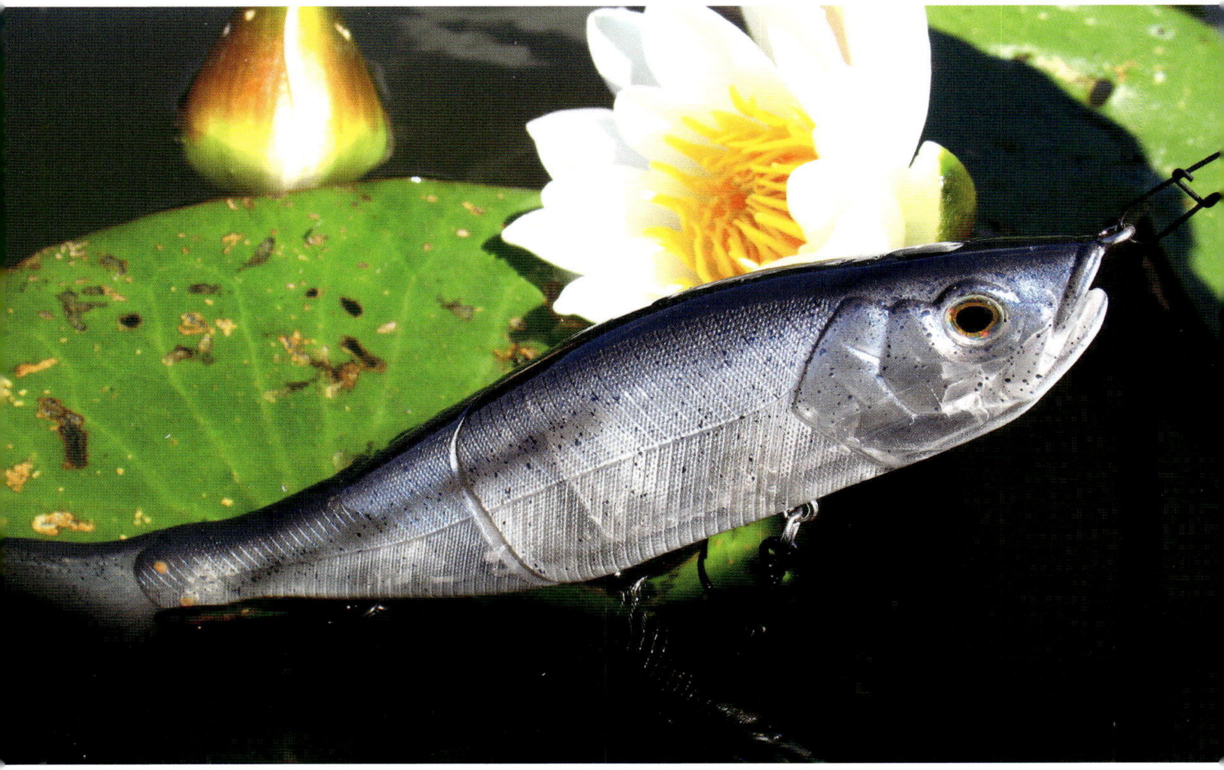

Wo hängen Äste bis dicht übers Wasser? Welche Plätze sind nur zu erreichen, wenn man sich durch einen Dschungel schlägt? Welche Stellen sind schwer anzuwerfen? Je weiter du dich vom Parkplatz entfernst, desto mehr steigen deine Fangchancen.

September

12 Treibgut

Ein Trick, um schwer zugängliche Stellen zu befischen: Wirf einen kleinen Schwimmwobbler oberhalb von Plätzen ein, die sich nicht direkt anwerfen lassen. Die Strömung trägt deinen Köder zum Ziel – etwa unter überhängende Äste. Dann die Rolle schließen, den Köder anrucken und ihn ruhig längere Zeit in der heißen Zone spielen lassen – sodass er taucht und aufsteigt, taucht und aufsteigt. Bis die Forelle zuschlägt!

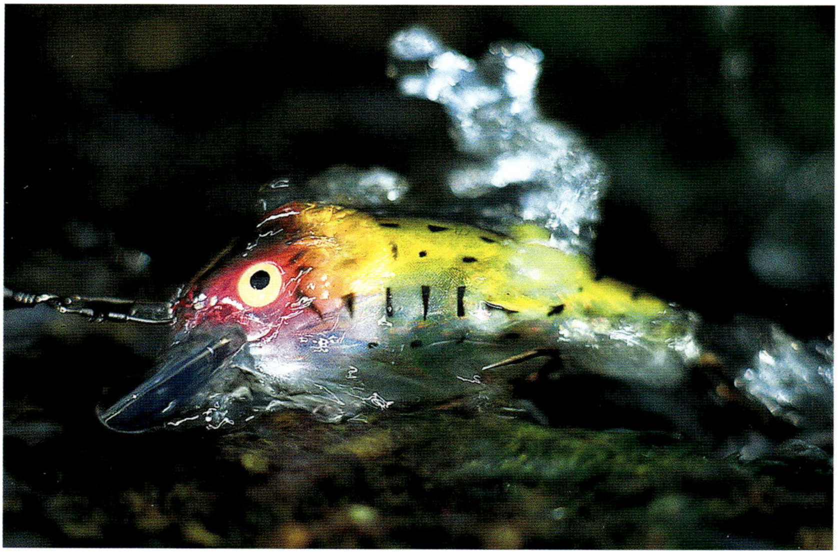

Volle Fahrt voraus? Es geht auch langsamer – wenn du beim Schwimmwobbler-Angeln die Strömung als Komplizen nutzt.

September

13 Sitzfleisch

Forellen sind auch nur Raubfische. Wenn ein Köder das zehnte Mal durch ihr Revier wackelt, kann der Geduldsfaden reißen. Gerade gegen Ende der Saison ist es klug, die besten Stellen nicht nur mit zwei, drei Würfen, sondern mit großer Ausdauer zu befischen. Einige meiner besten September-Forellen habe ich gefangen, nachdem ich einen Platz zehn Minuten beharkt und darauf gewettet hatte, dass dort gar kein Fisch steht.

September

14 Nutzen der Natur

Wenn die Kunstköder abgenutzt sind, schlägt die hohe Zeit der Naturköder. Eine erstklassige Wahl auf Bachforelle ist ein winziger Köderfisch. Zieh ihn auf einen 8er Haken, schalt ein Bleischrot davor und zupf ihn langsam ein. Oft machst du Bekanntschaft mit fetten Forellen, die bei einem Kunstköder mit ihren Flossen nur abgewinkt hätten.

September

15 Rettende Nacht

Große Forellen beißen mit Vorliebe in der Dämmerung und in den ersten Nachtstunden. Gerade in hellen Voll-

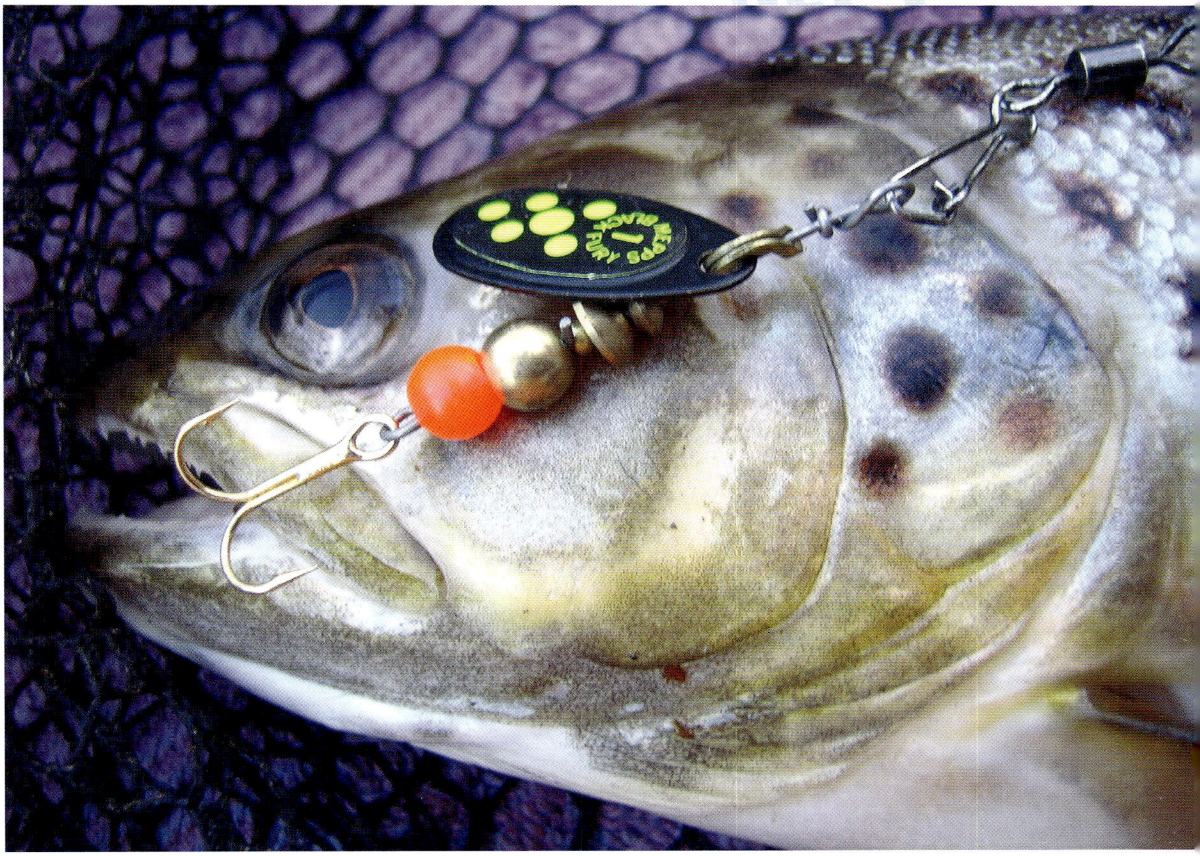

mondnächten kannst du mit schwarzen Spinnködern scheue und kapitale Fische fangen. Warum schwarze Köder? Weil sie sich offenbar vorm hellen Himmel am besten abheben – und am häufigsten genommen werden.

September

16 Antenne mit Schrot

Fliegenfischen mit Streamer ist eine effektive Methode auf Forellen. Allerdings sind die meisten Streamer Leichtgewichte; sie huschen über die Köpfe der Forellen hinweg. Eine Alternative ist ein Bleischrot-Streamer. Du bindest oben auf dem Hakenschenkel ein dickes Stück Mono-Schnur mit ein, das über das Öhr hinaus ragt. Dieses Schnurstück sengst du mit einem Feuerzeug an, bis ein dickes Ende entsteht. Nun klemmst du auf dieses Schnurstück ein Bleischrot. Schon hast du einen Streamer mit Tiefgang. Das Schrot kannst du austauschen und sein Gewicht der Tiefe des Gewässers anpassen – je tiefer, desto schwerer

September

17 Rute taucht

Auch leichte Streamer lassen sich auf Tiefe bringen, sogar in schnell strömendem Wasser: Tauch einfach deine Fliegenrute so weit wie möglich ins Wasser ein, während du den Köder einholst. Gerade an Wehren bin ich mit dieser Methode enorm erfolgreich.

Schwarz gefangen – Nachtforellen ziehen dunkle Köder vor.

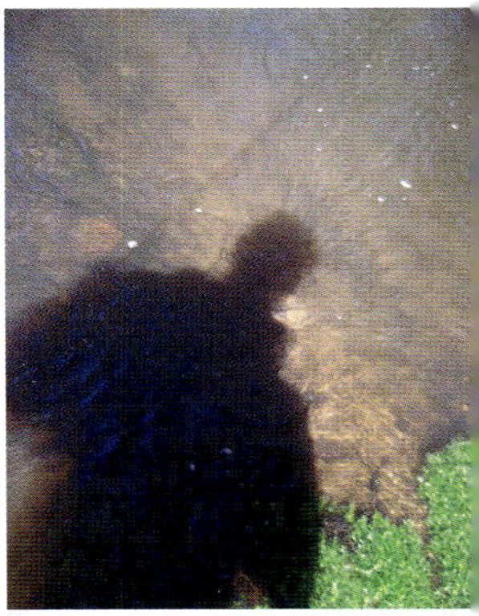

Grober Fehler: Der Schatten warnt die Forellen. Besser gegen die Sonne angeln.

September
18 Dicht am Wasser

Wie sieht die typische Rutenhaltung beim Streamern aus? Viele Fliegenfischer halten ihre Rute parallel zum Körper, also weit über dem Wasser. Bis ein Biss durchdringt, dauert lange: Der Fisch muss erst mal die Schnur stramm ziehen. Wer die Rute dichter übers Wasser hält, hat einen direkteren Kontakt zum Köder. Und hakt mehr Fische.

September
19 Schattenlos

Der Angler pirscht ans Wasser heran. Er tritt so leise auf, dass ihn garantiert keine Forelle hört. Und doch: Die Fische flitzen davon. Der Grund? Er hat nicht auf seinen Schatten geachtet! Der war ihm, bei Sonne im Rücken, voraus geeilt. Die Fische waren gewarnt. Merke: Erfolgreiche Forellenangler sind »schattenlos« unterwegs, erst recht in der späten Saison. Zur Not gegen die Sonne.

September
20 Guter Tipp

Wie kannst du eine Fliege anbieten, ohne dass die (scheue) Forelle das Vorfach sieht? Und noch dazu, ohne dass du das Fliegenfischen dafür beherrschen müsstest? Nimm eine lange Stipprute, pirsch dich ans Ufer und seil den Köder nach unten – sodass nur die Trockenfliege, nicht aber das Vorfach auf dem Wasser landet. Ideal für scheue Großforellen.

21. – 30. September

Karpfen – auf heißer Futterspur

Wer ein Haus bauen will, braucht ein Fundament. Wer einen Karpfen fangen will, braucht einen guten Futterplatz. Wie legst du ihn an? Und welche Tricks und Strategien öffnen dir die Tür zu großen Fängen?

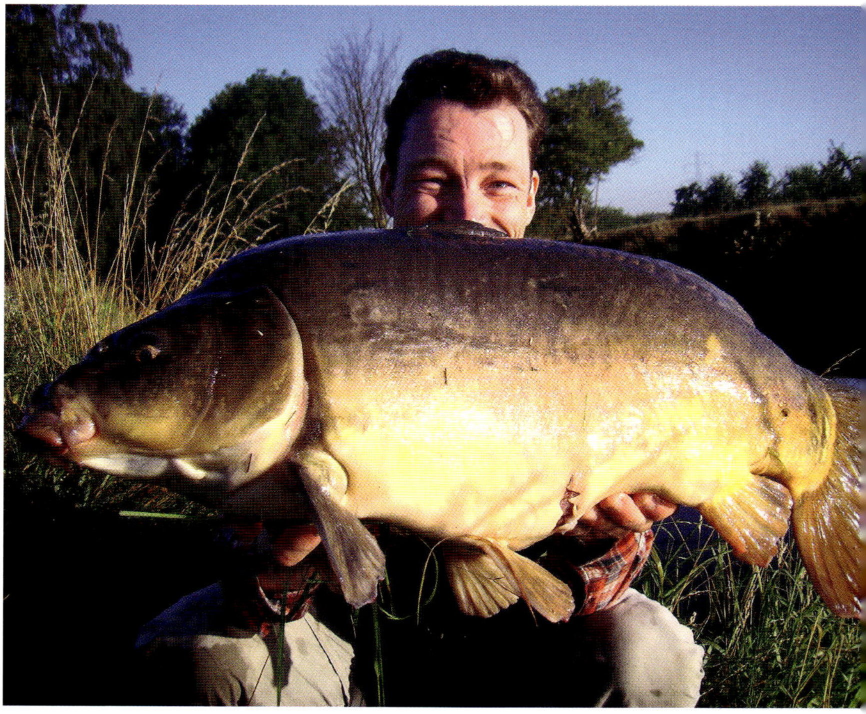

Alle Futterstraßen führen zum Köder. Diesmal war für einen schönen Spiegelkarpfen im Kescher Endstation.

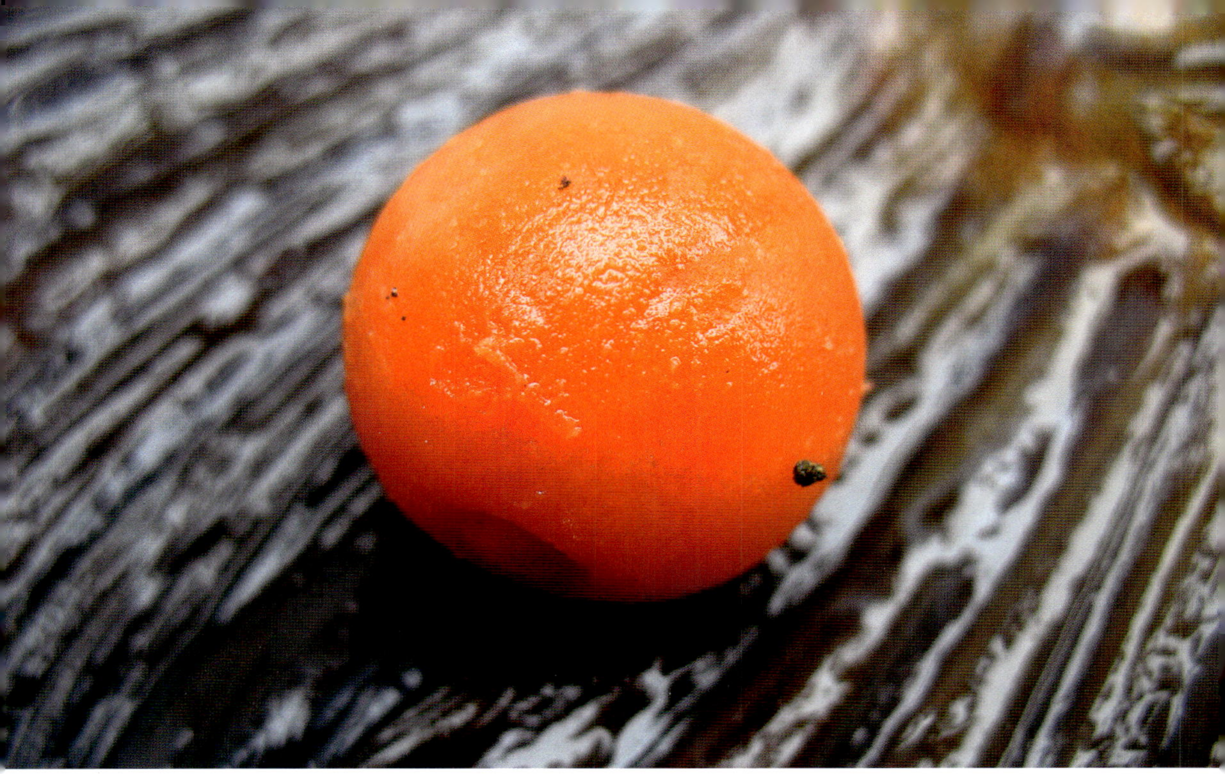

September

21 Routen-Suche

Einige Angler meinen: »Ich muss nur lange genug füttern, dann kommen die Karpfen schon.« Das stimmt, bezogen auf kleine Gewässer. Und das ist falsch, bezogen auf große Gewässer. Wenn dein Platz weit abseits der Karpfenrouten liegt, verfault dein Futter am Grund. Der richtige Weg: Such erst nach den Routen der Karpfen, indem du auf rollende oder gründelnde Fische achtest – und leg dann in einer heißen Zone deinen Futterplatz an.

September

22 Straße zum Fang

Du weißt nur ungefähr, wo die Karpfen ziehen? Dann sorg dafür, dass schmale Futterstraßen die Fische auf deinen Hauptfutterplatz lotsen. Nehmen wir an, dein Futterplatz liegt 50 Meter vom Ufer entfernt. Dann kannst du eine Futterstraße zurück bis ans Ufer legen und eine 50 Meter ins Freiwasser. So deckst du 100 Meter ab, die zwanzigfache Fläche von dem, was du mit dem eigentlichen Futterplatz (von etwa fünf Metern Breite) erreicht hättest. Deine »Zubringer-Straßen« sorgen für Karpfenverkehr in Ködernähe!

September

23 Platz-Reserve

Einige Karpfenplätze funktionieren – andere bringen keinen Biss. Das Problem: Im Vorfeld kannst du beide nicht unterscheiden. Erfahrene Karpfenangler füttern zur selben Zeit immer mehrere Plätze an, damit sie ausweichen können. Wenn ein Platz nicht zündet, kannst du jederzeit auf eine frische Stelle wechseln. Das sorgt für hohe Motivation – und vergrößert die Wahrscheinlichkeit, dass dein Futter auch Riesenkarpfen erreicht.

September

24 Besser mit Boje

Ob Futterstraße oder Futterplatz: Wer nach Augenmaß vorgeht, füttert (und angelt) schnell die entscheidenden

Die Größe macht's! Wo's viele Brassen gibt, angelst du mit Riesenboilies selektiver.

Meter an der richtigen Stelle vorbei. Besser arbeitest du mit Futterbojen. Das müssen keine auffälligen Markierungen sein (die womöglich andere Angler anlocken) – auch trockene Holzstückchen oder unauffällige Wasserkugeln können diesen Dienst verrichten. Markier deinen Hauptplatz und die Futterstraßen. Dann treffen Futter und Köder ins Ziel.

September

25 Riesenkugeln

Manchmal sind die Brassen schneller: Der Futterplatz wird leergefegt. Und mit jedem Biss ist dein Vorfach verschleimter. Das sorgt für Frust, aber muss nicht sein. Die Größe deiner Boilies reguliert die Größe der Fische, die du anlockst. Experten greifen an brassenhaltigen Seen zu Riesenboilies mit einem Durchmesser über 30 Millimetern. Aber Achtung: Solche Boilie-Bälle senken nicht nur die Zahl der Brassenbisse – du lockst und fängst auch weniger Karpfen. Dafür öfter Kapitale!

September

26 Verdauungshilfe

Wer mit Hartmais füttert, kennt die Situation: Biss auf Biss an den ersten Angeltagen. Doch dann: tote Hose. Und das sogar in Gewässern mit dichtem Karpfenbestand. Die Erklärung? Hartmais ist schwer verdaulich – die Karpfen brauchen lange, ehe sie neue Nahrung aufnehmen können. Es sei denn, du mengst unter dein Futter eine Verdauungshilfe. Viele Profis schwören auf einige Handvoll Hanf. Je schneller der Mais verdaut ist, desto früher geht das Fressen weiter.

September

27 Von langer Hand

Muss man als Karpfenangler wirklich drei Tage und Nächte am Wasser verbringen, um ein paar ordentliche Fische zu fangen? Nein, nicht die Angelzeit ist entscheidend – sondern

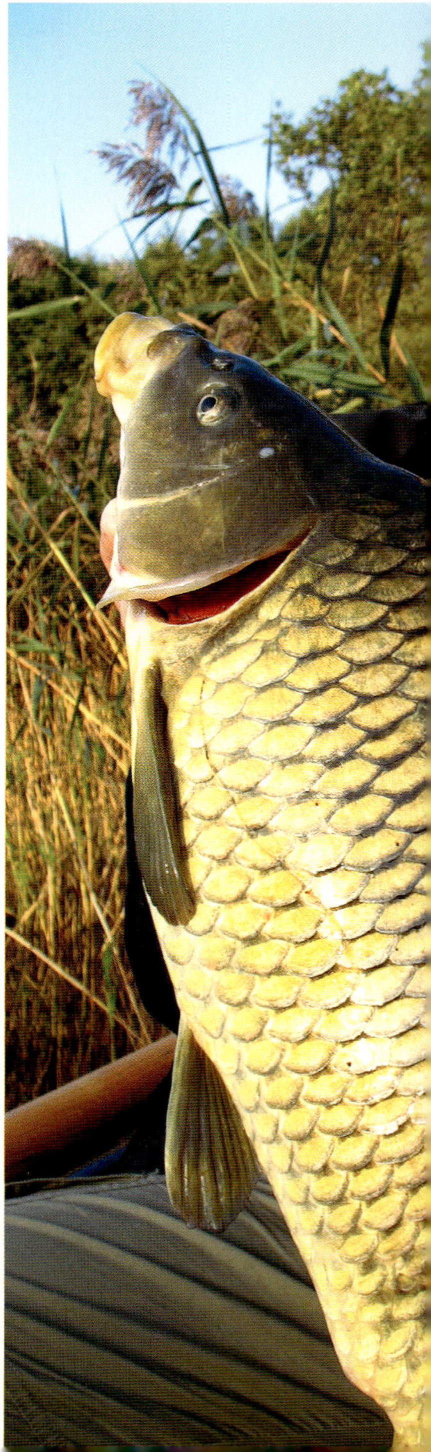

Solche schönen Karpfen fängt man nur dann, wenn kein Kollege am eigenen Angelplatz schmarotzt ...

der Zeitraum, über den man anfüttert. Wenn du eine Stelle über zwei Wochen hinweg jeden zweiten Tag mit Futter versorgst, kannst du schon bei kurzen Angelsitzungen mit prächtigen Fängen rechnen.

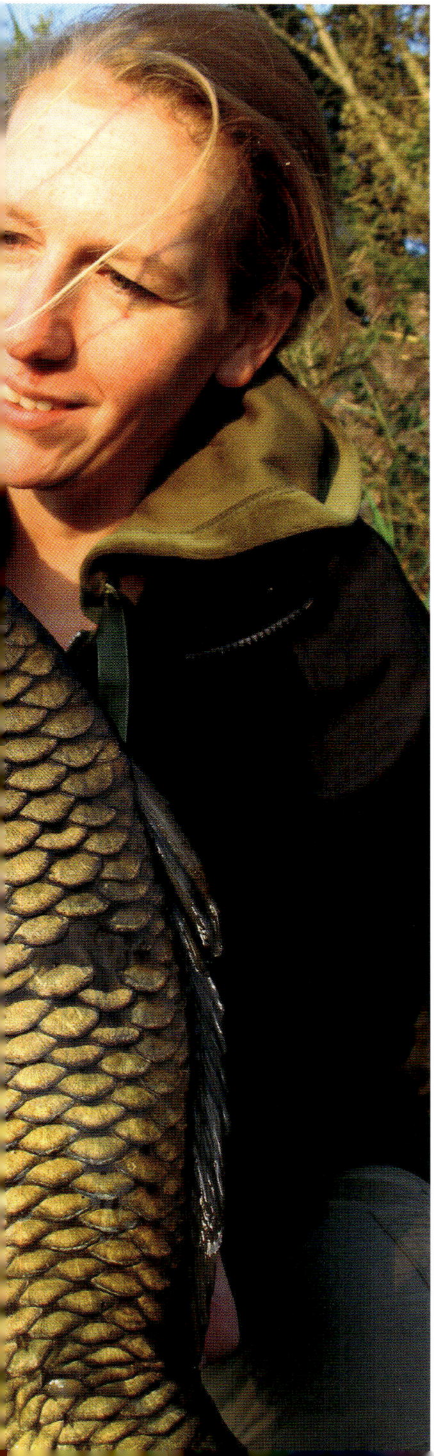

September

28 Pünktlich fängt

Wann ist die beste Angelzeit an deinem Futterplatz? Das kannst du selbst bestimmen – indem du stets zur selben Zeit anfütterst. Wenn dein Futter über Wochen genau um 18.00 Uhr ins Wasser rieselte, darfst du sicher sein: Die frühen Abendstunden sind an diesem Platz die heißeste Angelzeit. Wenn du dagegen bei Nacht ansitzen willst, solltest du erst kurz vor Einbruch der Dämmerung füttern – dann wirst du bei Dunkelheit helle Freuden erleben.

September

29 Ablenkungsmanöver

Einige Angelkollegen sind einfach keine Kollegen: Sie spionieren fremde Futterplatze aus und sitzen dort an. Solchen Schmarotzern kannst du eine Abreibung verpassen: Füttere bei Tageslicht ein paar garantiert karpfenleere Plätze mit Kies oder Steinen an. Und versorg deine echten Futterplätze erst bei Dunkelheit. Wenn du dann selbst fängst und die Schmarotzer beim Nicht-Fangen beobachten kannst, ist das eine doppelte Freude.

September

30 Der kleine Unterschied

Schon »Dick« Walker, der Pionier des modernen Karpfenangelns, hat es gewusst: Der Angelköder muss nicht mit dem Futterköder identisch sein. Im Gegenteil, eine kleine Abweichung sorgt dafür, dass er früher wahrgenommen und gefressen wird. Deshalb kann es zum Beispiel klug sein, mit einem Pop-up-Boilie über einem am Boden liegenden Boilieteppich zu angeln. Oder mit Hartmais zu füttern – und mit Boilies zu fangen.

OKTOBER

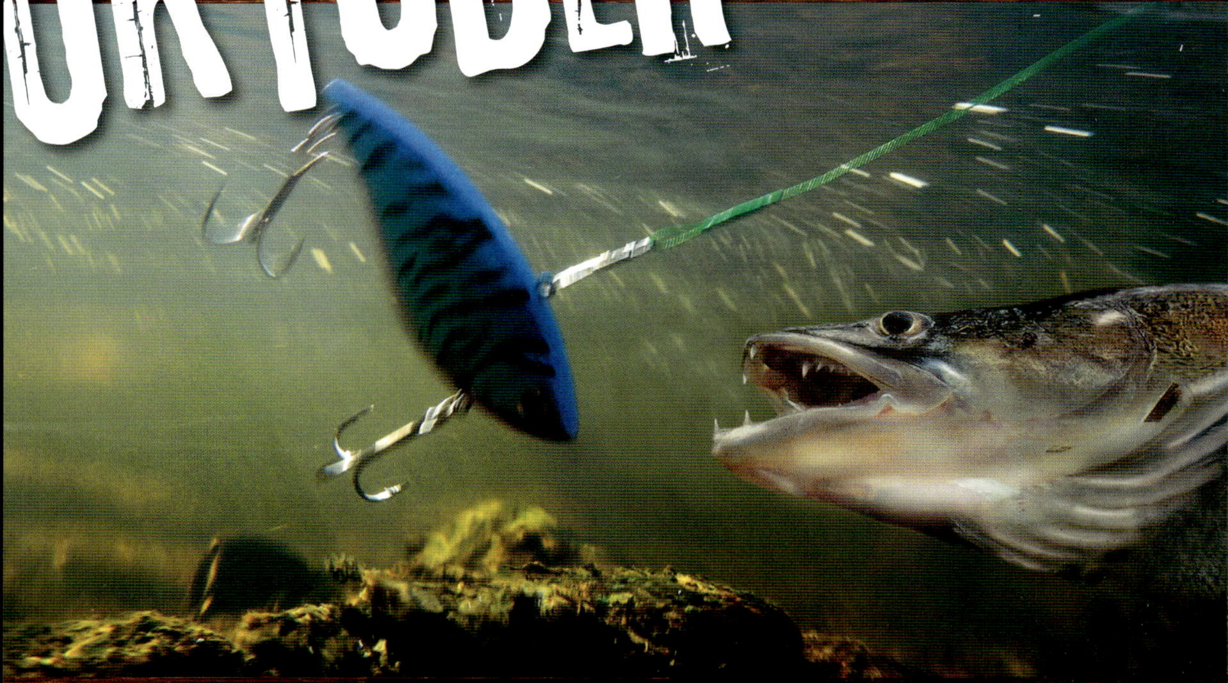

Was für Kinder der 24. Dezember, ist für Raubfischangler der Oktober: Höhepunkt des Jahres. Mögliche Bescherung: ein Zander am Vertikal-Wobbler.

1. – 10. Oktober

Barsch – Lust auf Lulatsche

Im Oktober werden die Blätter bunter – und die Barsche größer. Die »Generation 40 plus« lässt sich jetzt aufs stachlige Kreuz legen. Zehn Tipps, die dich auf dem Weg zum Dickbarsch unterstützen.

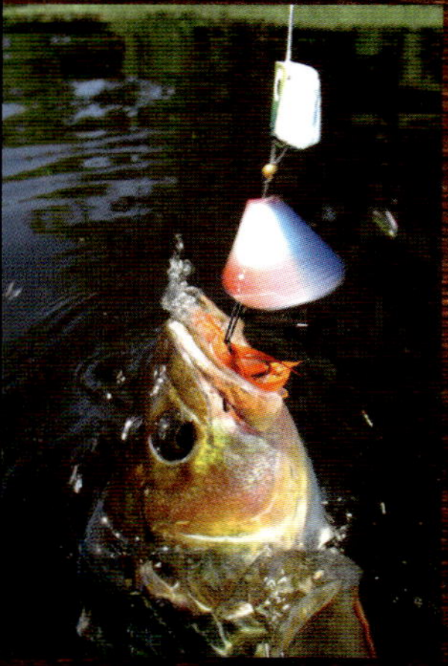

Schwer fängig: Der Mörrum-Spinner legt vor allem große Barsche aufs Stachelkreuz.

Oktober 1 Frühes Glück

Fünfzig Prozent meiner Großbarsche im Herbst habe ich früh morgens gefangen. Kein anderer Fisch ist Anfang Oktober so morgenaktiv wie der Großbarsch. Oft schießt er zwischen Kleinfische an der Oberfläche und wagt sich dicht ans Ufer. Diese Chance solltest du nutzen. Augen auf, Ohren auf – wirf die aktiven Fische an! Im Laufe des Tages verschwinden die Kapitalen oft spurlos von der Bildfläche, sprich in tieferes Wasser.

Oktober 2 Spinner mit Köpfchen

Der Name sagt alles: Der »Mörrum«-Spinner wurde eigentlich für den gleichnamigen Lachsfluss in Schweden entwickelt. Sein Bleikopf soll ihn bei starker Strömung auf Tiefe halten. Doch Barschangler in aller Welt fanden heraus: Auch ihr Lieblingsfisch fliegt auf diesen Köder. Der Mörrum läuft tiefer und wirkt größer als andere Spinner – zwei Gründe, warum er oft Dickbarsche bringt. Die Führung ist kein Hexenwerk: auswerfen, absinken lassen, knapp über Grund einholen.

Oktober

3 Schwarzseher

Mit herkömmlichen Köderfarben lassen sich scheue Barsche gegen Ende der Saison nicht mehr zum Biss reizen. Aber hast du schon mal einen Versuch mit schwarzen Ködern gewagt? Mir hat die »Schwarzfischerei« schon etliche Barsche von »40 plus« gebracht, vor allem beim flachen Angeln in den Morgenstunden. Ein Spinner, den ich besonders empfehlen kann, ist das Mepps-Modell »Black Fury«.

Oktober

4 Kannibalen

Von zwei großen Barschen, die ich ausnehme, hat mindestens einer kleine Artgenossen im Magen. Keine Überraschung, denn wo große Barsche sind, sind immer auch kleine. Dieser Kannibalismus ist eine Chance für dich: Nimm bevorzugt Kunstköder mit Barschdekor. Oder zupf ein kleines Bärschlein hinter der Pose. So kannst du die kapitalen Kannibalen verhaften.

Oktober

5 Lob der Laube

Große Oberflächen-Barsche interessieren sich im Herbst kaum für winzige Fischbrut. Eine ausgewachsene Beute reizt sie mehr: die Laube. Dieser schlanke, gut fingerlange Weißfisch lässt sich im Nu verschlucken. Wenn du Barsche siehst, die zwischen Lauben jagen, gibt es einen perfekten Köder: einen kleinen »Squirrel« von Illex. Sein Farbmuster »Ablette« gleicht einer natürlichen Laube bis aufs Detail, gerade wenn es ein wenig abgekratzt ist (siehe Foto). Diesen Wobbler zupfst du dicht unter der Oberfläche. Leg kurze Pausen ein – gerade dann kommen Bisse.

Oktober

6 Schrot und Fisch

Was braucht man für eine super-fängige Barschmontage? Einen 6er Haken und ein Bleischrot, nichts weiter. Klemm das Schrot etwa 20 Zentimeter vor dem Haken auf die Schnur und ködere ein kleines Fischchen an. Jetzt wirst du die Montage aus, lässt sie absinken und holst sie in kleinen Sprüngen über den Boden ein. Vor allem dicht an Hindernissen, zum Beispiel versunkenen Bäumen, ist diese Montage unschlagbar auf große Barsche.

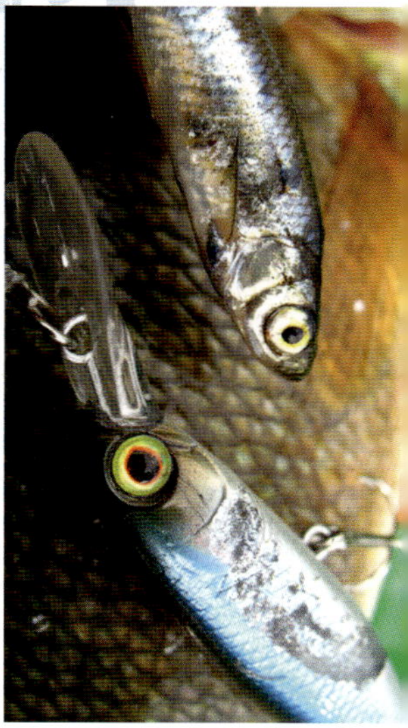

Verblüffende Ähnlichkeit: Illex-Wobbler und natürliche Laube.

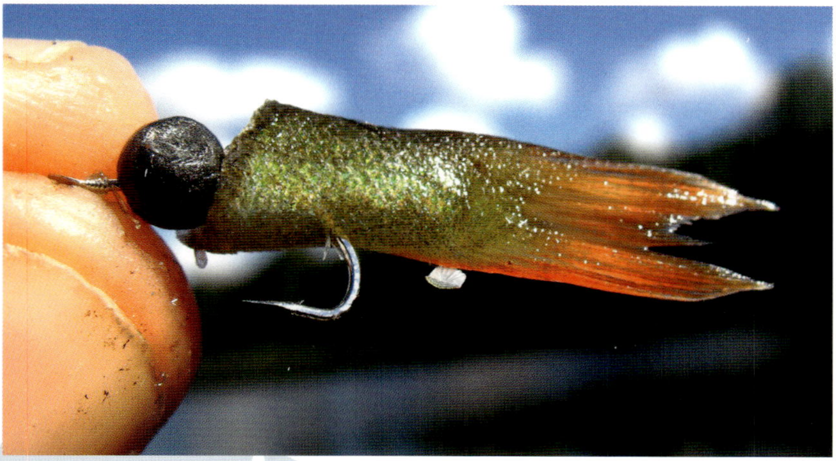

Das fetzt im Oktober: eine Eigenbau-Mormyschka mit Barschfetzen.

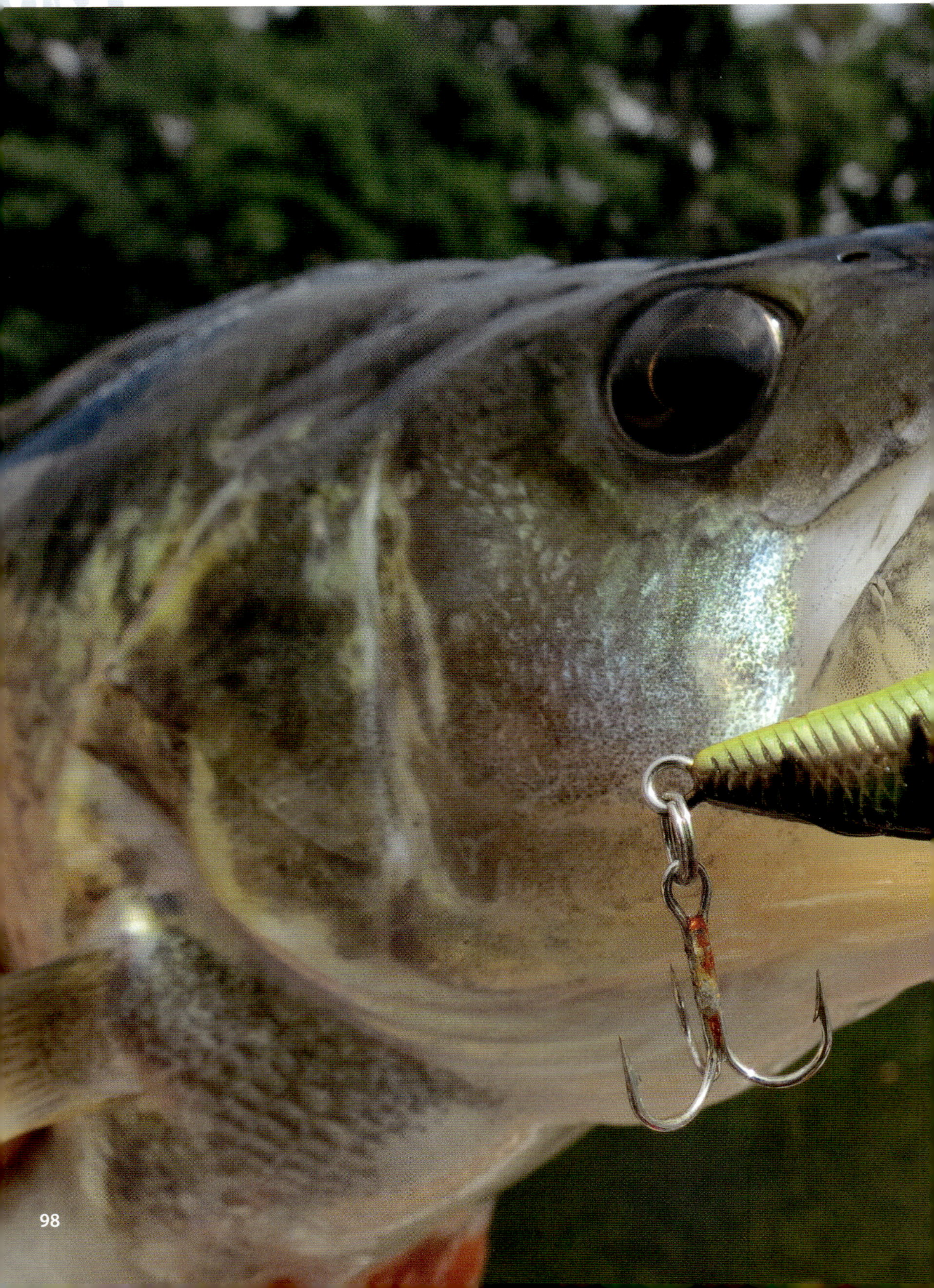

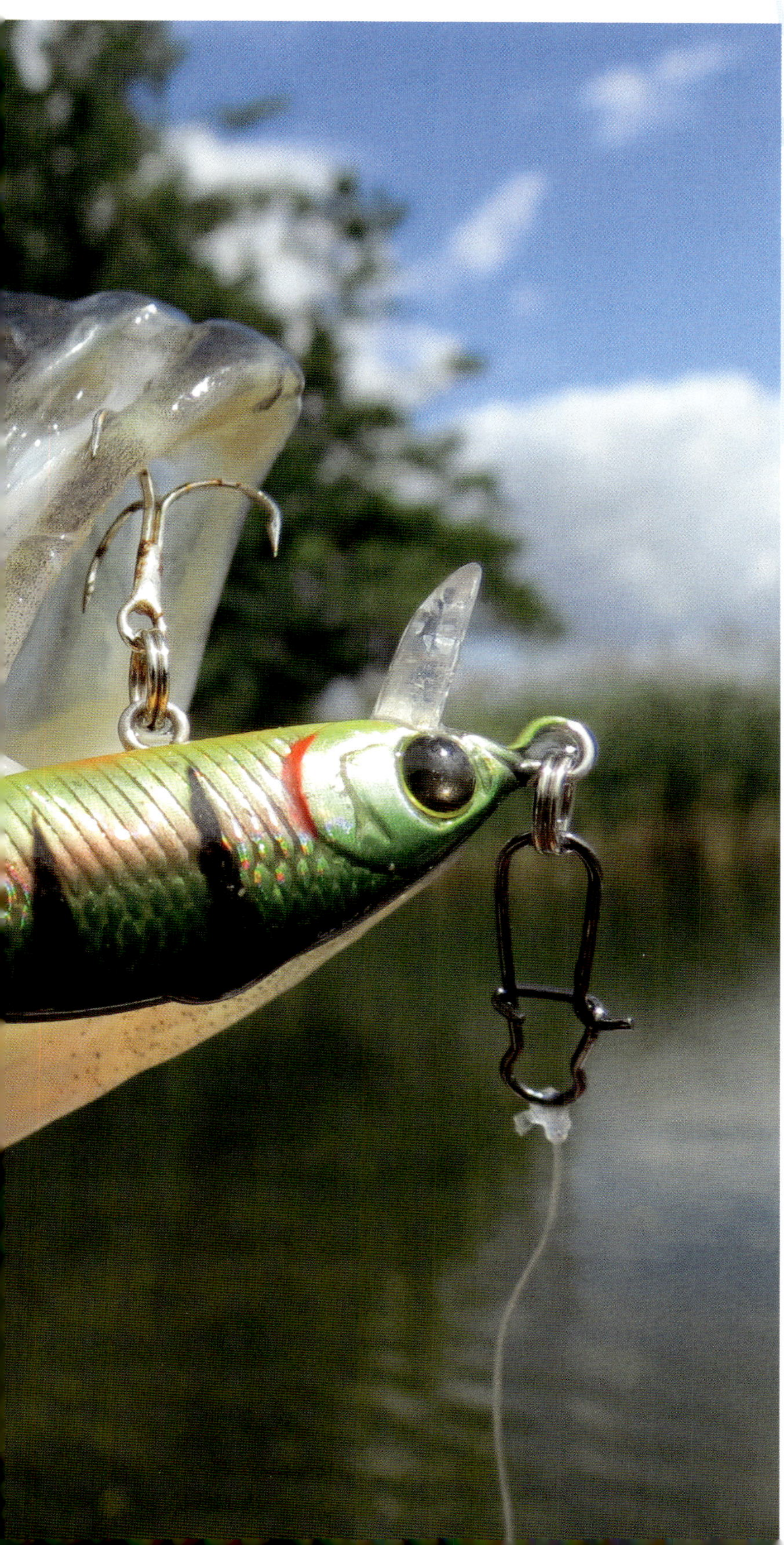

Verhafteter Kannibale: Auf kleine Wobbler, die Barsche imitieren, fallen oft große Barsche rein.

Oktober

7 Kombi-Twister

Wie kannst du eine Finesse-Methode noch raffinierter gestalten? Indem du mit einer Carolina-Montage eine Mischung aus Natur- und Kunstköder anbietest. Erst ziehst du einen Tauwurm auf einen langschenkligen Haken, dann einen Twisterschwanz. Der Wurm sitzt teils auf der Schnur überm Haken, der Twister auf der unteren Hakenhälfte. Dieser Köder wird hinter einem Tungsten-Olive und einer vorgeschalteten Perle an einem 70-Zentimeter-Vorfach langsam eingekurbelt. So beweglich wie ein Twister, so duftend wie ein Tauwurm – ein wahres Fangwunder.

Oktober

8 Der Fetzen-Trick

Kleine Streifen aus Fischhaut und -filet gehören zu den besten Großbarsch-Ködern. Aber nur, wenn du sie aktiv anbietest. Zum Beispiel kannst du ein Bleischrot an den Schenkel eines 8er Hakens drücken und einen länglich geschnittenen Fischfetzen aufziehen. Dieser Köder schwänzelt beim langsamen Einholen wie ein natürliches Fischchen und verströmt aufreizenden Duft. Beim Biss zwei Sekunden warten – und schon hängt der Barsch.

Oktober

9 Mut zur Mormyschka

Ist die Mormyschka ein reiner Winterköder? Von wegen! Auch im Herbst kannst du mit ihr dicke Barsche abräumen. Wichtig ist der aufgesteckte Köder: Je kleiner er ausfällt, desto kleiner wird auch deine Beute sein. Für große Barsche solltest du die Mormyschka nicht mit Made oder Mistwurm bestücken, eher mit einem Fischchen oder Fetzen. Hol den Köder ruckartig ein, während dein Arm vibriert – sogar träge Barsche verlieren dann die Beherrschung.

Oktober

10 Holzwurm

»Holzwurm« – so nenne ich im Spaß eine meiner besten Herbstbarsch-Methode. Das Prinzip ist kinderleicht: Ein Tiroler Hölzl wird montiert vor ein 50-Zentimeter-Vorfach mit Einzelhaken. Auf diesen Haken ziehe ich einen dicken Tauwurm, als ob es ein Twisterschwanz wäre. Diese Montage schleife ich langsam über den Grund, bei Strömung mit Pausen. Vor allem große Barsche schlagen zu.

11. – 20. Oktober

Zander – die zehn heißesten Plätze

Zander suchen, das heißt oft: fluchen! Wo stecken die Fische bloß? Nur wer alle Plätze auf dem Schirm hat, hat bald einen Zander im Kescher. Diese zehn Tipps führen dich zu den besten Stellen.

Oktober

11 Flach zum Fressen

Der Zander ist ein besonderer Fisch: Nicht überall, wo er steht, beißt er auch. Es gibt zwei Arten von Plätzen: Standplätze, wo der Zander ruht; und Fressplätze, wo er jagt. Ein wesentlicher Unterschied zwischen beiden: Die Standplätze liegen meist im tieferen, die Fressplätze im flacheren Wasser. Je mehr Futterfische an einer Stelle sind, desto eher hast du es mit einem Fressplatz zu tun.

mit Gummiködern und Köderfischen abzuklopfen – nie ohne Stahlvorfach, denn auch Hechte lauern.

Oktober

12 Spinnen am Stein

»Die Nilpferd-Rücken« – so nenne ich zwei Steine, die aus einer flachen Strecke der Naab ragen. Die Besonderheit dieser »Rücken«: Ihr Strömungsschatten ist ein idealer Standplatz. Hier ballen sich die Futterfische, und die Zander schlagen sich die Bäuche voll. Ein an der Pose gezupfter toter Köderfisch hat sich als der fängigste Köder erwiesen. Große Steine im Fluss, auch unter Wasser, sind immer heiße Zanderplätze.

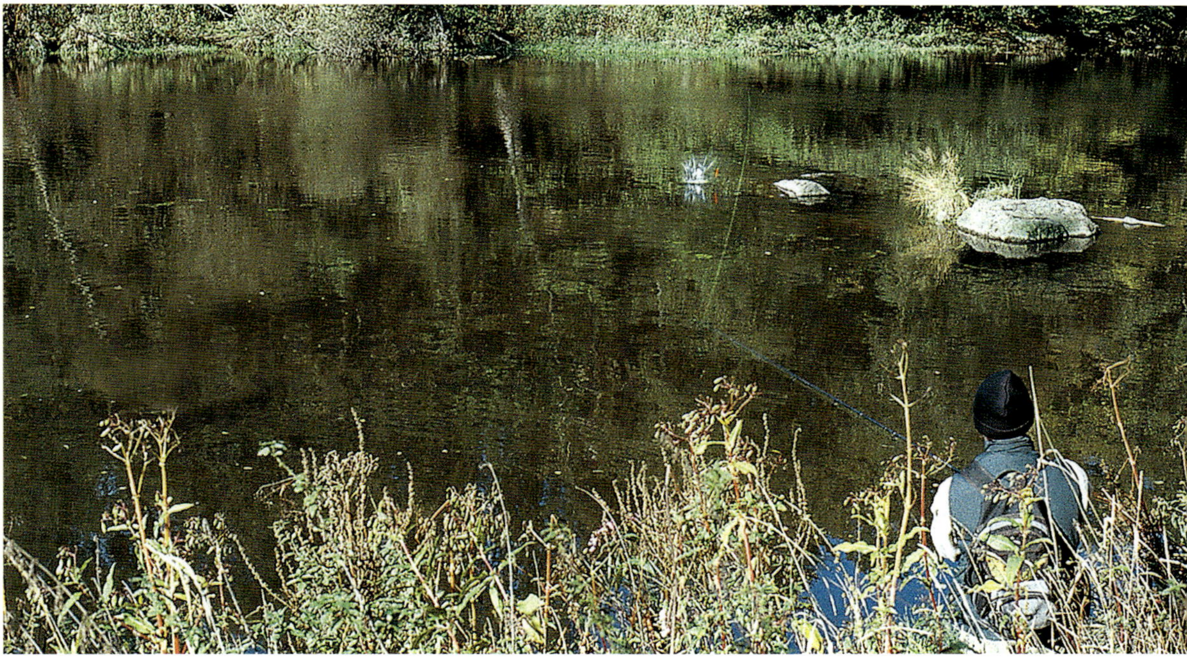

Steinzeit für Zander: Im Strömungsschatten von Steinen sammeln sich dicke Räuber.

Oktober

13 Bombiger Barschberg

Die Alpen ziehen Touristen an – die Berge unter Wasser locken Fische. Dieser Andrang nimmt im Herbst zu, wenn eine Wanderbewegung von den flachen zu den tieferen Wasserschichten einsetzt; die Barschberge bilden einen fließenden Übergang, eine Rutsche ins Tiefe. Jetzt lohnt es, die mittleren und tiefen Schichten der Berge

Oktober

14 Super-Sandbank

Die meisten Echolote zeigen an, wie hart oder weich der Gewässerboden ist – eine wichtige Information beim Zanderangeln. Zander lieben es hart. Kiesiger oder sandiger Grund ist Zanderland – ganz besonders, wenn sich eine Sandbank vom flachen ins tiefe Wasser zieht, etwa in Verlängerung eines Einlaufes. Ein hängerarmer Grund, der sich vorzüglich mit tieflaufenden Wobblern befischen lässt.

Oktober

15 Liebe zur Landzunge

Die meisten Landzungen lassen sich ohne Echolot finden: Such nach Ufervorsprüngen, nach Stellen, die weiter als ihre Umgebung ins Gewässer ragen. Meist setzen sich diese Vorsprünge unter Wasser fort. Gerade Uferangler haben hier beste Zanderchancen, da Kapitale die Landzunge immer wieder hinauf wandern. Ein Köderfisch, knapp über Grund angeboten, ist im Herbst kaum zu überbieten.

Oktober

16 Herrliches Holz

Zander lieben Holz. Wo Bäume im Wasser liegen, treiben sie sich das ganze Jahr herum. Im Frühjahr laichen sie hier. Im Sommer jagen sie Futterfische, die den Schutz des Holzes suchen. Und noch im Oktober sind Bäume ein Zandermagnet, sofern das Holz ins tiefere Wasser reicht. Gerade feines Vertikalangeln mit Dropshot und verborgenem Haken verspricht am Hindernis gute Fänge – und wenig Hänger.

Oktober

17 Anlegen im Hafenbecken

In Hafenbecken ist immer was los – auch unter Wasser! Die Schiffe sorgen für Nahrung: Ihre Schrauben zerhacken Fische, Lebensmittel werden über Bord geworfen. Meist liegt die Wassertemperatur ein wenig höher als im Strom. Gründe genug für dicke Herbstzander, in den Häfen vor Anker zu gehen. Probier einmal das Dropshot-Angeln an Kaimauern oder verankerten Booten – meist sehr fängig.

Oktober

18 Bissiger Buhnenkessel

Eine Steinschüttung, die sich in den Fluss zieht, ist für Zander ein Paradies: Im Buhnenkessel entsteht ein Kehrwasser, eine Strömung, die langsamer als der Hauptstrom fließt, Futterfische anzieht und Treibnahrung kreisen lässt.

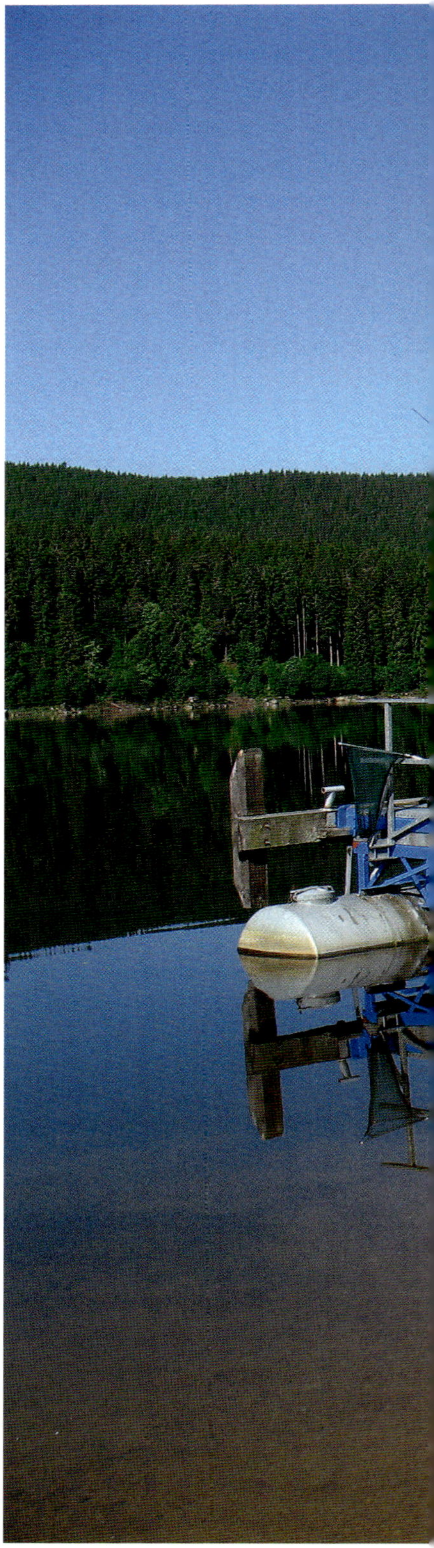

Wo Dampfer anlegen, kommen auch Zander vorbei – erst recht auf sandigem Grund. Hier greift ein Schluchsee-Angler an.

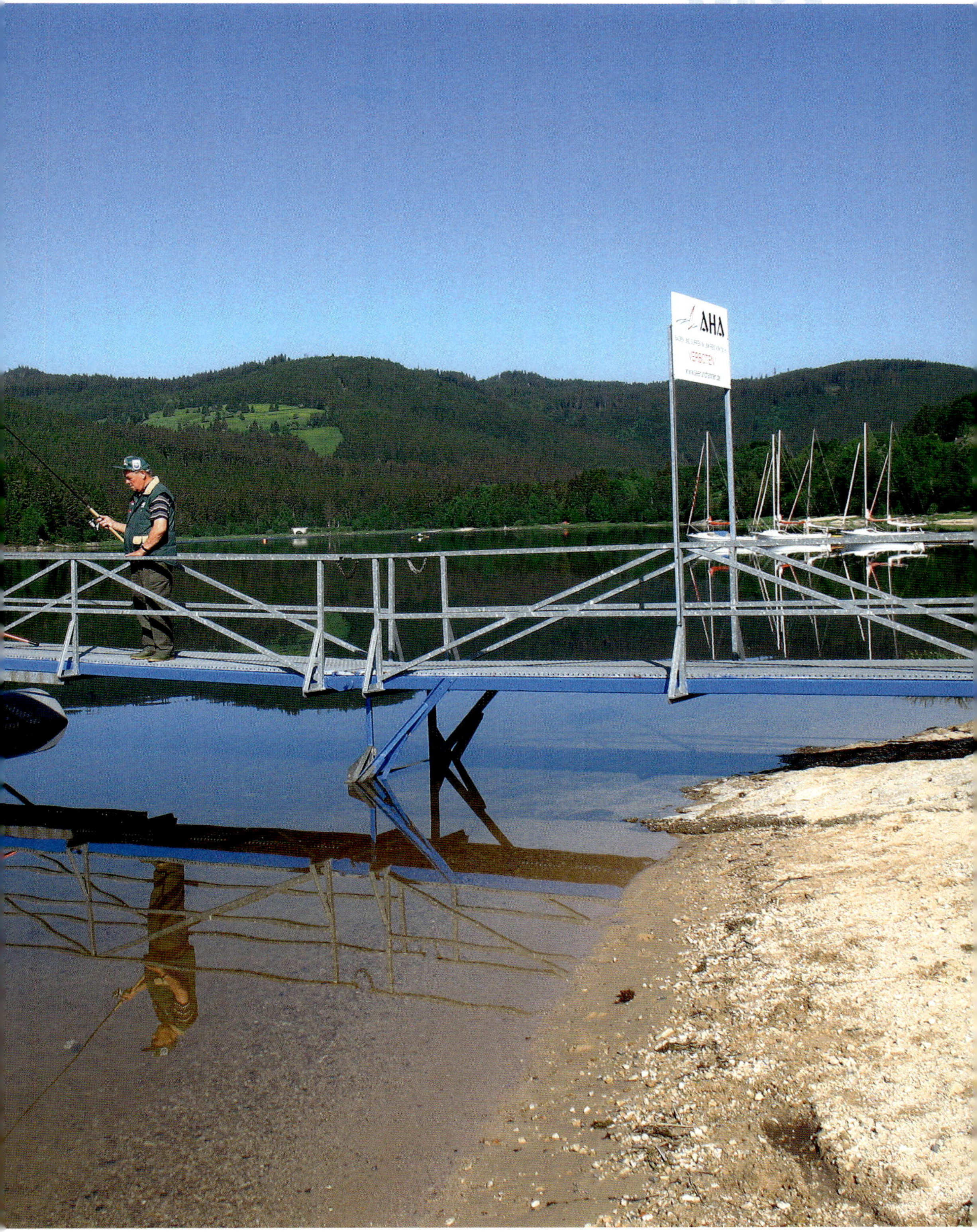
AHA
VERBOTEN

Nur einen Nachteil haben Buhnen: Ihr Boden ist oft unrein, man bekommt Hänger. Das Wurfangeln mit Dropshot kann dir Köderverluste ersparen und schöne Zander bringen. Befisch nicht nur den Buhnenkessel, sondern wirft auch direkt an der Steinschüttung entlang.

Oktober 19 Nutzen des Nebenarms

Im Sommer sind die Nebenarme der Flüsse oft zanderleer: Die Fische wandern in den sauerstoffreichen Hauptstrom. Doch im Oktober findet eine Wanderung in die umgekehrte Richtung statt: vom Strom ins Altwasser. Die (oft schmalen) Übergänge zwischen Flüssen und Nebengewässern sind Spitzen-Angelplätzen im Herbst. Grundnahes Spinnen mit einem Köderfisch kann dir kapitale Zander bringen.

Oktober 20 Dufte Dampferstege

Dampferstege sind immer für einen dicken Zander gut, denn dort ist für natürliches Anfutter gesorgt: Die scharfen Schiffsschrauben zerhacken Fische. Dieses natürliche Anfutter sinkt zum Grund und lockt Zander an. Dreimal darfst du raten, welcher Köder an Dampferstegen der beste ist: der Fischfetzen am Grund.

21. – 31. Oktober

Hecht – Kurs auf Kapitale

Von einem Meterhecht träumt jeder Angler. Aber es muss nicht beim Traum bleiben: Jeder kann ihn fangen – mit Geschick und Trick(s). Die folgenden Kniffe helfen dir, »große Tiere« auf die Schuppen zu legen.

Oktober 21 Ausdauer fängt

Alle erfolgreichen Großhecht-Angler haben eines gemeinsam: Du wirst sie oft am Wasser treffen. Sie kommen früh und gehen spät. Im Gegensatz zum Grashecht, der täglich frisst, hat der Großhecht kurze Fressphasen. Das liegt am Kaliber seiner Nahrung: Mit einem Raubzug kann er seine Hunger für längere Zeit befriedigen. Nur wenn du oft und lang

Kein Brett vorm Kopf, sondern vorm Schleppköder: mit dem Scherbrett schleppst du abseits vom Boot.

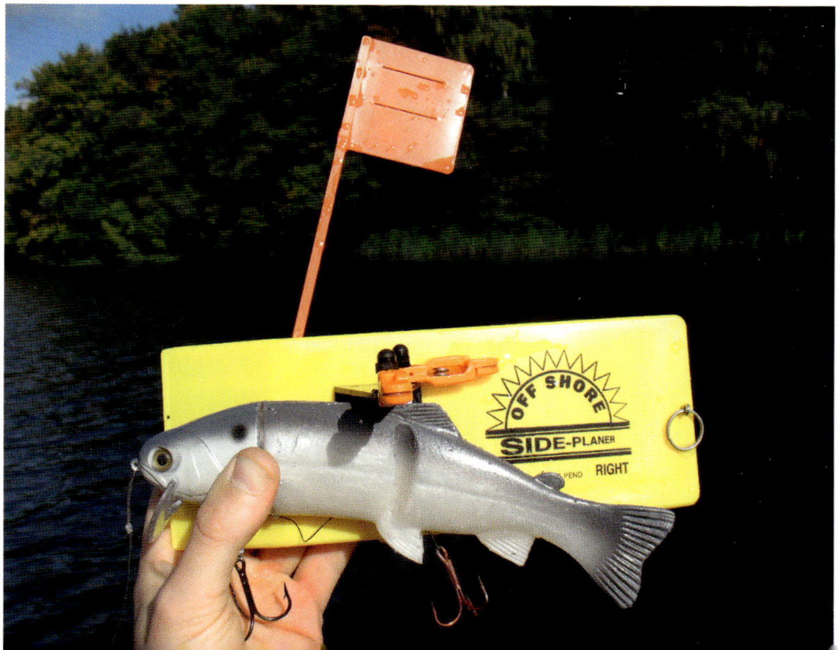

am Wasser bist, wirst du die Fressphasen erwischen – und mit ihnen die kapitalen Fresser!

Oktober

22 Nepper, Schlepper, Großhechtfänger

Worauf kommt es beim Schleppfischen auf Großhechte an? Regel eins: Du brauchst einen stabilen Bootsrutenhalter, sonst kann deine Rute beim knallharten Biss den Abflug machen. Regel zwei: Schlepp nicht wahllos über die komplette Wasserfläche, sondern mit Ausdauer dort, wo Futterfische stehen. Regel drei: Lass auch im Herbst noch einen Köder nur zwei Meter tief unter der Oberfläche laufen, während der andere Köder in der Tiefe arbeitet – dann ist die richtige Standtiefe sehr wahrscheinlich dabei.

Oktober

23 Hecht mit Brett

Die Hechte stehen noch flach? Und dein Gewässer ist klar und kaum von Booten befahren? Dann empfehle ich dir einen Side-Planer. Dieses »Scherbrett« befestigst du mit einem Clip in deiner Schnur, zum Beispiel 20 Meter oberhalb deines Köders. Beim Rudern strebt der Planer so weit zur Seite, wie du ihm Schnur gibst, und dein Köder spricht scheue Großhechte an, ohne dass dein Boot Misstrauen erzeugt. Gleichzeitig wirkt der Side Planer wie eine Pose: Sein Zucken zeigt dir den Biss an. Bei einigen Modellen löst sich die Schnur beim Anhieb. Andere musst du vor dem Drill ans Boot holen und losmachen.

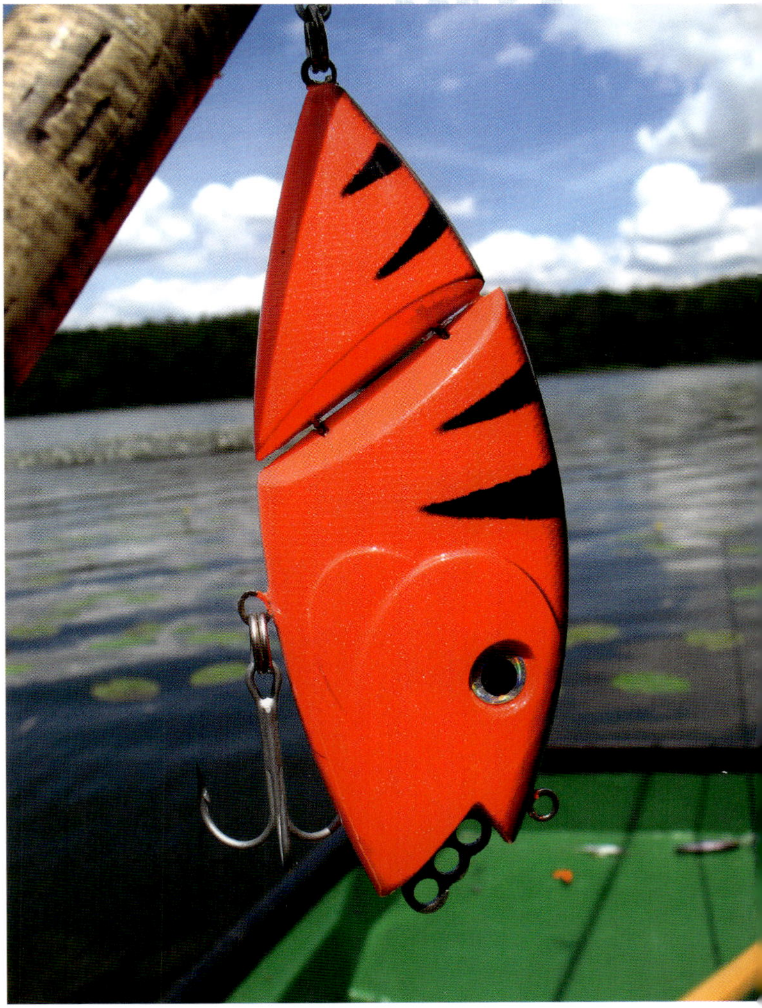

Oktober

24 Freibeuter

Die meisten Hechte treiben sich in Wurfweite zum Ufer herum – aber selten die größten! Kapitale Hechte haben (unter Wasser) keine natürlichen Feinde mehr: Sie können sich ohne Scheu im Freiwasser bewegen. Dort fressen sie sich fett an Schwärmen von Renken, Rotaugen oder Barschen. Nicht nur das Schleppfischen, sondern auch das uferlose Wurfangeln mit der Spinnrute kann erstaunlich große Hechte bringen – vor allem dicht am Futterfisch.

Oktober

25 Wenn Riesen fangen

Hechtköder sind im Herbst oft zu klein – aber (fast) nie zu groß. Sogar auf Gummiköder und Wobbler jenseits der 30-Zentimeter-Marke lassen sich Kapitale mit Vorliebe fangen. Unter Biologen gilt die Regel: Der Hecht bevorzugt Nahrung von einem Zehntel seines Eigengewichtes. Ein 20-Pfünder erfordert also einen 2-Pfund-Köder. Da sind 30 Zentimeter noch knapp bemessen. Allerdings lassen sich die Riesenköder besser schleppen als werfen – und erfordern einen kräftigen Anhieb, damit der Hecht auch hängt.

Wer keine blutigen Finger riskieren und erst recht keinen Prachthecht verlieren will, der sollte zur Landung zum Unterfangkescher greifen.

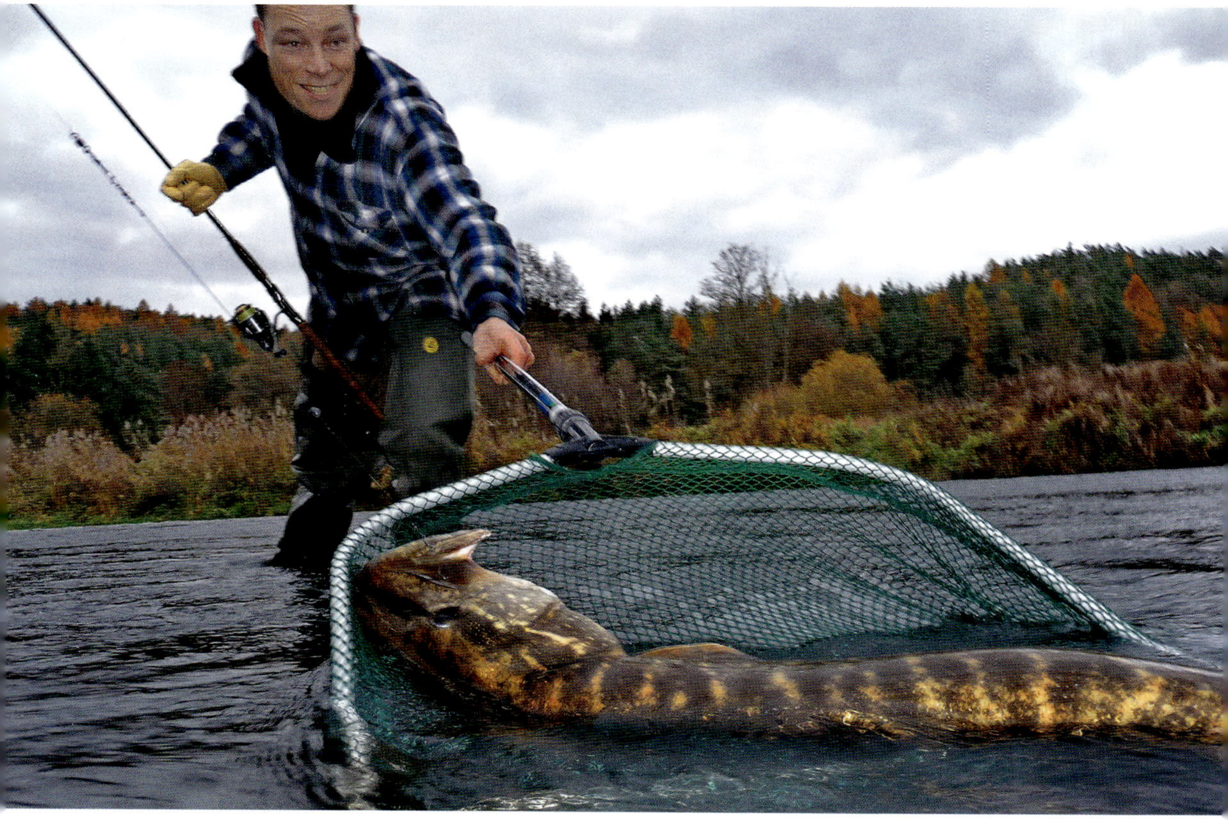

Oktober

26 Der verzögerte Wurf

Der Wobblerprofi Peter Biedron empfiehlt beim Angeln mit Schwimmwobblern folgende Strategie: Wirf den Köder an einem vielversprechenden Platz aus, aber kurble ihn nicht sofort ein, sondern lass ihn ein paar Sekunden an der Oberfläche ruhen. In dieser Zeit breiten sich die Wellenkreise aus und ziehen Hechte aus einiger Entfernung an. Direkt nach dem Ankurbeln beißt mit Glück schon ein dicker Hecht. Die Biedron-Wobbler ohne Tauchschaufel (von Zebco oder handgemacht) sind enorm fängig. Genial für stark befischte Gewässer!

Oktober

27 Einfach abgehoben

Große Hechte sind bequem: Statt flinke Fische zu jagen, sammeln sie bei Kälte tote Fische am Grund ein. Wenn du mit toten Köderfischen anfütterst und angelst, hast du beste Chancen auf Großhechte (siehe 17.01.). Besonders fängig im Herbst ist der schwebende Köderfisch: Du pumpst deinem Köder mit einer Spritze Luft in den Bauch und lässt ihn beim Grundangeln eine Vorfachslänge über den Boden steigen – so wird der Hecht noch schneller auf ihn aufmerksam.

Oktober

28 Der Hecht-Kutter

Wenn ich dich nach guten Hechtködern frage, wirst du alle möglichen nennen, nur nicht den Dorschpilker. Dabei gehören Pilker von über 50 Gramm zu den besten Hechtködern im Spätherbst. Sobald sich die Räuber an Plätzen von über acht Metern Tiefe einstellen, kann das langsame Pilken zwischen Futterfisch verblüffend gute Fänge bringen. Nicht selten beißen dorschverdächtige Hechte – zweistellige Fische.

Oktober

29 Starker Drilling

Wie verhalten sich die Drillinge deines Kunstköders bei Hängern? Brechen sie ab? Biegen sie auf? Dann ist zu befürchten, dass beim Drill eines großen Hechtes dasselbe passiert. Leider sind erstklassige Köder oft mit zweitklassigen Drillingen ausgestattet. Darum solltest du diese Haken durch scharfe und unbiegsame Qualitätsdrillinge ersetzen. Ich bevorzuge die schwarzen Top-Drillinge aus dem Hause Partridge.

Oktober

30 Die Natur spinnt

Je später der Herbst, desto weniger fangen Kunstköder – und desto mehr die Naturköder. Heißt das, dass du das Schleppfischen bald einstellen musst? Nein, wechsle nur den Köder: Biete einen toten Köderfisch am (Schlepp-) System an. So vereinst du die Vorteile des Schleppfischens, nämlich dass du eine große Wasserfläche absuchst, und die Lockwirkung des Naturköders, nämlich dass er echt aussieht und durftet. Eine geniale Mischung für Große!

Oktober

31 Ins Netz gegangen

Profis machen es vor: Sie landen ihre kapitalen Hechte mit der Hand. Aber wo finden diese Fänge statt? Meist an Exklusivgewässern, die viele große Hechte hergeben. Wenn du – wie ich – Normalgewässer befischst und nicht alle Tage einen Kapitalen hakst, solltest du kein Risiko eingehen: Nimm einen großen Kescher, Bügelweite mindestens 80 mal 80 Zentimeter. Damit kannst du auch einen knapp gehakten Großhecht sicher abschöpfen – während du bei der Handlandung nicht nur blutige Finger, sondern auch den Fisch riskierst.

NOVEMBER

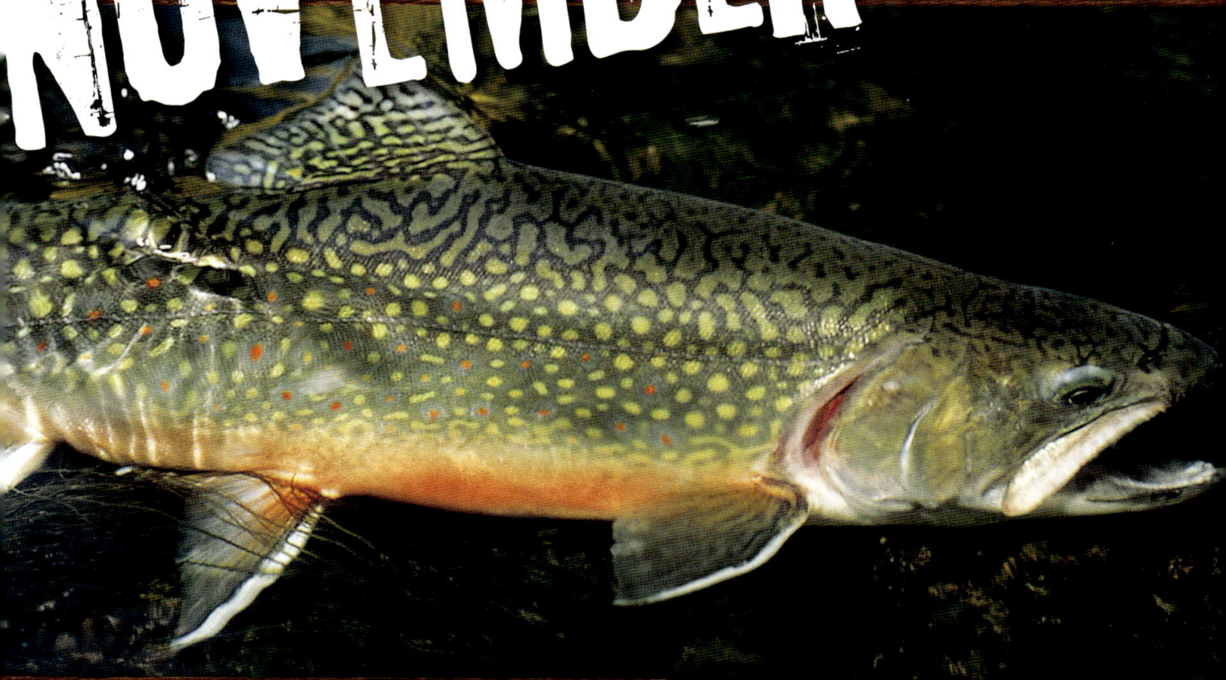

Starker Gegner im Drill: ein Saibling. Eigentlich haben Salmoniden im November schon Schonzeit. Doch in Forellenseen darf ganzjährig auf sie geangelt werden.

1. – 10. November

Dropshot – mehr als Gummi geben

Das Dropshot-Angeln gilt als Raffinesse-Methode – der Gummiköder federt verführerisch auf der Stelle. Doch es geht noch raffinierter: Wer trickreich mit Dropshot angelt, muss den Fischen mehr als Gummi geben.

November 1 Finderlohn

Wer mit der Dropshot-Rute Barsche sucht, begeht einen Fehler: Diese Methode ist ungeeignet, große Flächen abzusuchen – sie ist zum Ausfischen kleiner Flächen gedacht. Such die Barsche oder Zander mit einer Wanderangel-Methode, zum Beispiel mit Spinner, Twister oder Carolina-Rig. Wenn du sie an einem Platz gefunden hast, kannst du auf Dropshot umstellen.

November 2 Blaue Stunde

Die fängigste Dropshot-Farbe im klaren Herbstwasser? Immer die Farbe des beliebtesten Futterfisches! In den meisten Gewässern fressen die Räuber vor allem Weißfische. Hier fangen Dropshot-Gummis in Blau-Silber und Weiß. Wo dagegen der Gründling oben auf der Speisekarte steht, bist du mit braunen Ködern erfolgreicher. Falls du Barsche zum Essen mitnimmst: Schau beim Ausnehmen in den Magen. Wahrscheinlich wirst du dort Kleinfische in der Farbe deines Köders finden ...

November

3 Schlankes Blei

Beim Wurfangeln über hindernisreichem Grund solltest du Bleie in Stabform vorziehen. Das Stabsblei schleift leichter über den Grund und lässt sich besser aus Steinpackungen befreien. Sein Wasserwiderstand ist gering, sodass dein Kontakt zum Köder noch sensibler ist. Dagegen empfehlen sich fürs Vertikalangeln rundliche Bleie, weil sich mit ihnen der Bodenkontakt unterm Boot besser halten lässt.

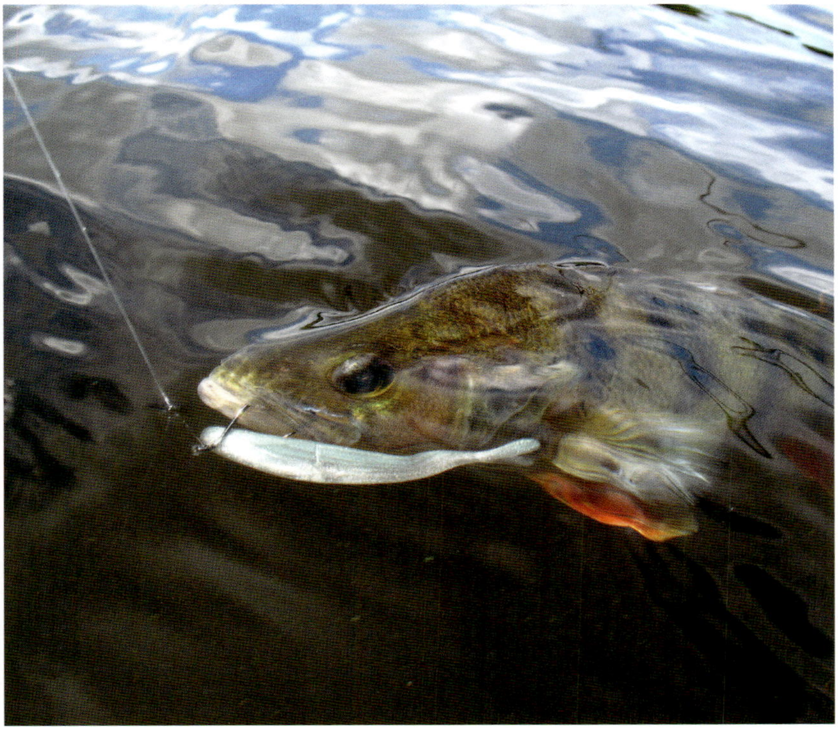

Weißfisch-Farbe fängt! Wieder hat ein dicker Barsch den weiß-bläulichen Dropshot-Köder genommen.

November

4 Ufer-Probe

Wie spielt der Köder im Wasser? Diese Frage entscheidet beim Dropshot über den Erfolg. Studier deinen Köder im Uferwasser: Wie reagiert der Köder auf die Bewegungen deiner Rute? Welches leichte Zittern reicht aus, um ihn flösseln zu lassen? Wie kannst du eine kleine Flucht nach oben antäuschen? Durch diese Beobachtungen bekommst du ein Gefühl für deinen Köder – und wirst ihn fängiger anbieten.

November

5 Rettungs-Schrot

In der Theorie ist es ein Kinderspiel: Das Dropshot-Blei wird mit seiner schmalen Öse auf die Schnur geklemmt, sodass man es verschieben und die Angeltiefe variieren kann. In der Praxis aber löst sich dieses Blei oft. Das ist ärgerlich, kostet Geld und Nerven. Gegenmittel: Befestige am Ende der Schnur einen Stopper, der dein Blei sichert. Ein Knoten in der Schnur und ein kleines Bleischrot darüber halten das Blei fest.

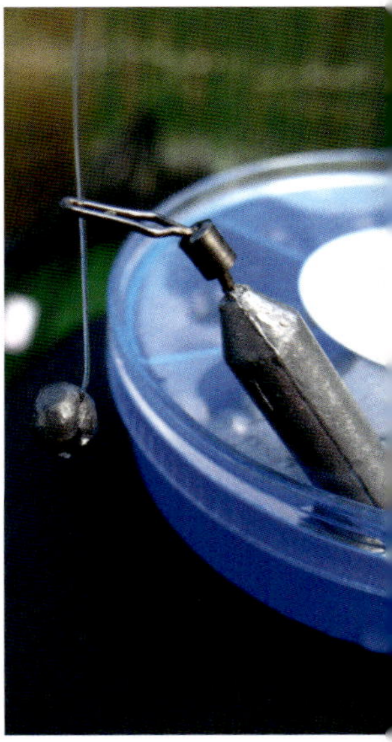

Schrot als Sicherung – damit dein Dropshot-Blei nicht von der Schnur rutscht.

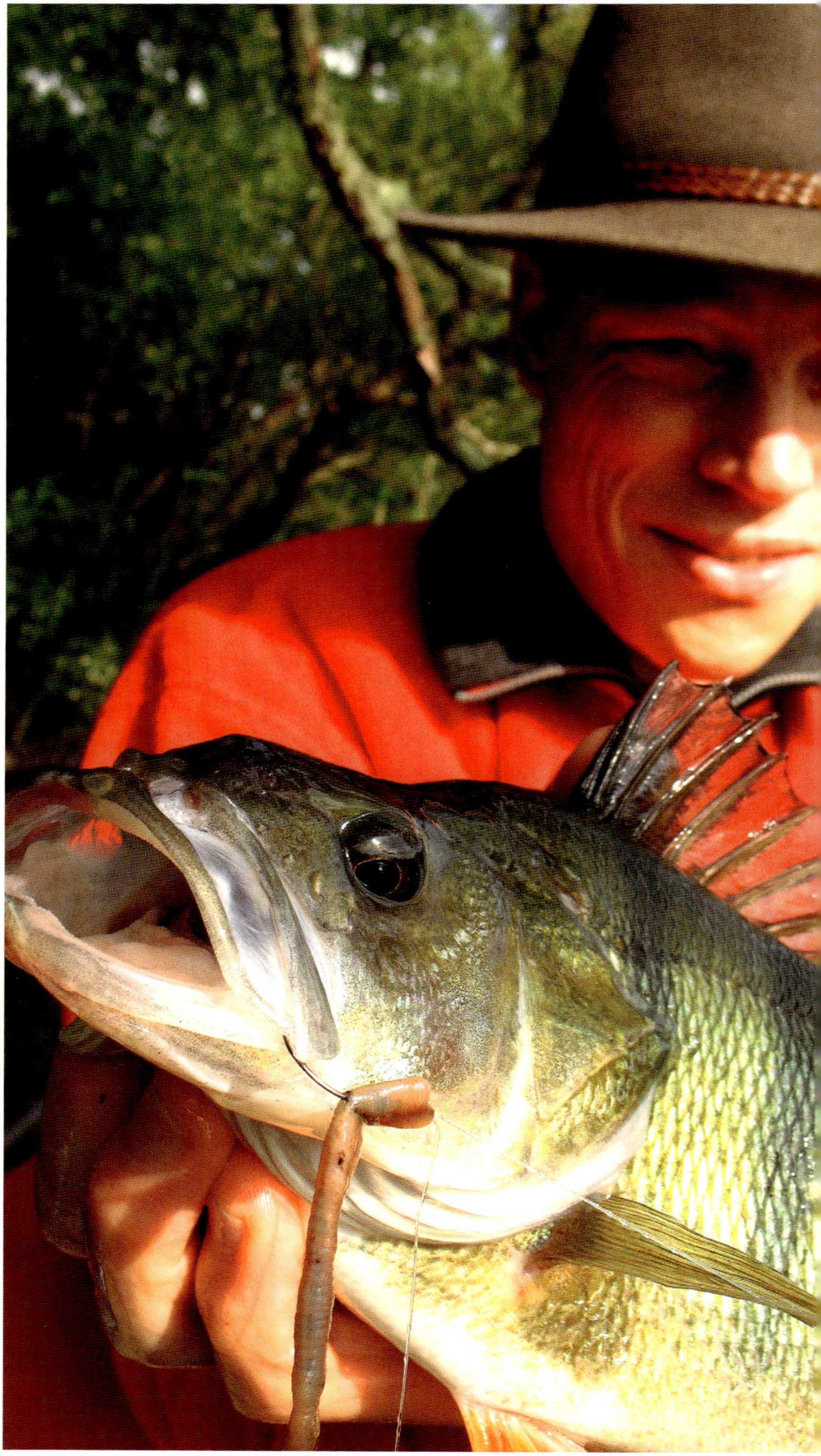

Gummifreier Dropshot-Köder: Halbe Tauwürmer bringen Barsche um den Verstand.

November

6 Höhenwanderung

»Keine Barsche unterm Boot!«, sagt der Kollege. Diese Aussage war nach nur fünf Angelminuten mit Dropshot kühn, denn er hatte die Tiefe in dieser Zeit nicht verstellt: Sein Köder zitterte immer 50 Zentimeter über dem Boden. Vielleicht hätte er das Blei nur 30 Zentimeter nach unten oder nach oben ziehen müssen, um vorzüglich zu fangen. Jeder Zentimeter entscheidet bei kaltem Wasser über den Erfolg. Variiere die Tiefe so lange, bis du die Fische gefunden hast.

November

7 Streckübung

Uferangeln mit Dropshot funktioniert so: Du wirfst den Köder mitsamt Blei aus, lässt ihn zum Grund sinken und zupfst die Montage ein. Doch an steilen Ufern schleift der Köder oft über den Grund – statt knapp darüber zu spielen. Zwei Gegenmittel: Halte den Abstand zwischen Köder und Blei größer als beim Vertikalangeln. Und streck deine Rute beim Einholen steil nach oben, damit der Winkel zwischen Boden und Montage größer wird – und mit ihm die Laufhöhe des Köders.

November

8 Spielraum mit Gummi

Bei Kälte sollte dein Dropshot-Köder keine großen Sprünge mehr machen, sondern auf der Stelle arbeiten. Viele Profis lassen das Blei am Grund stehen und spielen nur mit dem Köder: Sie zupfen in die lockere Schnur. Das funktioniert am besten, wenn du zwischen Blei und Schnur ein kleines Gummiband knotest. Dann hat dein Köder mehr Spielraum, um verlockend zu tanzen – während dein Blei am Boden verharrt.

November

9 Tanz der Natur

Köderfisch, Tauwurm, Mistwurm, Fischfetzen, Blutegel – all diese Köder lassen sich vorzüglich an einer Dropshot-Montage anbieten. Je vorsichtiger die Barsche im Spätherbst beißen, desto überlegener werden Naturköder: Ihr Geruch verführt die Barsche zum herzhaften Zubeißen. Dagegen werden Gummis oft nur halbherzig attackiert.

November

10 Nützlicher Arm

Was tun, wenn du auf Dropshot viele Fehlbisse bekommst? Klar, du kannst die Wartezeit nach dem Biss verändern, mal früher, mal später anschlagen. Das hilft gelegentlich. Aber nicht immer. Im Zweifel musst du deine Montage verändern: Biete deinen Köder nicht direkt in der Schnur, sondern mit einem fünf Zentimeter langen Seitenarm an. Das lässt den Fischen mehr Spielraum, deinen Köder zu nehmen. Und so manche Fehlbiss-Serie endet mit Fängen!

11. – 20. November

Hänger – die zehn besten Lösungsideen

Krumme Ruten – diesen Anblick lieben alle Angler. Einzige Ausnahme: wenn es ein Hänger ist! Dabei muss der Köder nicht gleich weg sein – mit Fantasie findest du oft eine gute (Hänger-)Lösung.

November

11 Spitzen-Lösung

Viele Hänger kommen in letzter Sekunde: Der Köder war schon fast unter der Rutenspitze, da setzte er sich am

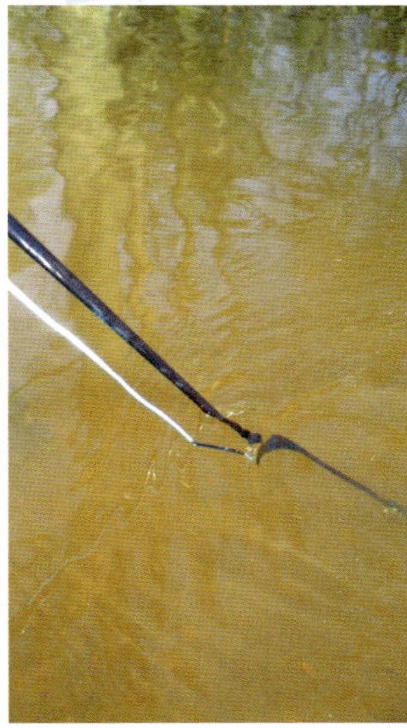

Ein kleiner Stoß mit der Rutenspitze – oft reicht das, um den Köder unter Wasser zu befreien. Nicht nur beim Fliegenfischen.

Grund fest. Zum Beispiel beim Spinnfischen. Oder beim Fliegenfischen mit Nymphe oder Streamer. Der beste Lösungsweg: Kurble langsam die Schnur ein, während du deine Rute mit langem Arm unter Wasser schiebst – bis die Spitze den Köder berührt. Dann einen leichten Stoß geben. Und meist ist der Köder wieder frei.

November

12 Richtungswechsel

Bootsangler wissen es: Fast alle Hänger lassen sich lösen, wenn man nicht nur aus der Wurfrichtung zieht, sondern zu allen Seiten. Dasselbe Prinzip funktioniert beim Uferangeln: Wechsle die Zugrichtung. Lauf links und rechts am Ufer entlang und übe Druck auf den Köder aus. Meist löst er sich doch noch.

November

13 Pfeil und Bogen

Das Pfeil-und-Bogen-Prinzip zum Hängerlösen funktioniert so: Nimm Kontakt zu dem Hänger auf, spann die Schnur möglichst fest an. Und nun

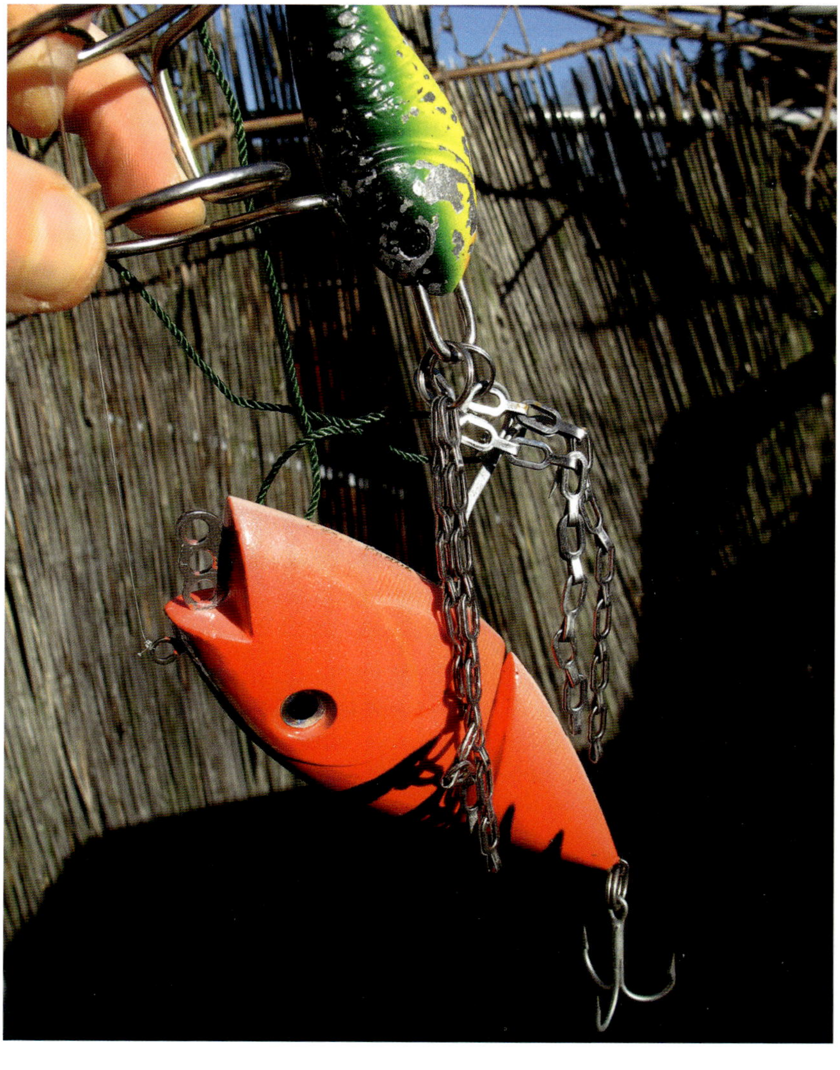

Hängerlöser an dicker Leine. Wer ihn zum Köder abseilt, kann diesen meist retten.

öffnest du einfach den Rollenbügel. Die Schnur schnellt nach vorne, wie die Sehne eines Bogens, und der Schlag erzeugt eine Rückkopplung auf deinen Köder. Oft wird er frei katapultiert.

November
14 Schüttelfrost

Manchmal lassen sich Hänger freischütteln. Dazu spannst du die Schnur an, fasst deine Rute am Griff und drehst deinen Kopf nach hinten (das solltest du immer beim Hängerlösen tun, sonst kann der Köder dich gefährlich treffen) – und nun schüttelst du deinen Arm weitflächig aus, lässt ihn vibrieren. Dieses Zittern kann die Einstichlöcher des Drillings so erweitern, dass dein Köder freikommt.

November
15 Kettengeist

Hänger sind teuer: Ein moderner Wobbler kostet locker 30 Euro. Da lohnt sich ein professioneller Hängerlöser. Das ist ein Gleitgerät mit Ketten an starker Leine. Du setzt es in die Schnur und lässt es nach unten rutschen. Mit seinen Ketten hakt sich der Hängerlöser in die Drillinge des Köders ein. Dank der starken Löseschnur kannst du den Köder befreien. Manchmal biegen die Drillinge auf – aber das ist zu verschmerzen.

November
16 Schnur mit Kraft

Ob sich ein Hänger lösen lässt, hängt wesentlich von der Stärke deiner Schnur ab. Wer in hindernisreichem Wasser mit Spinnenfäden fischt, darf sich über Köderverluste nicht wundern. Je teurer der Köder und je mehr Hänger du erwartest, desto tragkräftiger sollte deine Schnur sein. Achtung: Manche Geflochtene sind scharfkantigen Hindernissen wie Muschelbänken nicht gewachsen.

November
17 Gebremste Würfe

Spinnfischer werfen gern Hindernisse an, ob versunkene Bäume oder Wasserpflanzen. Aber wehe, der Köder fliegt einen Zentimeter zu weit – dann hängt er fest. Das Gegenrezept: Brems' deinen Wurf ab, indem du in die Schnur greifst. Auf diese Weise kannst du steuern, wie weit dein Köder fliegt. Wurfhänger sind kaum mehr möglich.

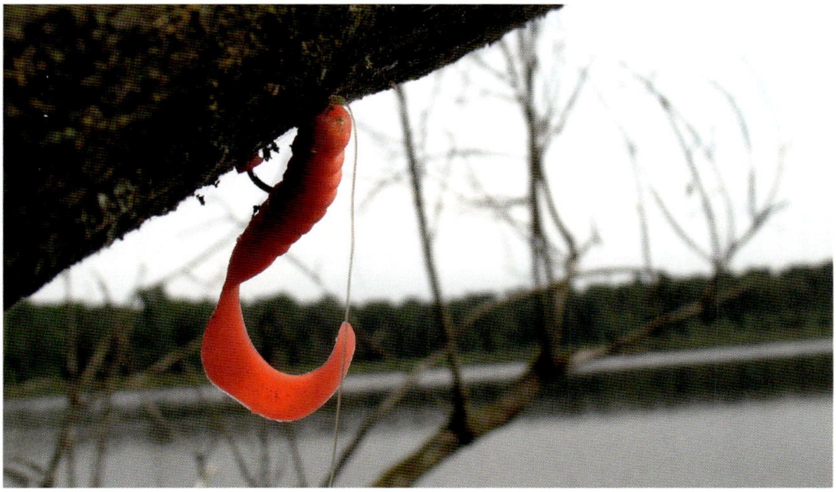

Köder als Baumschmuck. Wer klug ist, reißt seinen Köder nicht fest – sondern seilt ihn ab.

November

18 Abseilen vom Baum

Die Hälfte aller Hänger passiert in der Luft: Beim Werfen landet der Köder im Ast eines Baumes. Was tun, wenn du zu klein bist, um den Köder dort oben zu erreichen? Gib einfach Schnur, oft lässt sich der Köder über einen Ast abseilen. Dann greif ihn oder hol ihn mit der Rutenspitze heran, schneid ihn ab und kurble die hakenlose Schnur durch den Baum wieder ein.

November

19 Geflochtener Spürsinn

Die meisten Hänger lassen sich vermeiden: Sobald du den ersten Grundkontakt spürst, kannst du schneller kurbeln und die Rute etwas anheben – schon schrammt dein Köder über das Hindernis hinweg. Geflochtene Schnur überträgt die Grundberührungen deines Köders früher und exakter als dehnungsreiche Monoschnur – das kann weniger Hänger bedeuten.

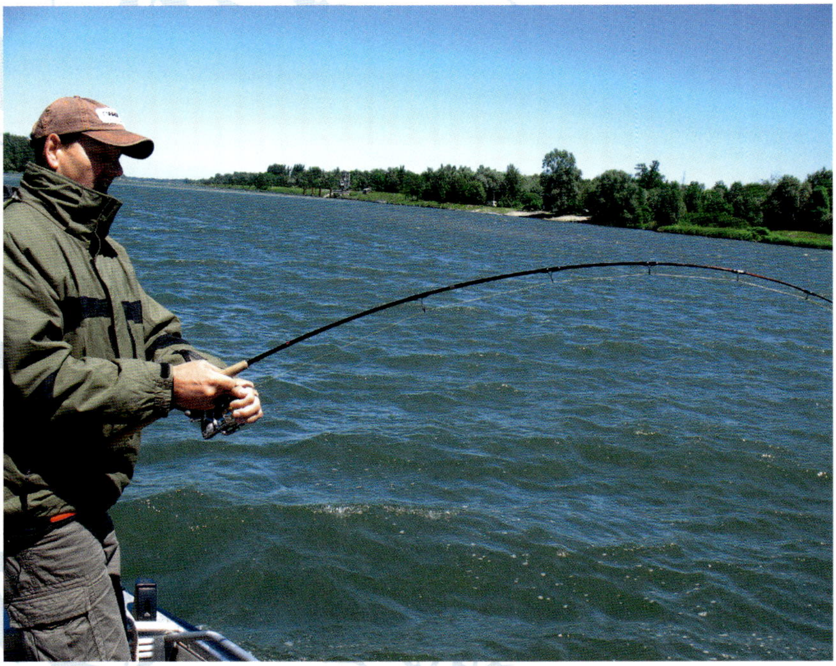

Flucht mit Volldampf. Beim Anhieb sollte die Bremse etwas härter, beim Drill etwas weicher eingestellt sein.

November

20 Leichte Kunst

Wer mit sinkenden Ködern wie Blinkern, Spinnern oder Wobblern angelt, wird umso mehr Hänger am Grund bekommen, je schwerer sein Köder ist. Manchmal reicht es, den Köder etwas leichter zu wählen, um die Zahl der Hänger zu minimieren – denn leichtere Köder laufen bei gleicher Einholgeschwindigkeit eine Etage höher.

21. – 30. November

Drill – wie man Fischlöwen bändigt

Die Bremse surrt, das Wasser kocht: Mann gegen Fisch – der Drill gehört zu den spannendsten Momenten des Angelns. Mit welchen Tricks gelingt es dir, auch große Fische zum Landgang zu überreden?

November

21 Hart beim Start

Erste Voraussetzungen, um einen Drill zu gewinnen: Der Fisch muss gut gehakt sein. Wer die Bremse allzu weich einstellt, dringt mit dem Anhieb nicht durch. Ich empfehle dir eine eher harte Grundeinstellung der Bremse, sodass der Fisch erst kurz vor dem Zerreißen der Schnur abziehen kann. So kommt dein Anhieb voll durch. Rast ein Fisch wild davon, lockerst du die Bremse im Drill nach Bedarf.

November

22 Rückgrat erwünscht

Wer allzu weiche Ruten verwendet, drillt keine großen Fische – sondern wird von ihnen gedrillt! Die Aktion deiner Rute darf sich nicht nur nach Köder und Angelart richtigen, du solltest auch den Drill der größten Fische einkalkulieren, die bei diesem Angeln zu erwarten sind. Im Zweifel kannst du den Drill mit einer durchgehenden Aktion besser steuern als mit einer Spitzenaktion, mit einem stabilen Rückgrat besser als mit einer Wabbelmasse.

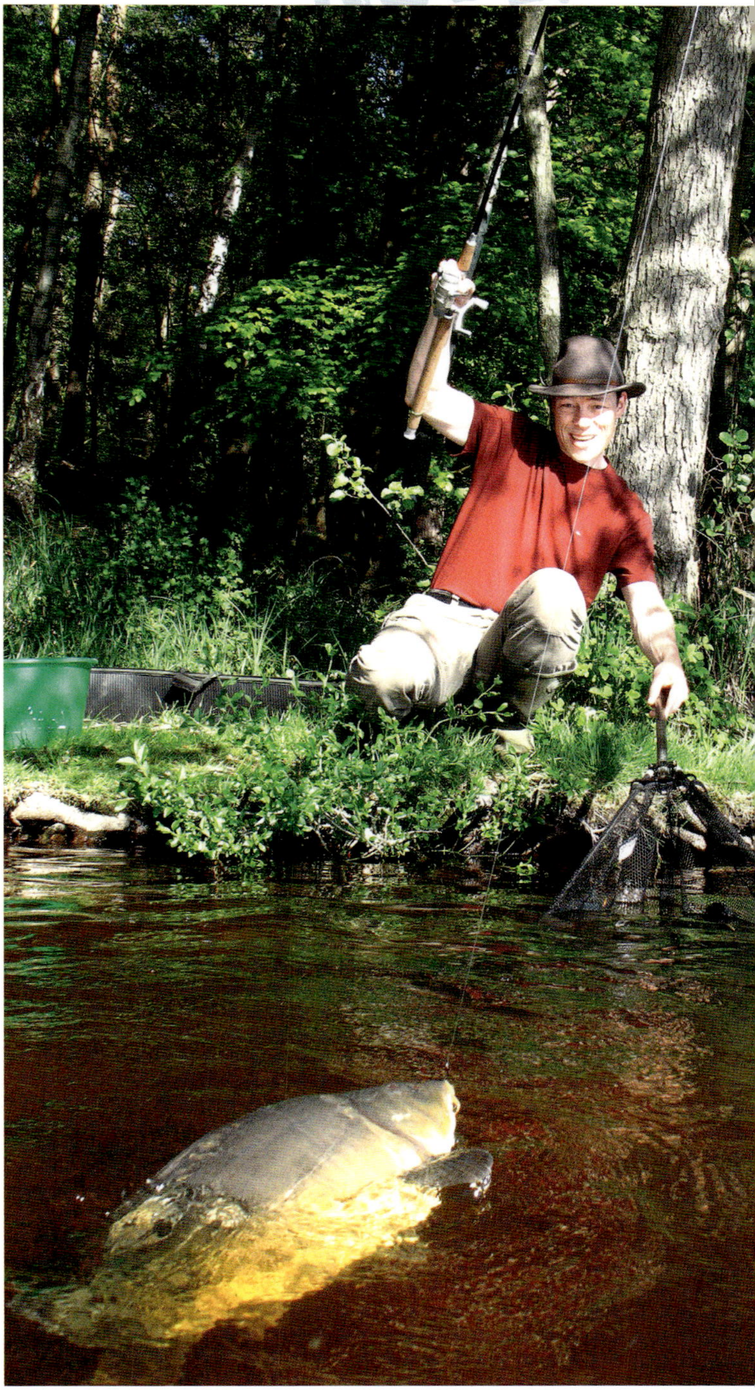

Kannst du einen Karpfen im Drill steuern? Ja, er schwimmt immer gegen den Druck der Rute.

November

23 90-Grad-Regel

Die beste Rute ist nutzlos, wenn sie im Drill nicht richtig gehalten wird. Viele Anfänger begehen den Fehler, dass sie einem hart abziehenden Fisch mit ihrer Rutenspitze folgen. Besser hältst du die Rute in einem 90-Grad-Winkel zum Fisch, damit sie ihre Federkraft voll ausspielen kann. Dieser Winkel gilt nicht nur bei einer aufrechten Rutenhaltung, sondern auch dann, wenn du die Rute im Drill seitlich neigst.

November

24 Monofiler Puffer

Geflochtene Schnüre sind dehnungsarm. Gerade beim Drill auf kurze Entfernungen schlitzen viele großen Fische aus, zum Beispiel Meerforellen im Fluss. Doch eine geschickte Schnurkombination kann dieses Problem lösen: Zum Beispiel kannst du fünf bis zehn Meter monofile Pufferschnur vor dein Geflecht knoten. Dieses Schnurstück sorgt auf kurze Distanz für Dehnung – und für mehr gelandete Fische.

Keine Not vorm Boot: Wenn der Hecht unters Boot flüchtet, tauchst du einfach die Rute ein – wie hier der Rhein-Profi Peter Schneppenhorst.

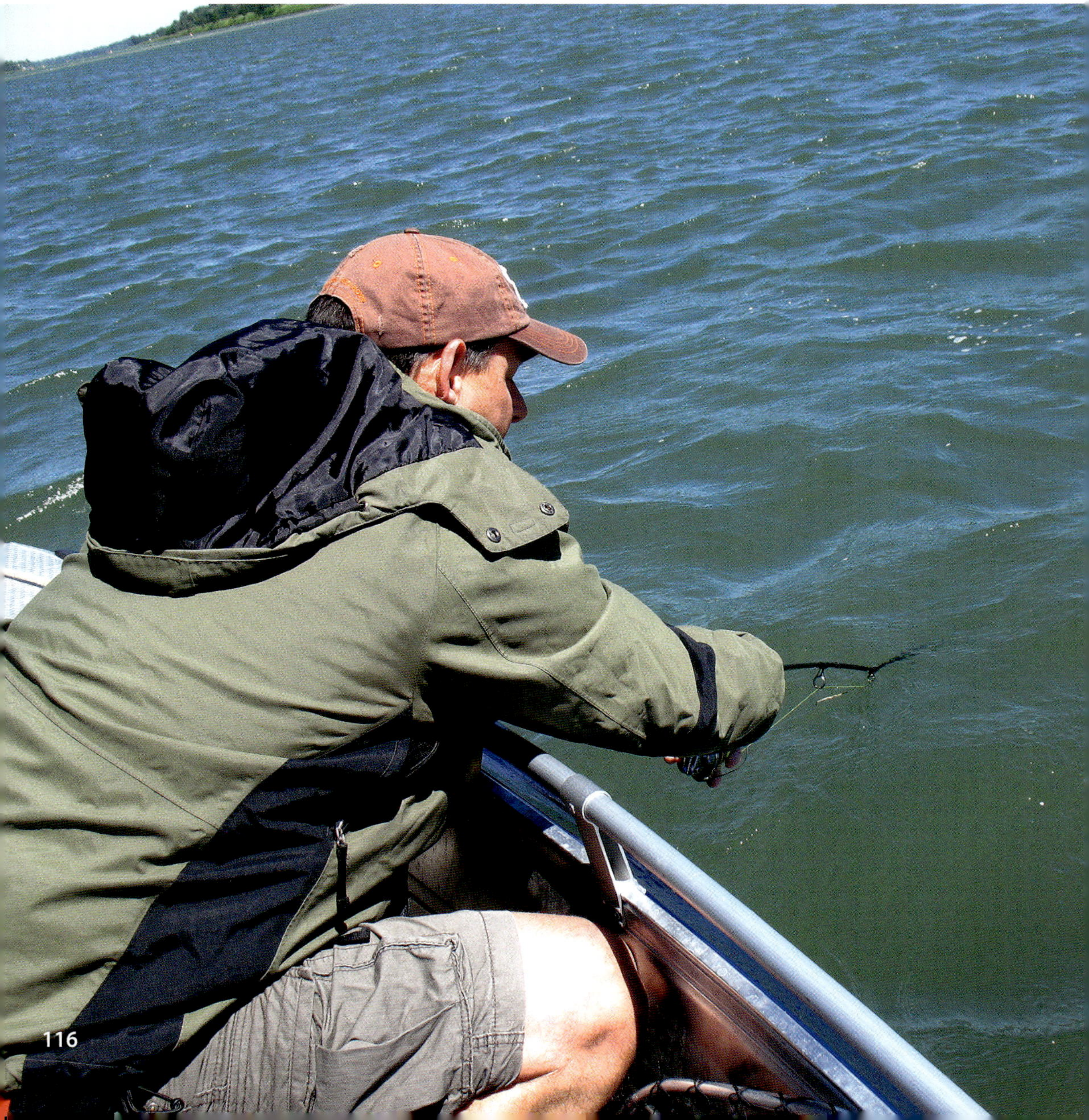

November

25 Richtung steuern

Der große Karpfen kennt nur ein Ziel: Er rollt mit einer mächtigen Bugwelle auf die Seerosen zu. Was nun? Neige deine Rute einfach in die Richtung, in die der Fisch zieht. Da es sein Bestreben ist, gegen den Zug der Schnur zu schwimmen, wird er sehr wahrscheinlich eine Wende einlegen – und wieder Richtung Freiwasser ziehen. Dieser Trick funktioniert bei allen Fischarten.

November

26 Sprungverbot

Der Hecht reißt an der Oberfläche die Kiemen auf, schießt aus dem Wasser und wirft dem Angler seinen Köder vor die Füße. Sprünge nehmen oft ein schlechtes Ende, wenigstens für uns. Klugerweise verhinderst du einen Sprung im voraus: Tauch deine Rute einfach ins Wasser, wenn der Hecht zur Oberfläche strebt. Meist hält ihn das von seinen Saltos ab.

November

27 Rute zum Himmel

Beim Karpfenangeln in holz- und muschelreichen Gewässern passiert es immer wieder: Die Schnur reibt im Drill an einem scharfkantigen Hindernis – und reißt. Zwei Gegenmittel: Erstens solltest du reibungsfeste Schnüre verwenden; probier zum Beispiel mal Fluorocarbon. Und zweitens kannst du im Drill die Rute so hoch wie möglich halten. Je höher du die Rute hältst, desto weniger reibt deine Schnur am Grund.

November

28 Mut zur Wende

Ein großer Hecht tobt vor dem Boot. Wie bekommst du diesen Fisch müde? Folgende Strategie: Halt die Rute im Drill seitlich von dir und wende sie, wenn der Hecht vorm Boot kreist, immer mal wieder auf die andere Seite. Diese Manöver führen dazu, dass der Hecht nicht über weite Strecken flüchtet, sondern direkt vorm Boot seine Kreise zieht – und dabei seine Kräfte lässt, bis er reif für die Landung ist.

November

29 Boots-Flucht

Was sucht ein Fisch im Drill? Hindernisse, in die er flüchten kann. Darum darf es beim Bootsangeln nicht wundern, dass sich kapitale Fische unter dem Boot verkrümeln wollen. Diese Flucht muss aber nicht gefährlich sein: Steck einfach die Rute unter Wasser, sodass die Schnur nicht am Boot reibt. Und nun kannst du dich, mit getauchter Rute, über Bug oder Heck auf die andere Seite arbeiten – und dort den Drill über Wasser fortsetzen.

November

30 Teamarbeit

Der beste Weg, einen Fisch sicher zu landen: Ein zuverlässiger Angelkollege hilft dir. Dann kannst du dich voll auf den Drill konzentrieren – und dein Kollege wartet mit dem Kescher auf den Fisch. »Warten« ist in diesem Fall wörtlich gemeint: Nicht der Kescher darf zum Fisch fahren – sondern der Fisch über den Kescher.

DEZEMBER

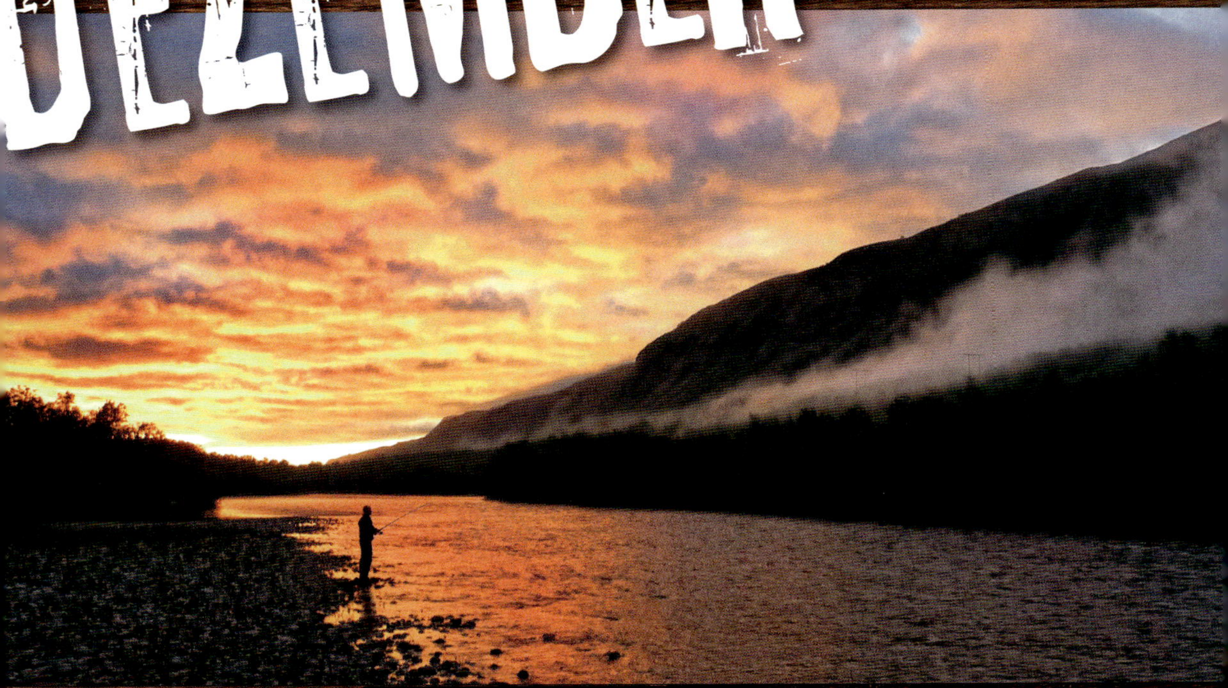

Einsame Ufer, klare Luft: Wer im Dezember zum Angeln fährt, bekommt nicht immer Riesenfische an den Haken – aber oft postkartenreife Motive vors Auge.

1. – 10. Dezember

Vertikal-Angeln – der steile Weg zum Erfolg

Der erste Eindruck trügt: Vertikalangeln ist mehr als dumpfes Pilken; vertikal fängt genial und ist anspruchsvoll, gerade im Winter. Hier erfährst du, welche Feinheiten über den steilen Fangerfolg entscheiden.

Dezember 1 Titan-Vorfach

Ob Hardmono oder Fluorocarbon: Alle Schnüre, die als »Alternative zum Stahlvorfach« verkauft werden, sind nur faule Kompromisse. Diese Vorfächer werden nicht immer, aber immer wieder von Hechtzähnen durchgerieben – erst recht von großen Hechten, wie sie beim Vertikalangeln zu erwarten sind. Und doch gibt es eine Alternative zu Stahl: das Titan-Vorfach. Es ist ebenso robust, aber noch formbeständiger als Stahl. Ideal fürs Vertikalangeln.

Dezember 2 Mit Blei nicht geizen

Im Dezember stehen die Raubfische ganz unten. Dass der Köder 10, 15 oder gar 20 Meter in die Tiefe muss, ist nicht selten. Er muss nicht nur runter – er muss auch unten bleiben. Der Grundkontakt lässt sich am besten mit einem schweren Blei(kopf) halten. Beim Hechtangeln können 30 bis 80 Gramm notwendig sein. Mit der Tiefe und der Driftgeschwindigkeit steigt das benötigte Gewicht.

Dezember

3 Groß auf Hecht

Je kälter das Wasser, desto weniger jagt der Hecht. Und je weniger er jagt, desto mehr Kalorien will er sich mit einem Angriff sichern. Deshalb fangen im Winter große Köder. Während die Vertikalköder auf Zander meist 10 bis 15 Zentimeter lang sind, darf es beim Hecht die doppelte Größe sein.

Dezember

4 Boot halten

Große Fischmengen auf kleinen Flächen – das ist typisch fürs Winterangeln. Beim Vertikalangeln ist entscheidend, dass du dein Boot über den Schwärmen hältst. Das gelingt dir mit einem Elektromotor. Durch ihn kannst du das Boot mit einer Hand in alle Richtungen manövrieren – während die andere Hand die Rute bedient. Wo kein E-Motor erlaubt ist, kannst du gegen den Wind am Rand des Schwarms ankern, sodass dich die Drift am langen Ankerseil über den Schwarm treibt.

Dezember

5 Steck-Drilling

Ein Zusatzdrilling erhöht die Fangquote bei großen Gummi- oder Fischködern. Aber wie den Zusatzdrilling befestigen? Brich eine Büroklammer in zwei Hälften, sodass du einen U-förmigen Einstecker erhältst. Mit diesem Stecker drückst du den Drilling kurz vor seinem Öhr in der hinteren Hälfte des Gummifisches fest. Nun steht der Drilling ab, und alle drei Haken können fassen – statt dass einer wirkungslos im Gummi steckt.

Dezember

6 Kontrollierter Sinkflug

Das Vertikalangeln beginnt nicht erst, wenn der Köder am Boden ist – es beginnt schon, wenn er sinkt. Eine Multirolle mit Freilauftaste erlaubt es dir, den Köder perfekt zu kontrollieren. Wenn du mit Stationärrolle angelst, kannst du die Schnur bei offenem Rollenbügel leicht gebremst durch deine Finger gleiten lassen. Sei in beiden Fällen auf Bisse gefasst – manchmal wird der Köder von einem hungrigen Maul gefangen.

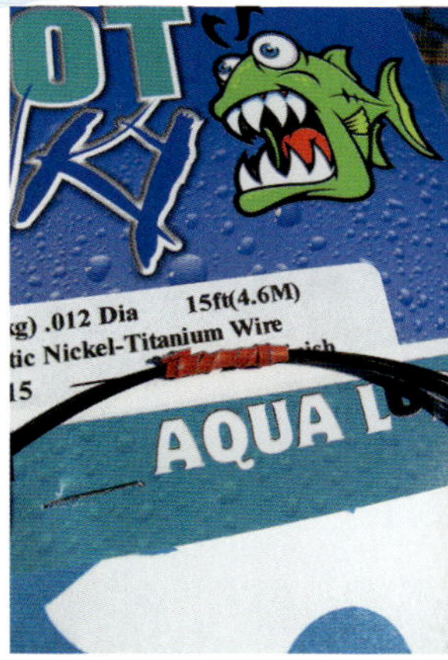

Erste Wahl für vertikal: Vorfach aus Titan. Es ist formbeständiger als Stahl.

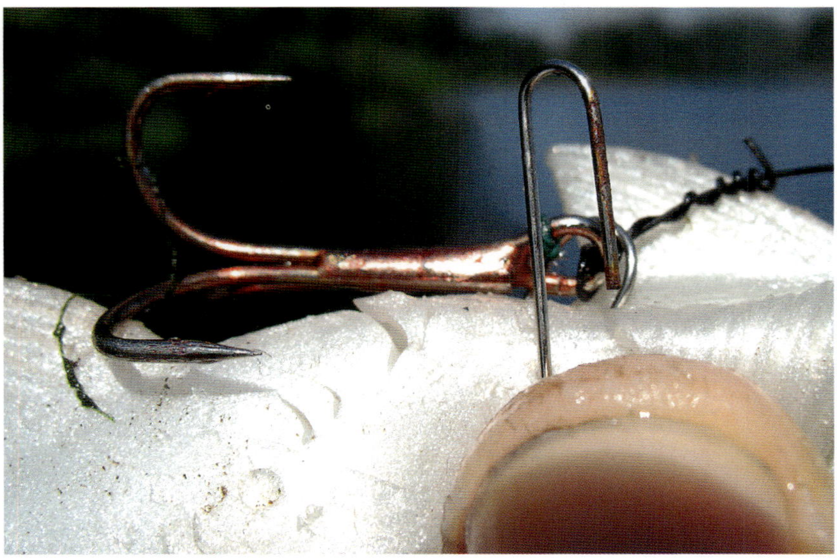

Gutes Gesteck: Mit einer Büroklammer lassen sich Zusatzdrillinge fürs Vertikalangeln am Gummiköder befestigen.

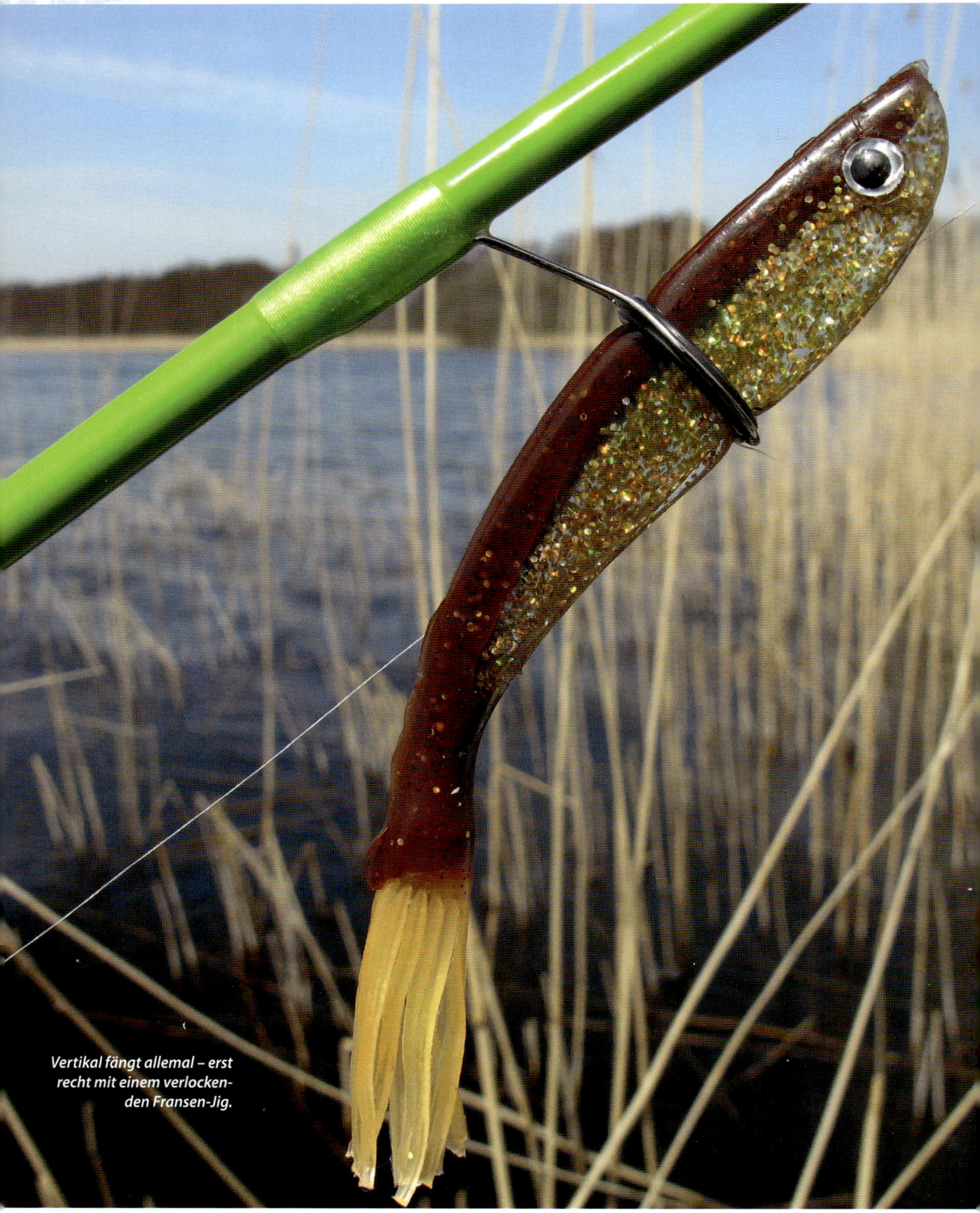

Vertikal fängt allemal – erst recht mit einem verlocken-den Fransen-Jig.

Dezember

7 Stopper als Hilfe

Vertikalangeln wirkt monoton, du hast immer denselben Anblick vor dir: deine Rutenspitze, die sich über der Wasseroberfläche hebt und senkt. Spannender wird es, wenn du einen Stopper in die Schnur knotest und ihn knapp über Angeltiefe ziehst, bis er zwischen Wasseroberfläche und Rutenspitze sitzt. Nun siehst du beim Driften oder beim Bewegen deiner Rute auf den Zentimeter genau, ob es flacher oder tiefer wird. Auch Bisse kannst du schneller erkennen.

Dezember

8 Springen und stehen

Manche Angler verwechseln ihr Süßwasserboot mit einem Dorschkutter: Sie »pilken« ihren Vertikalköder, reißen ihn nach oben. Völlig falsch! Gerade im Winter bringen minimale Bewegungen maximalen Erfolg. Oft reicht das Schaukeln des Bootes, um den Köder fängig zu präsentieren. In jedem Fall solltest du den Köder nach jedem Zupfer vom Grund erst einmal in der neuen Position halten und sich einpendeln lassen. Dabei kommen viele Bisse.

Dezember

9 Gut markiert

Endlich hast du den Fischschwarm unterm Boot. Was jetzt? Nein, nicht sofort den Köder ins Wasser lassen – setz erst mal die Markerboje. Mit ihrer Hilfe kannst du den Platz exakt beangeln und auch verfolgen, in welche Richtung ein Fischschwarm wandert. Profis haben zwei Bojen dabei, um die entgegengesetzten Ränder eines Fischschwarms zu kennzeichnen – und die Fangzone dazwischen.

Dezember

10 Auf die weiche Tour

Die Rute biegt sich für Sekunden – dann schnellt sie wieder nach oben. Ausgeschlitzt! Das passiert oft beim Vertikalangeln. Was kannst du tun? Erstens: Nimm eine weiche Rute (von 1,8 bis 2 Meter), keinen Knüppel. Zweitens: Angle mit messerscharfen Drillingen. Drittens: Schlag kräftig an, im Zweifel mehrfach – gerade bei großen Angeltiefen.

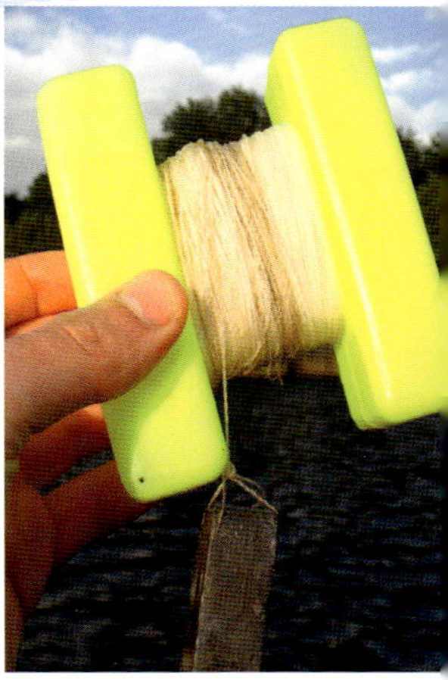

Wegweiser zum Fang: Wer die Markerboje wirft, bleibt an den Fischen dran.

11. – 20. Dezember

Feederfischen – Körbchen für Könner

Niemand bekommt gern einen Korb? Doch, die Weißfische! Mit Futterkorb kannst du direkt neben deinem Köder anfüttern. Wer einige Tricks beherrscht, kann mit der Zitterspitze auch Spitzenfänge erzielen.

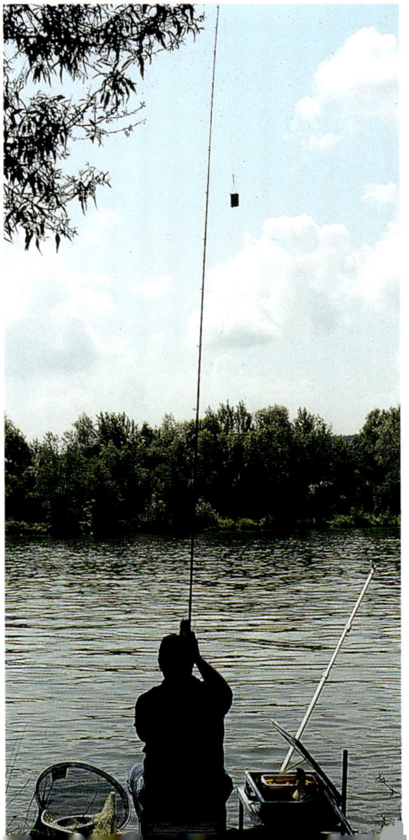

Je mehr Fehlbisse ein Feederfischer hat, desto öfter muss er auswerfen. Eine hohe Fehlbissquote deutet auf Schnurschwimmer hin.

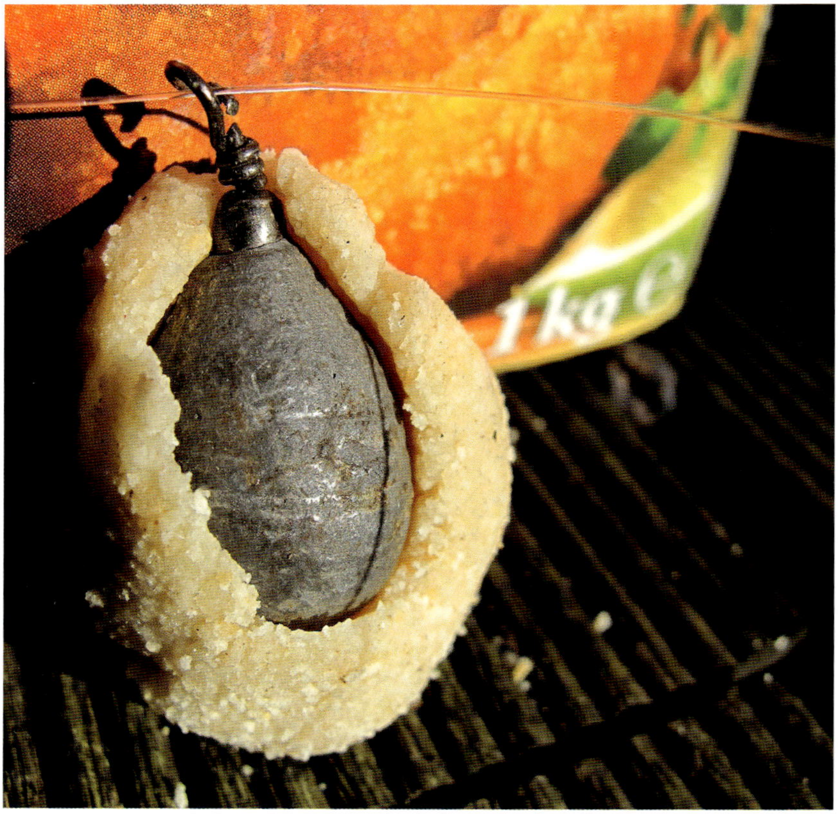

Wer sein Blei mit Teig umknetet, bekommt dadurch einen Aushilfs-Futterkorb.

Dezember

11 Fehlalarm

Dreimal dasselbe Spiel: Die Feederspitze schlägt heftig aus, doch der Anhieb geht daneben. Wenn sich solche Fehlbisse häufen, wage ich eine Deutung: Das sind Schnur-Schwimmer, also Fische, die versehentlich gegen deine Schnur stoßen. Was tun? Den Köder ein Stück neben dem bisherigen Platz anbieten. Dort ist das Gedränge nicht so groß – dafür die Aussicht auf einen besseren Fisch, der noch dazu beim Anhieb hängt ...

Dezember

12 Loch-OP

Wie lange es dauert, bis die Maden dem Korb entweichen, hängt von der Größe seiner Löcher ab. Wenn du dein Futter schneller am Platz haben willst, etwa weil viele Fische dort sind, hilft bei Plastikkörben eine Schere: Mit ihrer Hilfe kannst du die Löcher bis zur doppelten Große aufdrücken. Diese Taktik empfiehlt sich vor allem fürs Stillwasser.

Dezember

13 Band mit Verstand

Und was tust du, wenn deine Maden blitzschnell im Wasser sind, statt den Korb nach und nach zu verlassen? Dann kannst du zu einem Klebeband greifen und die Löcher des Korbes teilweise verkleben. Probier im Flachwasser, wie lang es dauert, bis die Maden draußen sind. Das Klebeband reguliert die Fütter-Geschwindigkeit.

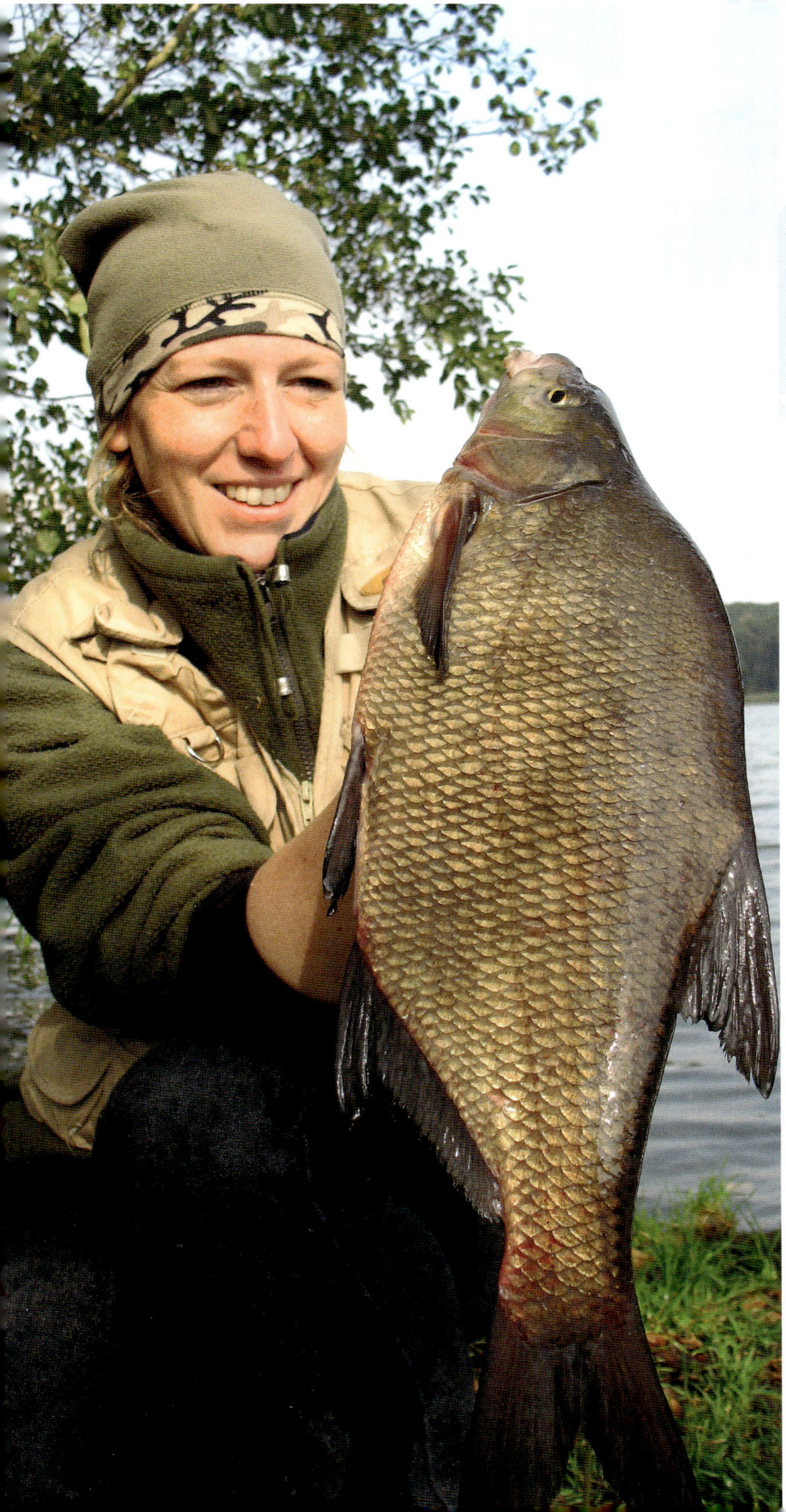

Solche Prachtbrassen beißen vor allem dann, wenn die Maden dem Futterkorb langsam entweichen.

Dezember
14 Langsamer Zerfall

Nicht nur die Maden, auch dein Futter soll dem Korb entweichen. Wie kannst du die Geschwindigkeit regulieren, in der das Futter zerfällt? Indem du ein Bindemittel wie Haferflocken verwendest. Je mehr Haferflocken du unters Futter mengst, desto langsamer löst es sich auf.

Dezember
15 Schicke Minis

Im Winter kommt zweierlei zusammen: Die Fische haben weniger Hunger. Und sie reagieren empfindlich auf (Lärm-)Störungen. Diese beiden Gründe sprechen gegen Futterkörbe der üblichen Größe – und für hübsche Minis. Kleine Körbe nehmen weniger Futter auf und tauchen leiser ins Wasser. Ideal fürs Winterangeln in strömungsarmen Gewässern.

Dezember
16 Fein getrennt

Idealerweise geht von deinem Futterkorb eine regelmäßige Madenwanderung aus. Diesen Effekt erreicht nicht, wer die Maden mitsamt Futter in den Korb stopft; dann ist es Glückssache, ob und wann Maden sich befreien. Besser gibst du die Maden gesondert in die Mitte des Korbes und verschließt ihn mit eher festem Futter, das du zwischen Daumen und Zeigefinger leicht hineindrückst. Jetzt bleibt den Maden zunächst nur ein Fluchtweg, den sie in schöner Regelmäßigkeit nutzen werden: die Löcher des Korbes.

Dezember
17 Versteckter Haken

Hindernisreiche Plätze im Fluss, zum Beispiel mit abgestorbenem Kraut, sind oft Top-Stellen fürs Futterkorb-Angeln. Aber wie kannst du diese Plätze befischen, ohne dass dein Haken schon beim Absinken hängen bleibt? Versteck deinen beköderten Haken im Futterkorb. Die leichte Futterfüllung wird schnell von der Strömung gelöst – und dein Köder befischt die heiße Zone!

Dezember
18 Aushilfs-Futterkorb

Hätte ich doch bloß einen Futterkorb dabei! Das denkt sich mancher Angler, der beim Stippen erfolglos ist und gerne aufs Grundangeln umstellen würde. Aber in Wirklichkeit brauchst du nicht mehr als ein Blei am Seitenarm, um den Futterkorb-Effekt zu nutzen: Umknete dieses Blei einfach mit einem madenhaltigen Grundfutter. Der Futterball wird sich im Wasser auflösen und Fische zu deinem Haken locken – ähnlich wie ein echter Futterkorb.

Dezember
19 Schwebende Hand

Die Rutenspitze schnellt einen Zentimeter nach vorne. Doch ehe der Angler seine Hand an der Rute hat, tut sich nichts mehr. Die (kurze) Gelegenheit ist vertan. Auf jeden Bruchteil einer Sekunde kommt es im Winter beim Anhieb an. Deshalb solltest du, wenn Bisse zu erwarten sind, immer eine Hand über der Feederrute schweben lassen. Vor allem direkt nach dem Einwurf – in den ersten fünf Minuten kommen 50 Prozent der Bisse.

Dezember

20 Süße Brassen-Füllung

Der Brassen ist ein Schleckermaul. Wenn du deinem Futter Zutaten wie Kopramelasse und Karamell beimengst, verströmt dein Korb eine spezielle Brassen-Note.
Der ideale Köder ist der Mistwurm. Diese fleischhaltige Nahrung wird von den Winterbrassen besonders geschätzt.

21. – 31. Dezember

Made – elf Tricks für mehr Biss

Sie krabbelt, sie wuselt, sie fängt: die Made. Doch beim Angeln mit ihr kann man jede Menge verkehrt machen. Wie gelingt es dir, mit dem beliebtesten aller Friedfischköder noch mehr zu fangen?

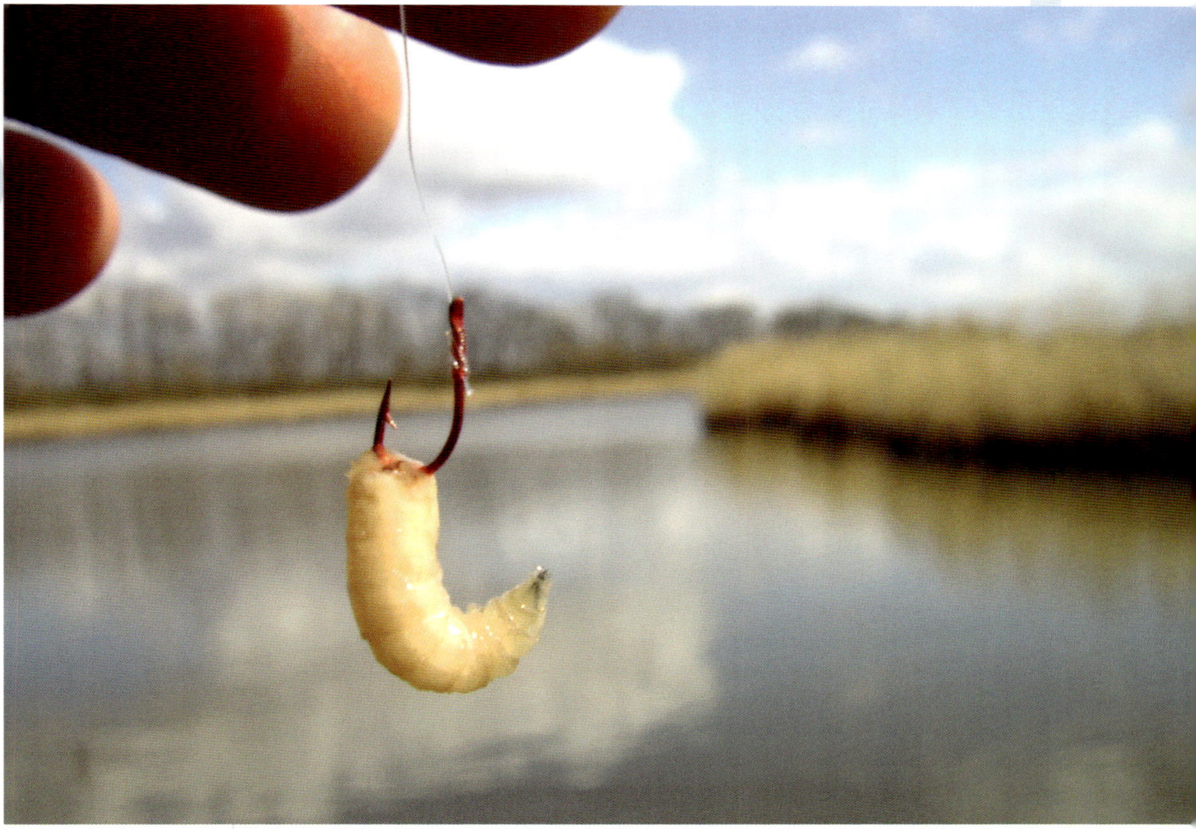

Gewaschener Erfolg! Wer Maden vor dem Angeln abspült, fängt mehr.

Dezember

21 Maden-Waschgang

Was macht der Stipp-Weltmeister Wolf-Rüdiger Kremkus vor dem Angeln? Er wäscht die Maden mit Geschirrspülmittel ab, um ihren scharfen Ammoniak-Geruch zu beseitigen. Eine Nachspülung mit klarem Wasser entfernt den Seifengeruch. Diese Wasch-

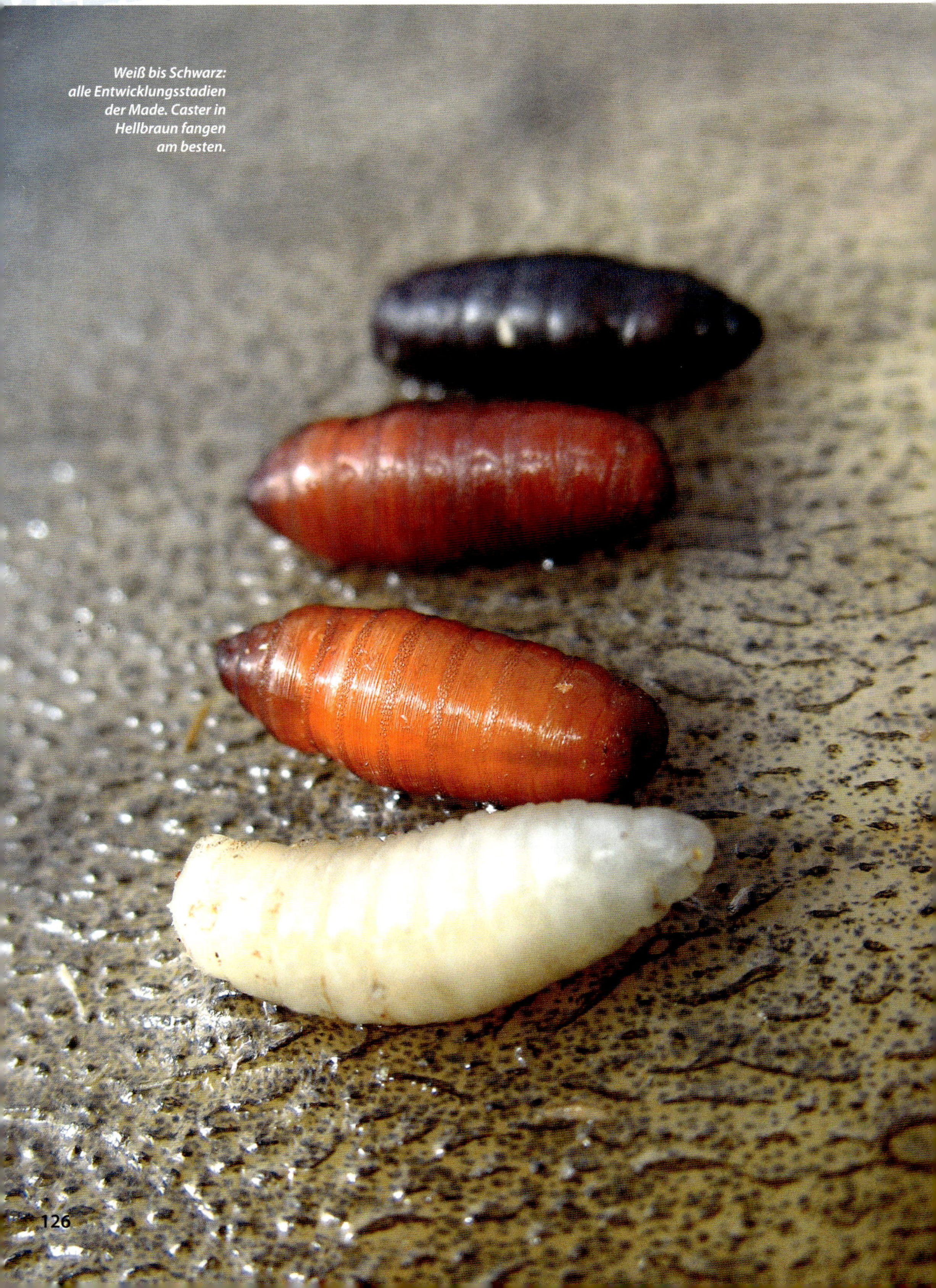

Weiß bis Schwarz: alle Entwicklungsstadien der Made. Caster in Hellbraun fangen am besten.

gänge können dir sichern, was Kremkus (fast) immer hat: einen Vorsprung beim Fangen.

Dezember
22 Schwebende Maden

Kaum ein Köder lässt sich so leicht zum Schweben bringen wie eine Made: Du musst die Tierchen nur aus dem Sägemehl entfernen und in eine mit wenig Wasser gefüllte Schüssel geben. Die Maden pumpen sich von alleine mit Luft voll und steigen an die Oberfläche. Beim tiefen Winterangeln mit dem langen Vorfach schleifen sie leicht schwebend über den Grund.

Dezember
23 Sägemehl ade

Wer seine Maden mit Sägemehl ins Futter kippt, geht drei Risiken ein: Erstens kann das Sägemehl die Konsistenz des Futter auflockern, sodass es zu schnell weggespült wird. Zweitens treibt Sägemehl auf und lockt Kleinfische an. Und drittens beeinträchtigt es den ausgefeilten Geschmack des Futters. Darum: Den Inhalt der Madendose in ein Sieb geben, es unter Wasser tauchen und die Maden vom Sägemehl trennen.

Dezember
24 Panierte Maden

Magst du paniertes Schnitzel? Eine Panade kann auch deine Made noch appetitlicher für die Fische machen. Englische Profis lassen ihre Maden vor dem Angeln in Maismehl krabbeln. Doppelter Effekt: Die Maden nehmen den Geschmack des Mehls an – und ihr Körperumfang vergrößert sich. Oft bringen panierte Maden den entscheidenden Biss mehr.

Dezember
25 Caster für Könner

So ein Ärger: Die Maden in der Dose sind verpuppt! Ärger? Nein, frisch verpuppte Maden, Caster genannt, gelten bei Wettkampfanglern als Top-Köder. Eines hat der Caster der Made voraus: Er spricht selektiv die größeren Fische an. Wenn auf Maden nur Kleinzeug beißt, können Caster stattliche Rotaugen und Brassen bringen. Am besten fangen frisch verpuppte Maden. Du erkennst sie an der brauen Farbe – später werden Caster schwarz.

Dezember
26 Schwarz-weiß-Kombi

Wenn du dich zwischen Caster und Made nicht entscheiden kannst, gibt es einen dritten Weg: Nimm einfach beides. Dieser Kombiköder besticht durch den Farbkontrast zwischen Dunkel und Hell. Außerdem sorgt die zappelnde Made dafür, dass noch mehr Aufmerksamkeit auf den starren Caster gelenkt wird.

Dezember
27 Der Brassentraum

Wenn ein Kombiköder schon etliche Brassen von über 10 Pfund gebracht hat, kann er nicht von schlechten Eltern sein: Mais-Made gilt als das fängigste Brassen-Duo. Diesen Köder kannst du an der Grundrute oder an der leichten Pose anbieten. Ins Grundfutter solltest du neben Maden auch pürierten Mais geben. Süß und saftig – ungeheuer fängig!

Dezember
28 Farben-Spiele

Noch Anfang der 1980er Jahre bekamst du bei jedem Angelgerätehändler farbige Maden. Mittlerweile sind fast nur noch helle Maden im Handel. Aber warum färbst du deine Köder nicht selbst? Mit Lebensmittelfarbe kannst du dir zum Beispiel rote Maden zaubern. Diese Reizfarbe verlockt träge Fische zum Biss – übrigens auch Barsche!

Für Füße gedacht, für Maden genutzt: Eine Wollsocke kann den Tierchen im Winter als Kälteschutz dienen.

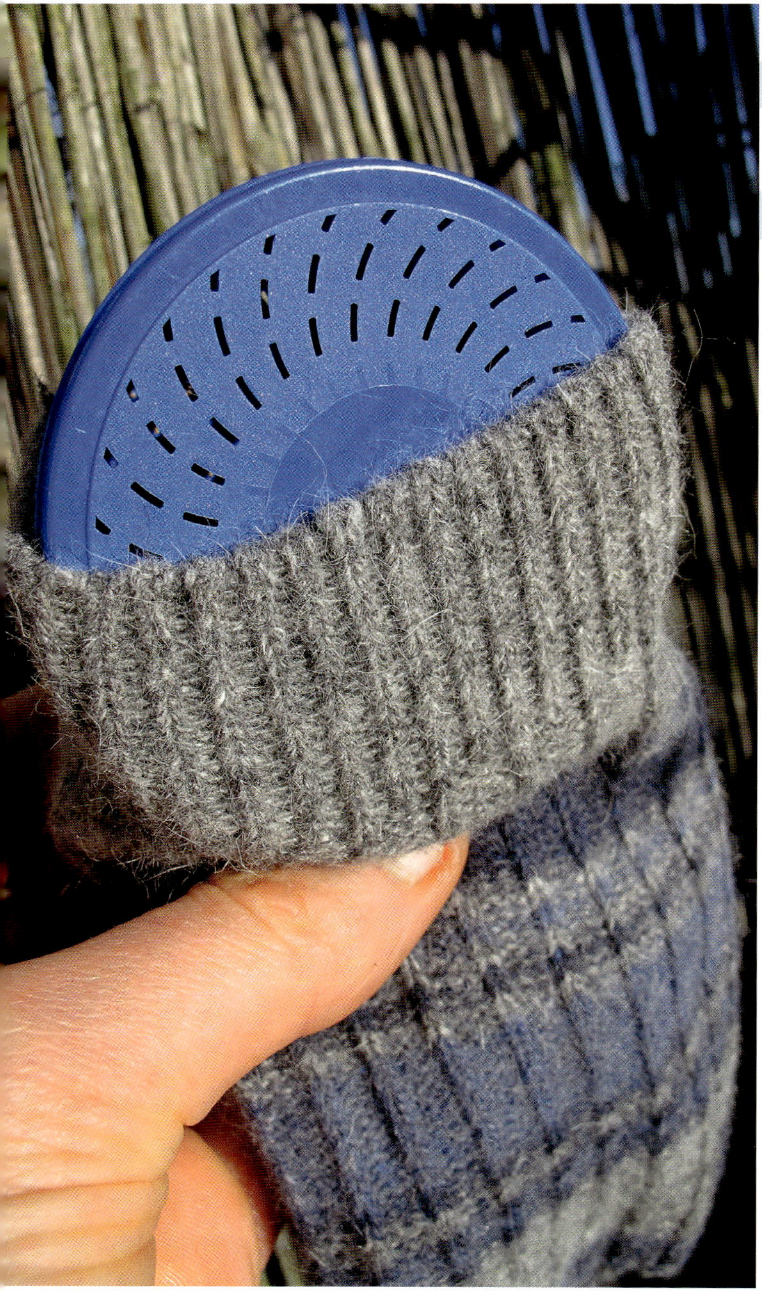

Dezember 29 Die Horror-Bremse

Jeder Angler hat es schon einmal erlebt: ausgebüxte Maden. Ob im Kühlschrank oder im Keller, solche »Unfälle« gelten unter Anglerfrauen als beliebter Scheidungsgrund ... Ein Vorschlag zur Sicherheit: Füll die Maden grundsätzlich aus den weichen Handelspackungen in stabile Hartplastikbehälter um. Hier besteht keine Flucht- und damit Horrorgefahr!

Dezember 30 Einen Kopf kürzer

Wenn du im Winter keine Pinkies zur Hand hast, kann eine Schere helfen: Mach die normale Made einfach »einen Kopf kürzer«. Schon hast du einen besonders kleinen Köder, der auch noch fein riecht – aus der Schnittwunde strömt ein verlockender Duft ins Wasser, der die Fische zum Beißen einlädt.

Dezember 31 Auf Körperkontakt

Wie wirkt eine Außentemperatur von minus zehn Grad auf deine Maden in der Dose? Tödlich! Es sei denn, du sorgst dafür, dass die Maden es kuschelig warm haben. Zieh über die Madendose eine dicke Wollsocke – und trag die Dose eng am Körper, zum Beispiel in einer Innentasche deiner Jacke. Dann bleiben deine Maden so, wie sie sein sollen: frisch und fängig.

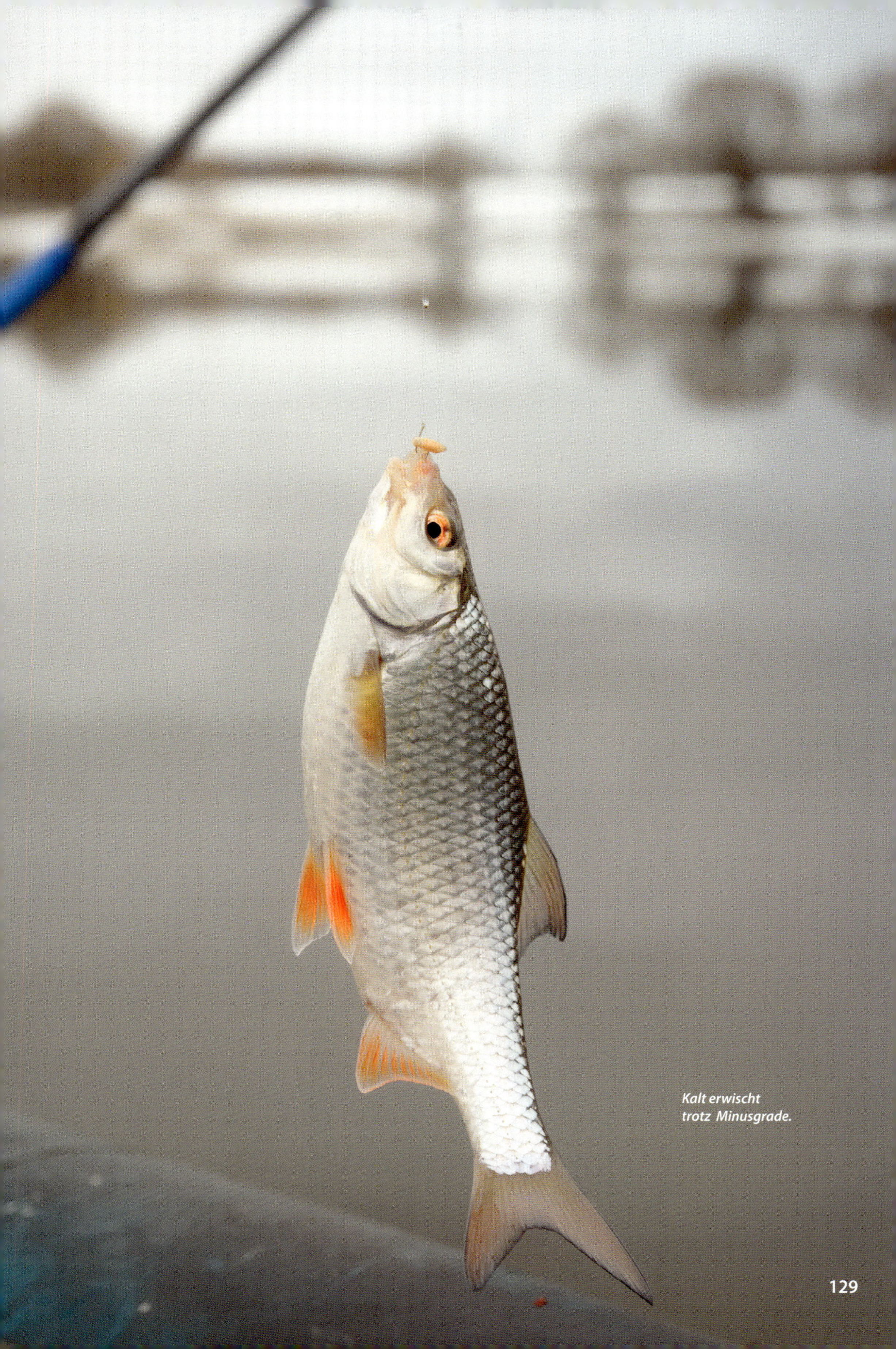

Kalt erwischt trotz Minusgrade.

BONUSTEIL

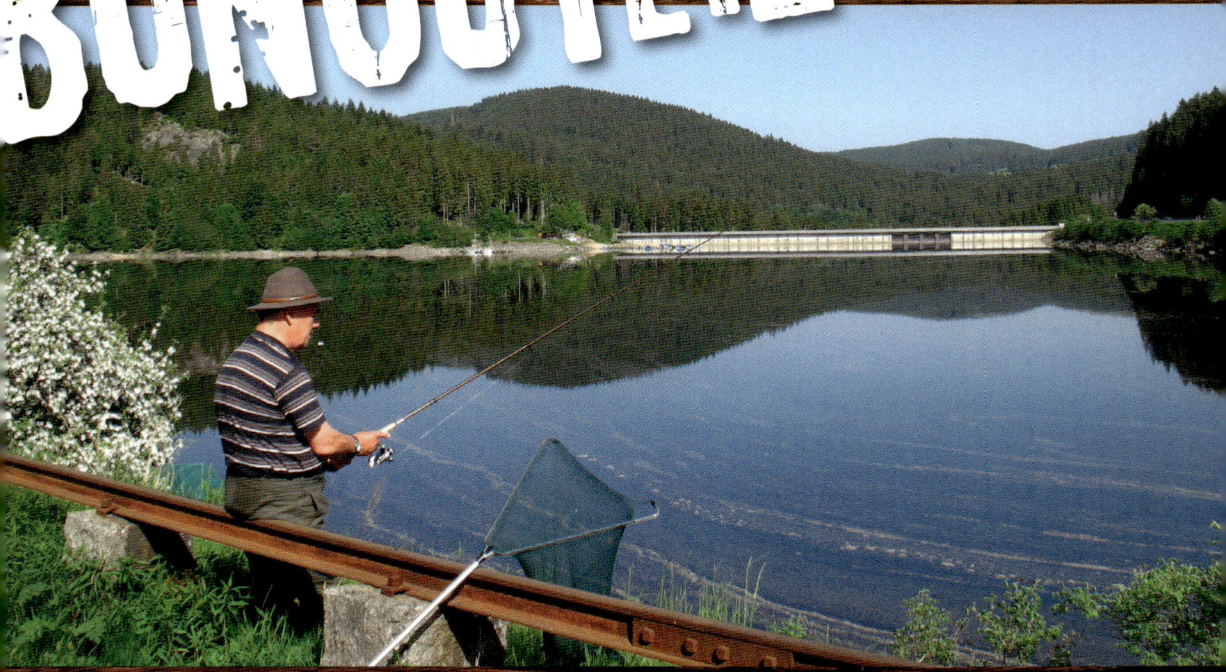

Wer in einer stark befischten Talsperre noch einen großen Räuber aufs Kreuz legen will, muss ein abgezockter Angler sein. Ein Zocker als Köder kann einschlagen.

Raffiniert auf Raubfisch

Mit 365 Fangtipps im Gepäck darfst du nun ans Wasser fahren. Aber lass in deinem Erfahrungs-Rucksack noch etwas Platz, denn dieser Bonus-Teil weiht dich in zwei Geheimnisse ein: Wie du den Zocker, einen scheinbar einfachen Köder, so raffiniert anwendest, dass er Fisch auf Fisch bringt; und wie du in ganz flachen Gewässern, an denen sogar mancher Profi scheitert, mit ein paar Tricks überraschend große Räuber aufs Kreuz legst. Dann ist das nächste, was in deinen Rucksack gleitet, ein kapitaler Fang …

Sei ein Zocker!

Wie erklärst du das: Auf der einen Seite findet das Vertikalangeln immer mehr Anhänger. Mit Gummis am Drop-Shot, mit Vertikalwobblern oder mit Fireball-Systemen greifen die Raubfischangler bevorzugt an. Auf der anderen Seite verwenden immer weniger Angler einen Zocker, den Klassiker unter den Vertikalködern.

Kann es nicht sein, dass die hohe Zeit des kleinen Pilkers vorbei ist, dass ihn die modernen Vertikalköder abhängen? Oft fahre ich mit zwei montierten Barschruten aufs Wasser: eine mit Drop-Shot-Gummis, eine mit Zocker. Deshalb kann ich dir versichern: Meist schlägt sich der Zocker im Vergleich tapfer. An etlichen Tagen ist er überlegen.

Ein Zocker ist das, was du durch die Köderführung aus ihm machst. Nun wird mancher Leser die Stirn runzeln: »Das Pilken ist doch die primitivste Technik der Welt: Rute heben, Rute senken – das war's.« Womit wir beim ersten Grund sind, warum viele ihre Zocker nicht ausreizen: durch eine monotone Köderführung. Sicher fängt man Barsche, indem man die Rute beim Vertikalangeln hebt und senkt. Aber oft sind es kleine Fische, die Stückzahl ist mickrig, und einige Barsche sind auch noch von außen gehakt.

Was kannst du tun, um einen Zocker mit mehr Erfolg anzubieten? Ich möchte dir drei Führungstechniken fürs Barschangeln vorstellen. Die erste Technik nenne ich »Zitterpartie«.

Große Barsche lieben eine langsame Pilkerführung. Wer den Zocker immer wieder verharren lässt, darf mit Kapitalen rechnen.

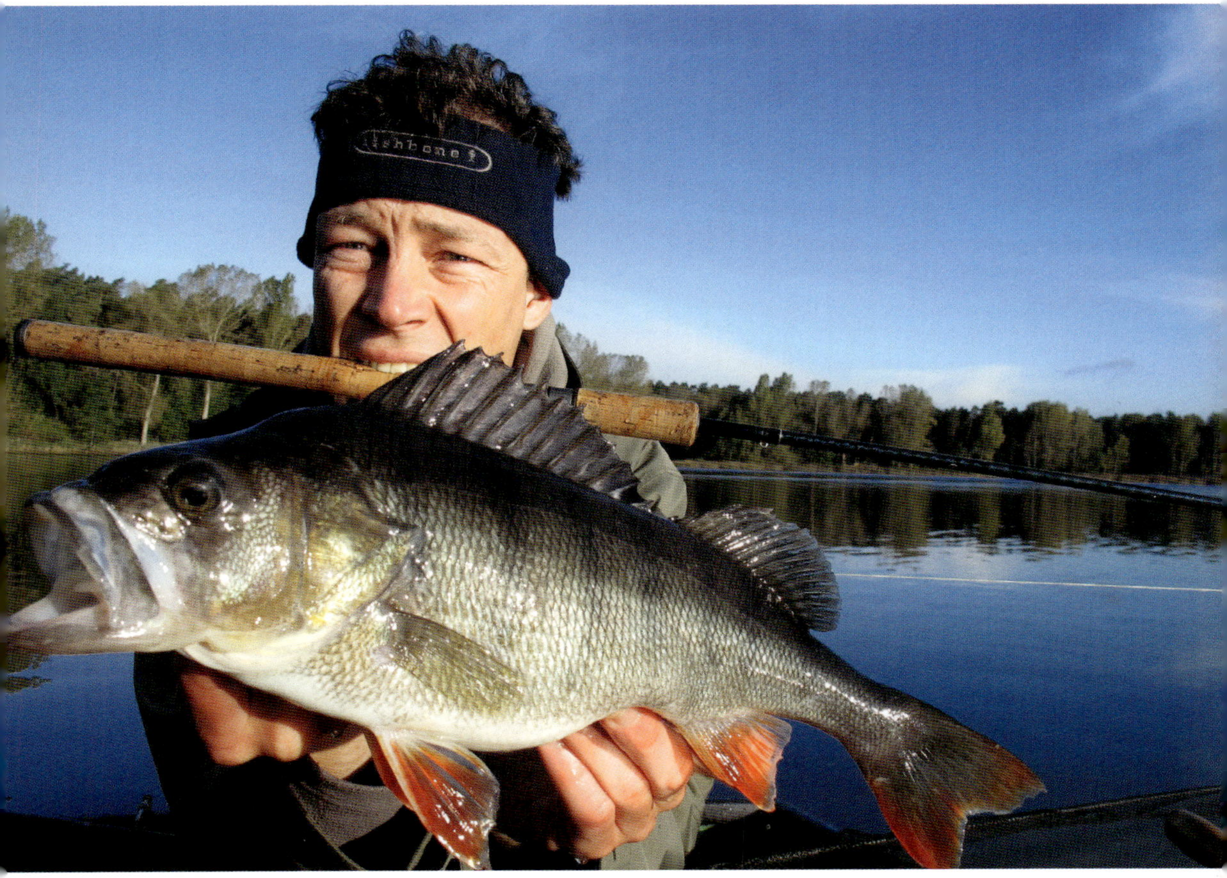

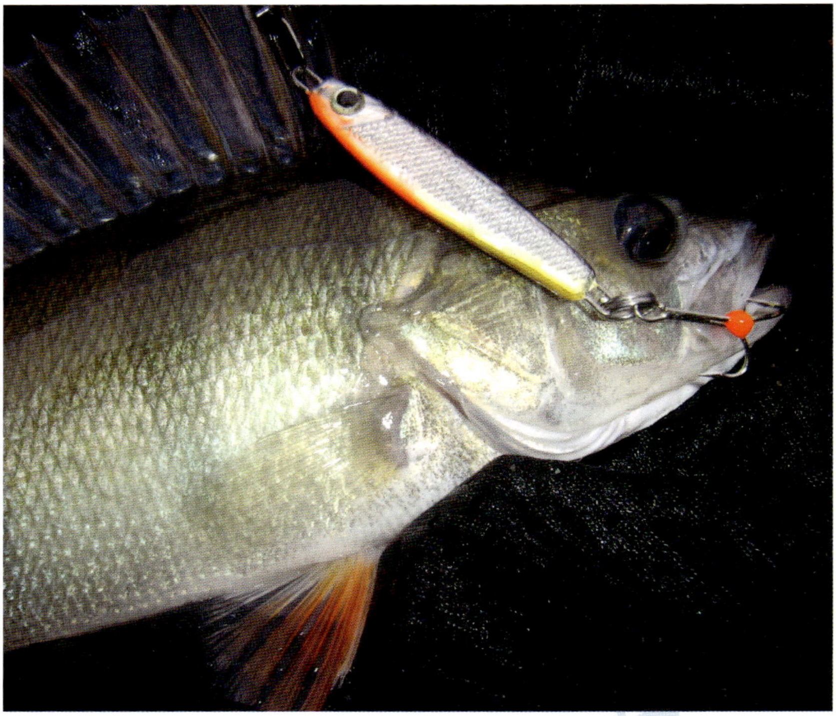

Ein roter Punkt am Drilling kann träge Fische zum Biss reizen: Dieser Barsch nahm einen Pilker mit »Eyehook«.

Silber ist Trumpf! Die besten Pilker gleichen den Futterfischen. Silberne und bläuliche Farben bringen die besten Fänge.

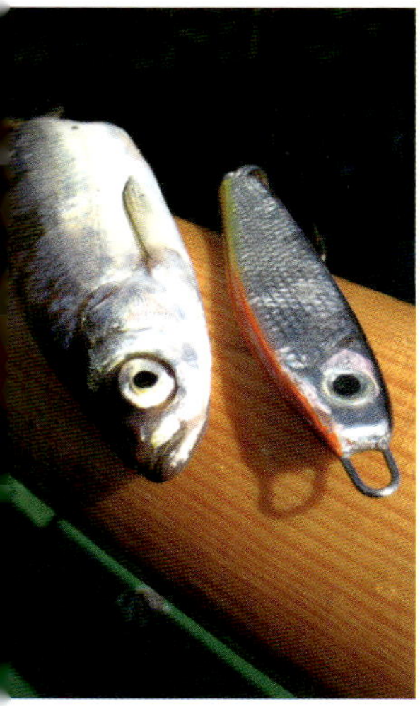

Ich lasse den Pilker bis auf den Grund sinken, hebe ihn ein winziges Stück an und lass ihn dann ein Stück nach oben sausen, indem ich meinen Arm mit einer Zitterbewegung anhebe. Nun verharrt der Pilker etwa eine Sekunde, ehe ich ihn wieder fallen lasse.

Achtung: Behalte beim Absinken immer die Schnur im Auge. Wenn das Ablaufen stoppt, ehe der Pilker den Grund erreicht haben kann, gibt es nur eine Erklärung: Biss. Und eine Antwort: ***Anhieb.***

Meine zweite Lieblingstechnik ist der »tote Mann«. Man muss einen kleinen Pilker nicht zwangsläufig »pilken«, man kann ihn auch zehn Zentimeter über dem Grund verharren lassen, genau wie einen Drop-Shot-Köder. Kleine Schaukelbewegungen der Rute, etwa übertragen durch das Boot, reichen aus, um ihn für die Barsche interressant zu machen. Gewöhnlich warte ich zehn Sekunden ab, ehe ich den Pilker ein Stück anhebe und wieder verharren lasse.

Diese Technik bringt mehrere Vorteile. Erstens kann ich alle Wasserschichten bis zur Oberfläche absuchen, nicht nur den Grund wie beim klassischen Pilken. Zweitens beißen auf den trägen Pilker vor allem größere Barsche und gelegentlich auch Zander – denn das Verharren macht den Pilker unverdächtig und lässt die Großen ihre Vorsicht ablegen.

Beobachte einmal natürliche Fischchen: Sie sind nicht ständig in Bewegung, sondern bleiben oft auf der Stelle stehen. Und warum sollten die Raubfische eine bewegte Beute anfallen, wenn eine verharrende doch ein viel leichteres Ziel abgibt? Diese Erkenntnis solltest du bei der Führung deines Zockers nutzen.

Der »tote Mann« funktioniert im Herbst noch besser, wenn du den Drilling deines Pilkers mit einem Wurm oder mit drei Maden garnierst. Dann reizt der Köder zusätzlich durch den natürlichen Geruch. Außerdem sorgen Maden und Würmer für Eigenbewegung, indem sie sich kringeln.

Meine dritte Lieblingstechnik: der gejiggte Zocker. Diese Methode funktioniert vor allem zur wärmeren Jahreszeit. Dabei werfe ich den Zocker aus, zum Beispiel mitten in einen raubenden Barschschwarm, und hole ihn ähnlich wie einen Jig ein: Ich kurble, lasse ihn ein Stück sinken, kurble wieder, lasse sinken. Dieses aktive Angeln mit schlanken, silbernen Zockern ist effektiv, wenn die Räuber gerade hinter einer schlanken, silbernen Beute her sind, zum Beispiel kleinen Rotaugen oder Lauben.

Aber warum für diese Angelei nicht gleich einen Wobbler nehmen? Weil man den Pilker weiter werfen kann und flexibler ist. Zum Beispiel kann ich ihn, wenn die Räuber sich wieder in die Tiefen zurückziehen, beliebig absinken lassen. Dagegen gibt es nur wenige leichte Barschwobbler, mit denen ich in der einen Sekunde dicht unter der Oberfläche, ein paar Minuten später jedoch in acht Metern Tiefe angeln kann.

Ich bevorzuge Pilker von der Länge des typischen Beutefisches: im Hochsommer kleiner (5 bis 8 Zentimeter) im Herbst größer (8 bis 12 Zentimeter). Blaue und silberne Zocker sind mit Abstand am fängigsten, gerade im klaren Wasser. Ein rotes »Auge« am Drilling bringt in manchen Situationen zusätzliche Fische. Das Gewicht der Zocker liegt zwischen acht und 25 Gramm – je tiefer das Gewässer, desto schwerer sollte der Köder ausfallen. Beim Bootsangeln hilft ein Driftsack, das Boot zu bremsen und das Gewicht des Zockers gering zu halten.

Am liebsten biete ich meinen Pilker an einer 0,08er Flechtschnur an und schalte ihm ein Fluorocarbon-Vorfach von mindestens 0,25 Millimeter vor. Warum so dick? Weil es die Barsche nicht im Geringsten stört – und meine Chancen erhöht, wenn sich ein Hecht am Zocker vergreift. Das kommt häufig vor, weil die Barschschwärme immer auch Hechte anlocken. Je langsamer du den Zocker führst, desto größer die Chance auf einen Hecht. Manchmal schlagen auch Zander und Quappen zu.

Nur 3 Zentimeter sind im Sommer die Brutfische lang – deshalb fangen kurze, schmale Pilker am besten.

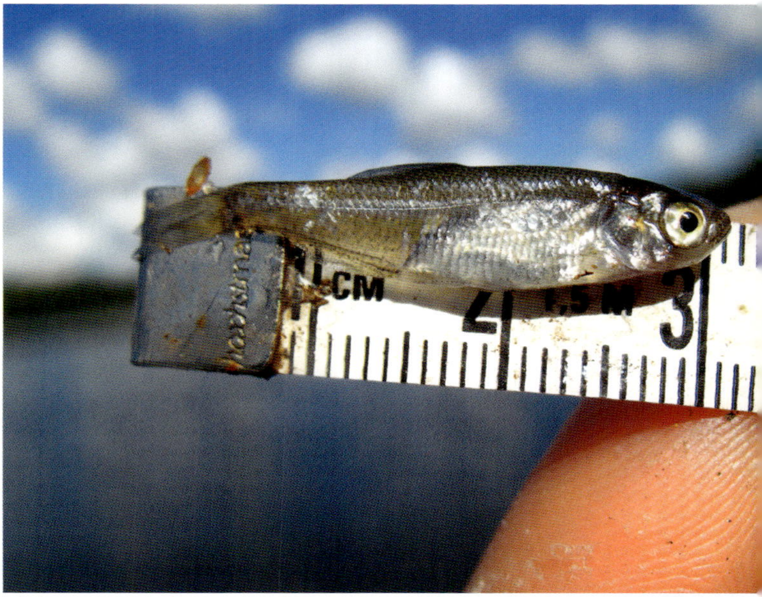

Der Pilker lässt sich vom treibenden Boot nur dann in Grundnähe halten, wenn die Driftgeschwindigkeit bei Wind gebremst wird. Dafür hat sich ein Driftsack bewährt.

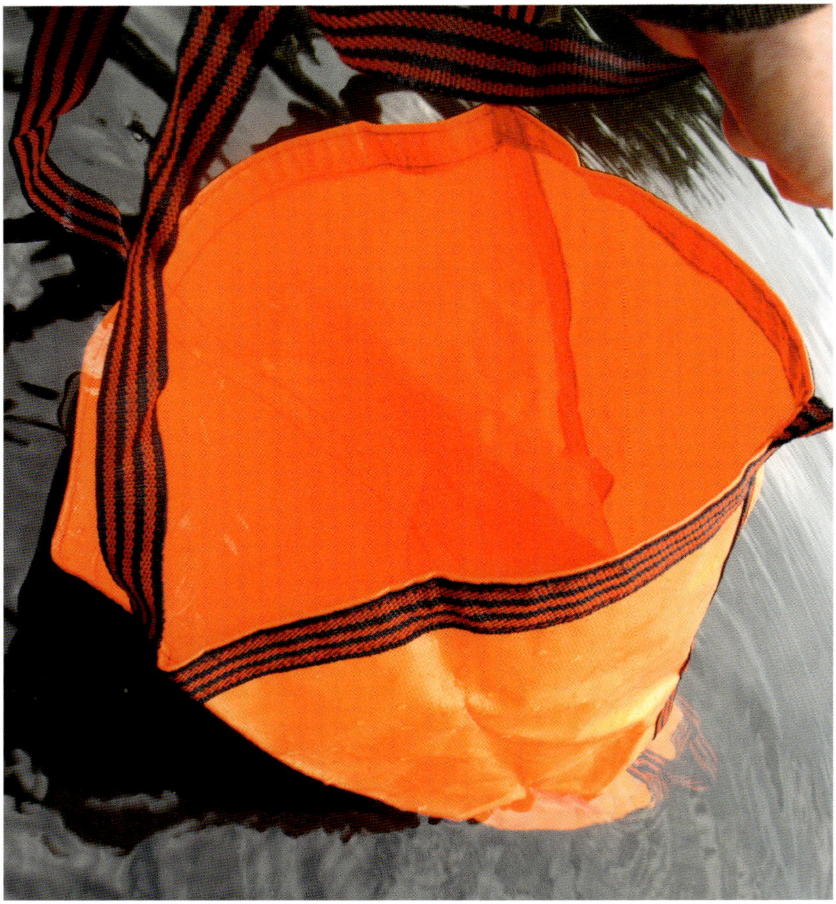

Kunst trifft Natur: Mit je einer Made am Drilling wird der Pilker noch fängiger, vor allem bei langsamer Führung.

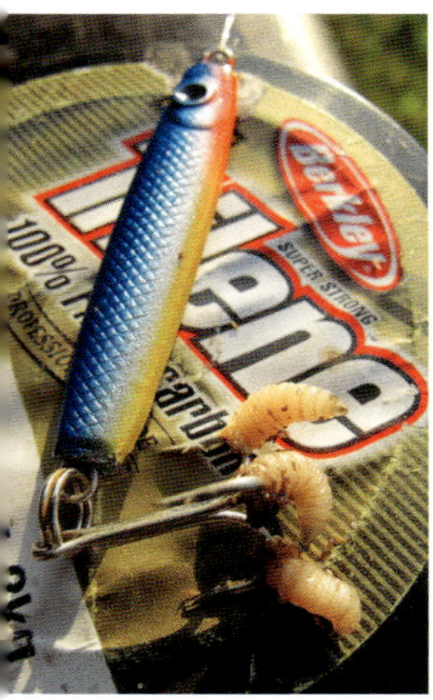

Gibt es einen Geheimtipp, um deinen Zocker noch fängiger zu machen? Ja, kombiniere ihn mit einem Naturköder! Möglichkeit eins: Entferne den Drilling deines Pilkers und knote ein 15 Zentimeter langes Schnurstück mit 6er Einzelhaken an. Auf diesen Einzelhaken ziehst du einen Mistwurm, sodass er wie ein Twister schwänzelt. Oder ein Madenbündel. Diese Kombination aus Kunst- und Naturköder ist extrem fängig, auch auf Grundräuber wie die Quappe – gerade dann, wenn du den Pilker auswirfst und immer wieder absinken und für einige Sekunden am Grund verharren lässt. Das Glitzern des Zockers lockt die Räuber an, und der Naturköder verführt sie zum Biss.

Die zweite gelungene Kombination: Schalte über deinen Zocker zwei bis drei Seitenarme mit kleinen Gummiködern, jeweils im Abstand von 30 bis 40 Zentimetern (falls mehrere Anbiss-Stellen pro Rute erlaubt sind). So kannst du mehrere Wasserschichten absuchen und mit etwas Glück auch mehrere Barsche fangen. Wenn ein Barsch gebissen hat, hol deine Montage nicht allzu schnell ein, sondern lass dir Zeit. Oft folgen futterneidische Artgenossen dem gehakten Barsch und schnappen einen Köder am Seitenarm. Oder den Pilker. Je nachdem, was noch zu haben ist.

Plätze zum Abzocken

1. Stege, Spundwände und Brücken stehen bei Uferanglern hoch im Kurs. Diese Plätze ziehen Kleinfische an, bieten den Räubern Deckung und lassen vertikales Angeln zu.

2. Dicht am Holz: Wo immer versunkenes Holz in den See ragt oder Wälder überflutet wurden, finden die Barsche ideale Standplätze. Hier solltest du die bewegungsarme Führung vorziehen (»toter Mann«), das vermeidet Hänger.

3. Dicht am Kleinfisch: Wo immer du Kleinfischschwärme an der Oberfläche oder auf dem Echolot siehst, sind Barsche in der Nähe. Die besten Fänge gelingen am Rand der Kleinfischschwärme.

4. Rinnen, Kanten, Berge: Überall, wo die monotone Struktur des Gewässerbodens unterbrochen wird, treiben sich Barsche herum. Solche Plätze lassen sich hervorragend mit dem gejiggten Zocker absuchen.

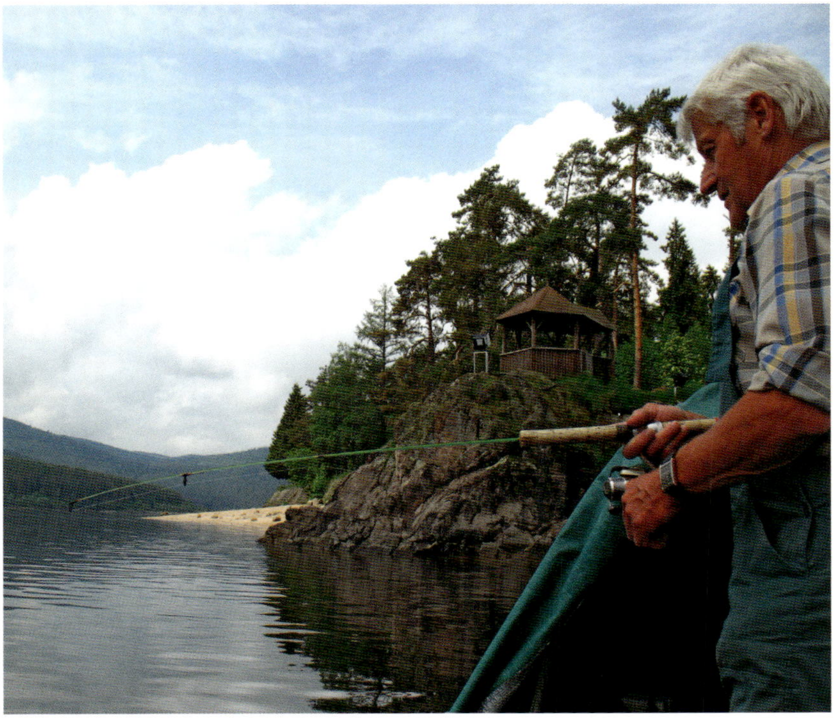

Wo eine Landzunge ins Wasser ragt, wie hier von der rechten Seite, ist meist ein guter Platz zum Pilken. Steiniger Grund erhöht die Aussichten auf einen Zander.

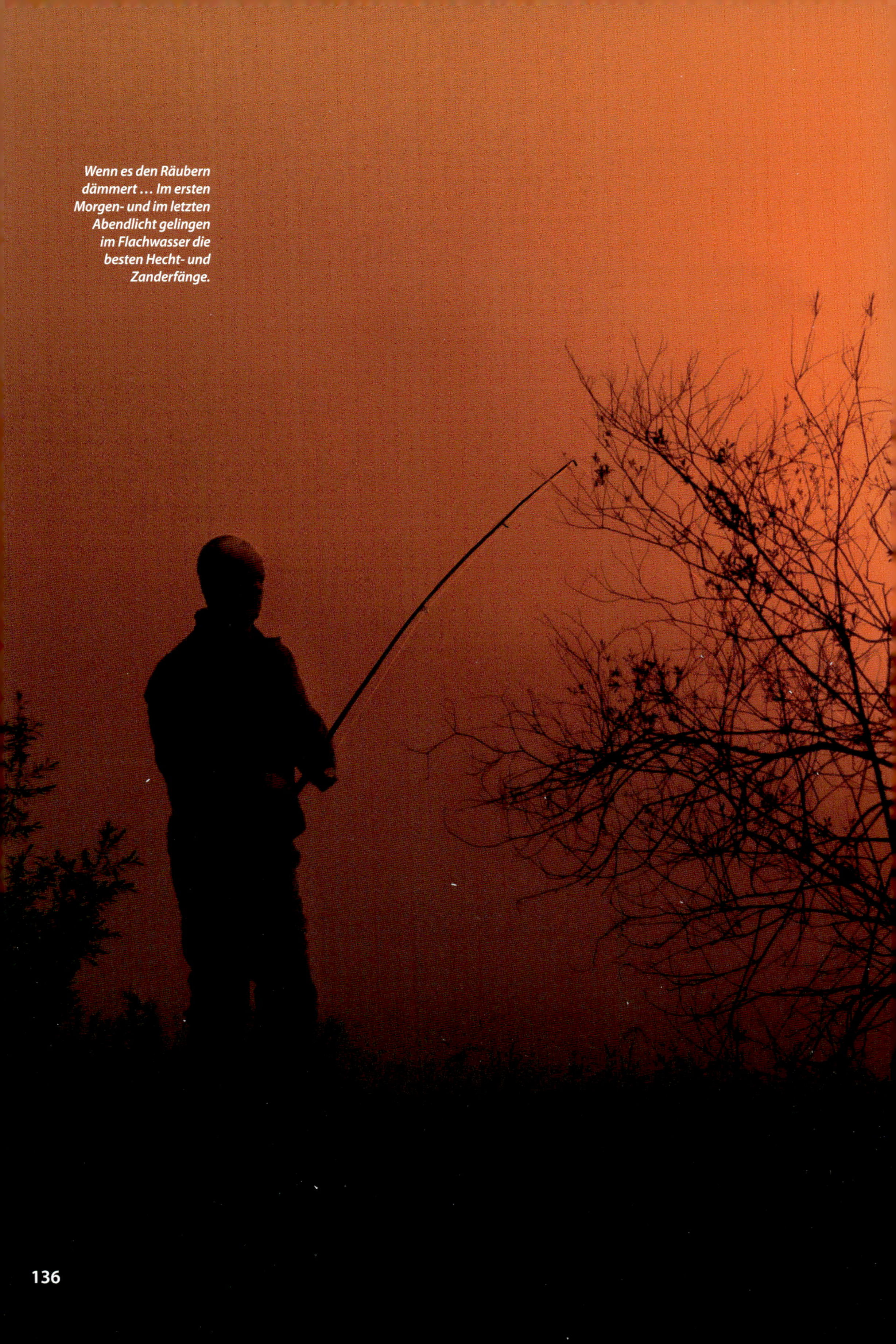

Wenn es den Räubern dämmert … Im ersten Morgen- und im letzten Abendlicht gelingen im Flachwasser die besten Hecht- und Zanderfänge.

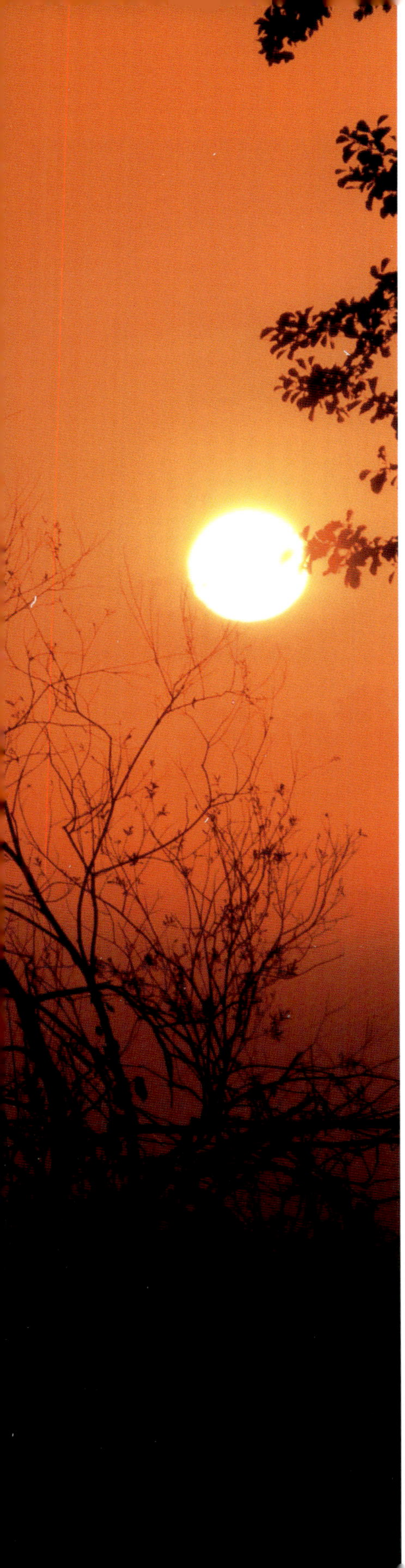

Lass es krachen im Flachen!

Das letzte Licht des Tages träufelt aus dem Herbsthimmel. Um einen großen Felsbrocken, der aus der Strömung ragt, ist die Hölle los. Alle zwei, drei Minuten explodiert ein Feuerwerk: Fischfunken spritzen, kleine Bugwellen rollen. Und dazwischen krachen wie Böller die fetten Hecht- und Zanderkörper. Mein Angelfreund Edwin und ich starren gebannt aufs Wasser der Naab.

Der Fluss ist hier (und in weiten Teilen der Strecke) nur einen Meter tief, man könnte mit der Wathose hindurch spazieren. Lediglich hinter dem großen Felsen fällt der Grund auf zwei Meter ab. Denselben Platz hatten wir schon am späten Vormittag beangelt. Nicht einen Raubfisch bekamen wir zu Gesicht. Wer Hechte und Zander im Flachwasser fangen will, muss trickreich ans Werk gehen.

Edwin kennt die Flachwasser-Räuber aus dem Effeff, er beangelt diese Flussstrecke seit fast 50 Jahren. Heute setzt er auf einen toten Köderfisch, den er hinter einer kleinen Korkpose einkurbelt. Der 10-Zentimeter-Fisch ist am Maul mit einem Zwilling und in der Flanke mit einem Drilling montiert. Die Tiefe ist so eingestellt, dass der Köder ein kleines Stück über den schlammigen Grund läuft.

Warum eine Pose zum Spinnfischen? An der freien Leine schabte der Spinnfisch bei langsamer Führung nur über den Grund, statt auf Augenhöhe der Räuber zu glitzern. Man müsste schnell kurbeln, damit es keine Hänger gibt. Doch Edwin will seinen Köder möglichst lange in der Fangzone halten. Mit der Pose gelingt das. Er kurbelt ein Stück ein, wartet, zupft ein wenig, wartet. Sein Fisch strebt derweil in Richtung Oberfläche, taumelt nach

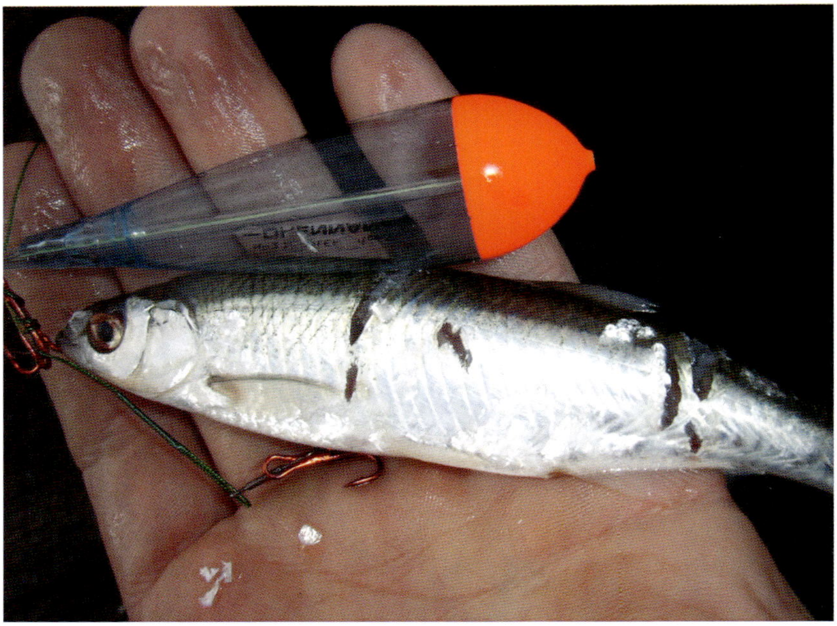

Ungewöhnliche Kombination zum Spinnfischen, aber beileibe keine Spinnerei: Köderfisch und Pose bilden im Flachwasser ein vorzügliches Team – hier hat bereits ein Hecht seine Zahnspuren im Köder hinterlassen.

unten, zieht ein Stück nach vorne. So kann er jeden Zentimeter ausfischen, extrem verführerisch!

Zweiter Vorteil der Pose: Die Strömung hilft. Durch sie kann er seinen Köder in die fängigsten Reviere treiben lassen, auch ins tiefere Wasser unterhalb des Felsens. Sobald er die Pose abstoppt, strebt der Köderfisch nach oben. Ein Beißsignal für die Räuber.

Vor uns, an dem großen Stein, klatscht und raubt es immer noch. Doch das Angeln ist zäh, wir bekommen keine Bisse. Das hat mit dem flachen Wasser zu tun. Egal, in welcher Tiefe der Köder läuft, die Räuber sehen ihn. Die Würfe schlagen ihnen sozusagen auf den Kopf. Und der ständige Anblick von Ködern, inklusiver negativer Erfahrungen, schließt die Mäuler.

In einem fünf Meter tiefen Fluss derselben Fläche ist der Befischungsdruck bei derselben Zahl von Würfen rein statistisch etwa ums Fünffache geringer als bei einem Meter Tiefe – bei einem 15 Meter tiefen See ums Fünfzehnfache. Hinzu kommt, dass tiefe Gewässer oft groß, flache dagegen klein sind. Deshalb sind Flachwasserräuber eher vorsichtig. Unverdächtige Naturköder fangen am besten.

Jetzt! Edwins Pose ploppt unter die Oberfläche, sofort gibt er Schnur. Vier, fünf Sekunden wartet er, dann pfeift seine Rute nach oben. Diesmal explodiert der Böller hinter seiner Pose. Die Rute verbeugt sich, er drillt einen bulligen Fisch heran. Im letzten Licht sehen wir eine Zanderflosse. Ein Achtpfünder gleitet in den Kescher.

Typisch an diesem Fang: Die Morgen- und Abenddämmerung sind im Flachwasser die besten Angelzeiten. Nicht nur für Zander, auch für Hechte. Dann sind die scheuen Kleinfische im Flachwasser besonders aktiv und leicht zu jagen. Zudem sorgt das abnehmende Licht dafür, dass die Köder und Montagen weniger durchschaubar sind. Je mehr das Licht schwindet, desto mehr schwindet auch die Vorsicht der Fische.

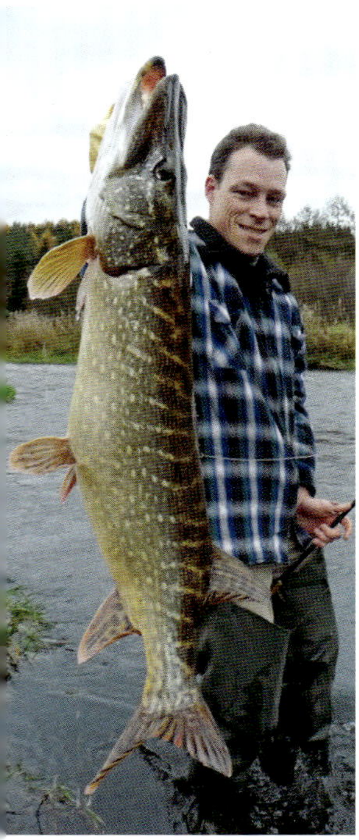

Fetter Hecht aus einem seichten Fluss. Der Räuber hat den Köder neben einem umgestürzten Baum genommen.

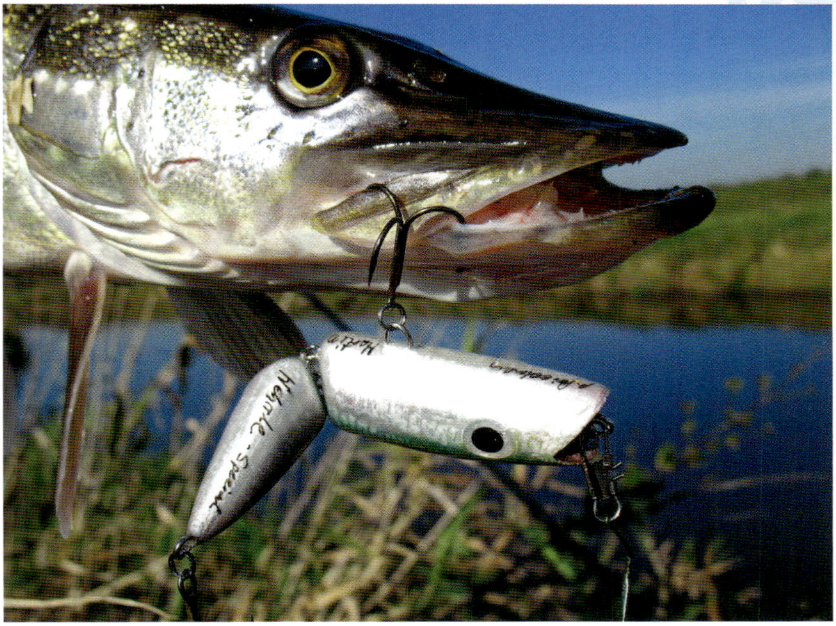

Das »Original« von Peter Biedron – ein vorzüglicher Wobbler für Flachwasser, ohne Tauchschaufel, aber mit Extra-Fangchancen.

Eine weitere Besonderheit: In der Dämmerung wagen sich die Hechte und Zander direkt vors Ufer. Darum ist es so wichtig, jeden Wurf bis vor die eigenen Füße auszufischen. Mehrfach habe ich meinen Köder zu früh aus dem Wasser gehoben – und von dem großen Räuber, der sonst gebissen hätte, klatschte mir nur ein Wasserschwall vor die Füße.

Doch es müssen nicht immer Naturköder sein. Auch Wobbler und Gummifische bringen im Flachwasser

Auf der Lauer! Große Hechte wagen sich in erstaunlich flaches Wasser vor, gerade im Frühjahr und im Sommer.

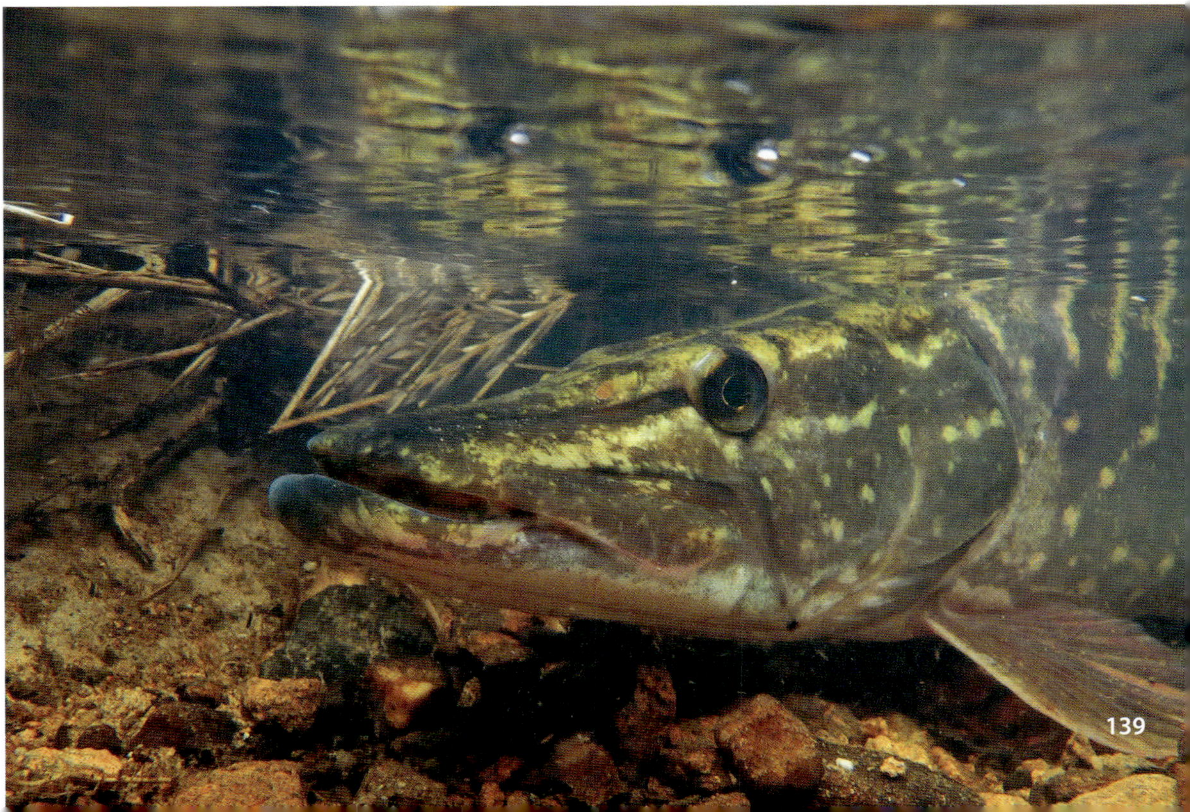

Erfolg. Allerdings sollte man Köder in Naturfarbe vorziehen, die sich langsam führen lassen. Bewährt haben sich Modelle mit Weißfisch- und Barschdekor. Ich bevorzuge Suspender wie den »Pointer« von Lucky Craft und den »Vision 110« von Megabass. Man kann diese schwebenden Köder an heißen Plätzen stoppen, ihnen mit kurzen Rucken Leben einhauchen, sie zentimeterweise flüchten und anhalten lassen. Dieses Wechselspiel vorm Maul der Räuber provoziert Bisse. Ebenfalls enorm fängig sind der zweiteilige »Original«-Wobbler von Peter Biedron, im Frühjahr Gummifrösche und bei trübem Wasser Spinnerbaits. Jerkbaits wie der »Real Jerk« von Jackson funktionieren am besten zu Beginn der Saison, wenn die Räuber noch arglos sind und das Wasser sich schnell erwärmt. Sogar Zander stürzen sich im flachen Wasser ab und zu auf die Oberflächen-Köder. Doch mit jedem Angeltag nimmt ihre Fängigkeit ab. Gegen Mitte der Saison habe ich schon erlebt, dass die Räuber das Jerkbait-Klatschen als Warnsignal wahrnehmen und mit Bugwelle flüchten.

Gummifische, vorzugsweiße weiß und blau, fangen im Flachwasser am besten, wenn du auf den klassischen Bleikopf verzichtest. Montiere zwei

Wer nach Löchern im Flachwasser sucht, wird Zander finden. Gerne nehmen sie an der Spinnrute aktiv angebotene Köderfische.

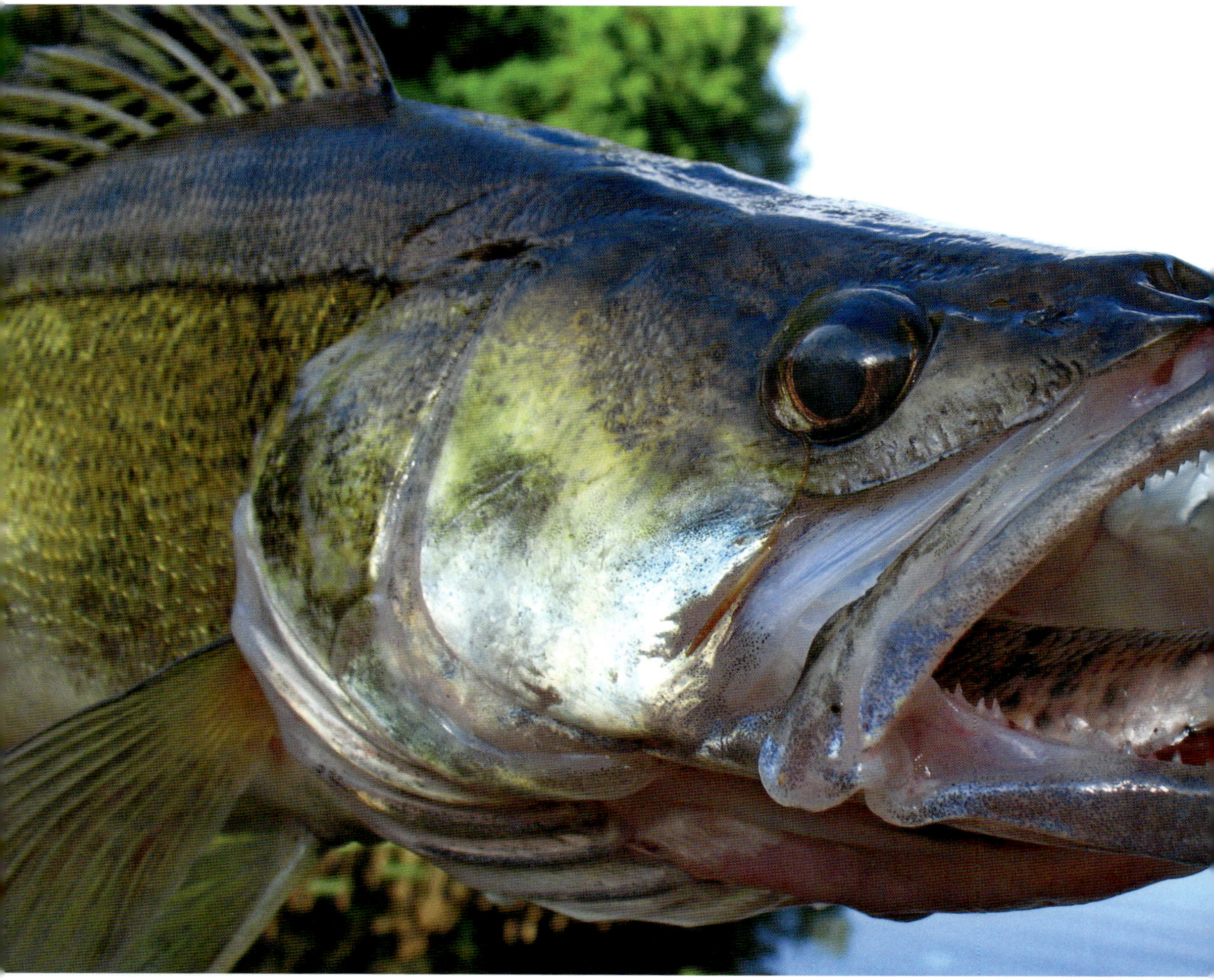

Drillinge links und rechts und schalte dem Köder maximal ein größeres Bleischrot vor. Je langsamer der Gummifisch sinkt und läuft, desto unverdächtiger kannst du ihn durchs flache Wasser torkeln lassen.

Wie findest du die Räuber? Das beste Suchgerät sind deine Augen: Wo siehst du große Bugwellen? Wo klatscht es? Wo flirren die Kleinfische nervös an der Oberfläche? Ebenso kannst du nach Löchern und Gräben suchen, mit Lotbei oder Echolot. Nur ist die Reichweite der klassischen Echolotkegel im Flachwasser äußerst gering – idealerweise setzt du ein Echolot ein, das mit der Side-Imaging-Technik auch das Wasser neben dem Boot absucht. So siehst du eine größere Fläche ein und verhinderst im Flachwasser, dass dein Boot die Fische verscheucht, ehe das Echolot sie erfassen kann.

Tiefe Stellen, vor allem mit hartem Grund, sind immer für einen Zander gut. Auch große Hechte zieht es an tiefe Plätze mit Hindernissen. Bäume im Wasser sind ihr Lieblingsrevier. Gleich danach kommen Seerosenfelder. Im Fluss ist auf Brückenpfeiler und das Kehrwasser hinter Steinen Verlass.

Beim Angeln solltest du Indianer sein: Pirsche leise am Ufer. Tritt bei weichem Grund vorsichtig auf. Oder halte dein Boot auf Abstand zu den Fischen. Und wirft deinen Köder möglichst weit über die Angelplätze hinaus. Schon das Geräusch eines auftreffenden Köders kann bei den Fischen schlechte Erinnerungen auslösen.

Ein großer Vorteil des Flachwassers: Die Räuber sind oft standorttreu. So mancher Kapitale, den du beim Rauben beobachtest, wird sich im ersten Anlauf nicht fangen lassen. Aber vielleicht im vierten, sechsten oder zehnten – sofern du am Ball, besser gesagt: am Fisch bleibst!

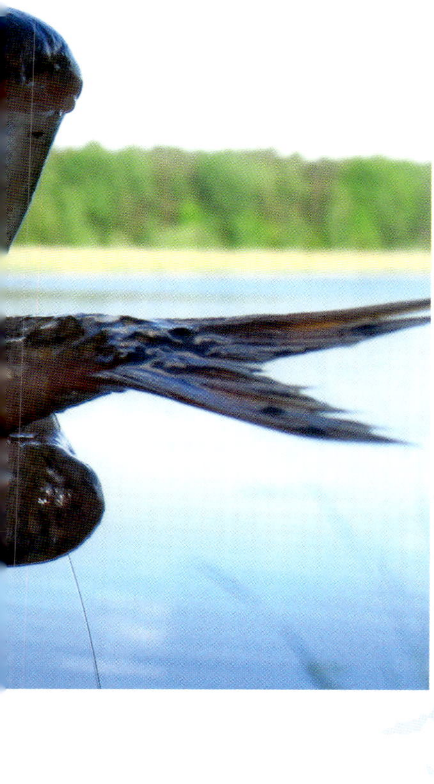

Zehn Tipps für Flachwasser-Räuber

1. Verwende fürs Spinnfischen mit Köderfisch eine Pose.
2. Führe den Köder langsam, damit er lange in der Fangzone bleibt.
3. Bevorzuge Löcher im Flachen – hier stehen die größten Räuber.
4. Beangle im Fluss das Kehrwasser von Hindernissen wie großen Felsen.
5. Verwende Suspender anstelle üblicher Wobbler.
6. Greife zu ungewöhnlichen Ködern wie dem Gummifrosch.
7. Ziehe als Angelzeit die Morgen- und die Abenddämmerung vor.
8. Führe den Köder bei Dämmerung bis vor deine Füße – die Räuber beißen dicht.
9. Lass dein Auge mitangeln – die Räuber verraten sich beim Jagen.
10. Bleib an georteten Fischen über Wochen dran. Früher oder später klappt es!

Sei kein Frosch! Gummifrösche können im Flachwasser Hechte und Zander verführen.

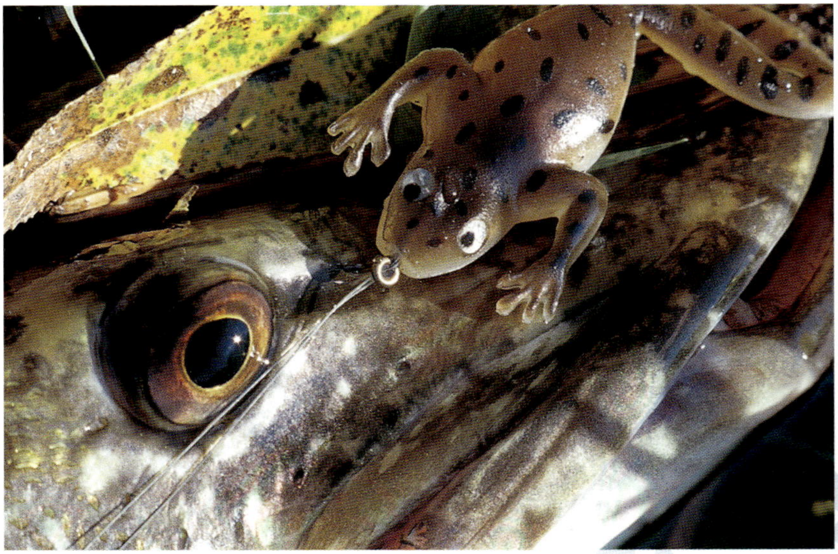

Der Autor

Martin Wehrle ist seit über 25 Jahren eine feste Größe im Angeljournalismus. Er war in der BLINKER-Chefredaktion tätig, hat die Europameisterschaft im Hechtangeln gewonnen und überrascht immer wieder an ganz gewöhnlichen Vereinsgewässern mit ganz außergewöhnlichen Fängen. Sein Lieblingsfisch ist im März die Bachforelle, im April die Schleie, im Mai der Hecht, im Juni der Zander ... Kurz gesagt: Er ist ein absoluter Allroundangler. Sein Sommerhäuschen steht an einem See in Mecklenburg. Und vom Schreiben versteht er auch etwas: Er ist Autor mehrerer Spiegel-Bestseller zu Wirtschaftsthemen (unter anderem: »Ich arbeite in einem Irrenhaus«) und hat als Journalist den Reportagepreis der Akademie für Publizistik gewonnen.

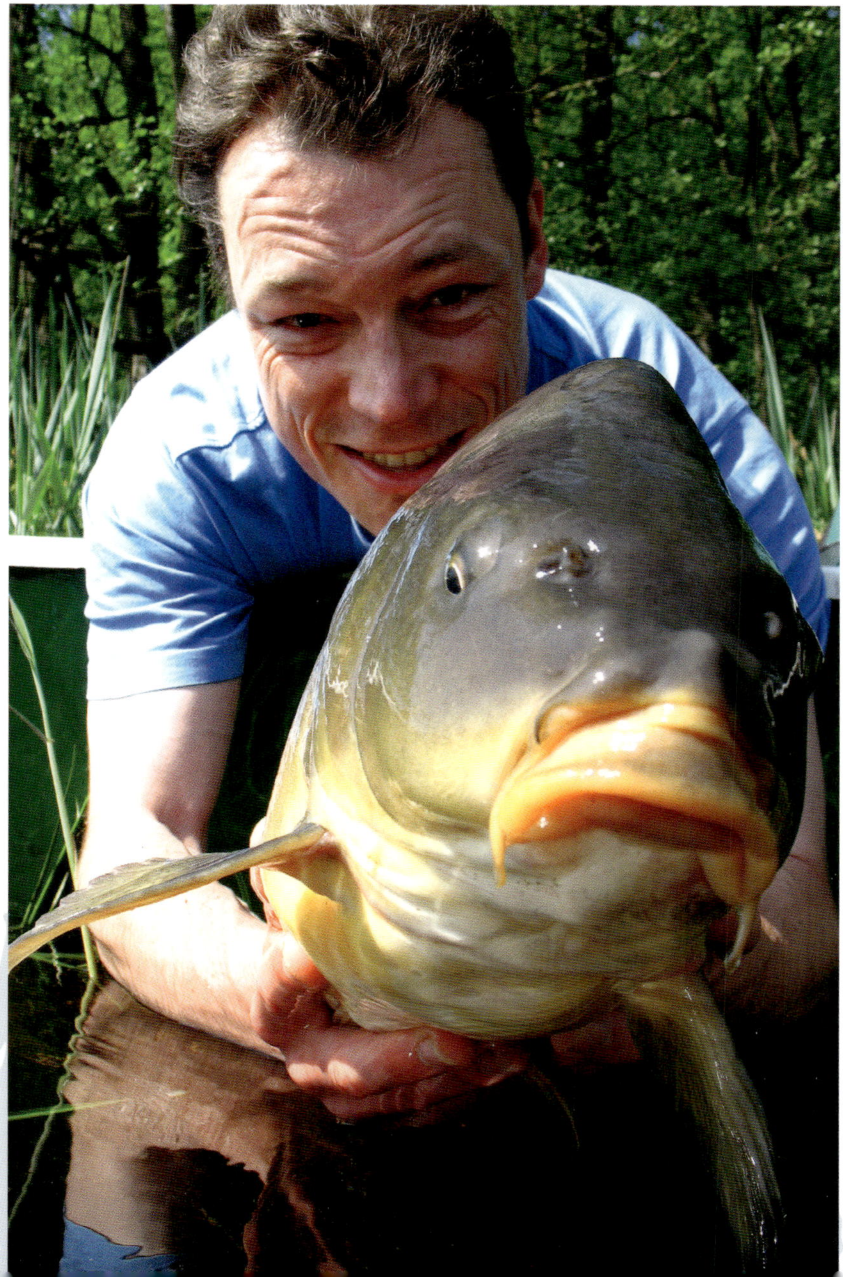

ZUM WEITERLESEN

von Martin Wehrle

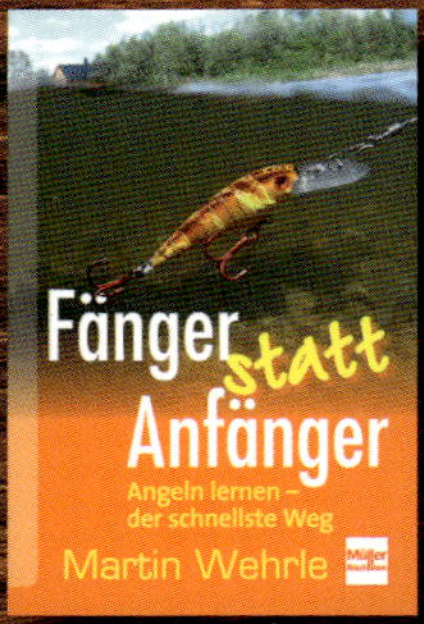

Der Leser wird staunen, wie leicht sich viele schwere Fische fangen lassen – sofern man die Grundzüge begriffen hat und ein paar raffinierte Tricks kennt. Wer dieses Buch als Anfänger aufschlägt, wird es als Fänger beenden.

144 Seiten, 142 Bilder
€ 19,95 / € (A) 20,60
ISBN 978-3-275-02000-3

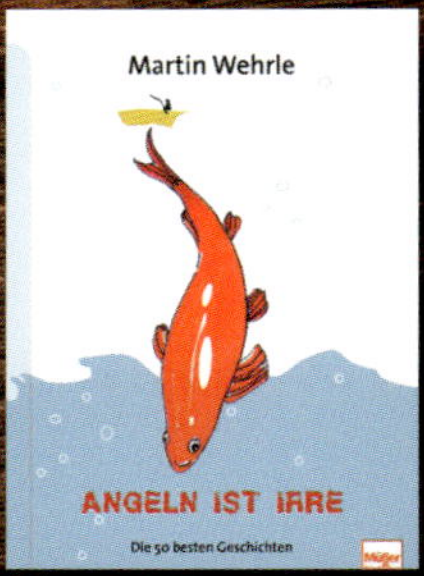

Mal spannend wie ein Krimi, mal mit Humor gewürzt: Hier warten die 50 besten Angelgeschichten auf dich. Eine Lektüre, die fasziniert wie ein echter Angeltag.

136 Seiten, 41 Zeichnungen
€ 14,95 / € (A) 15,40
ISBN 978-3-275-01868-0

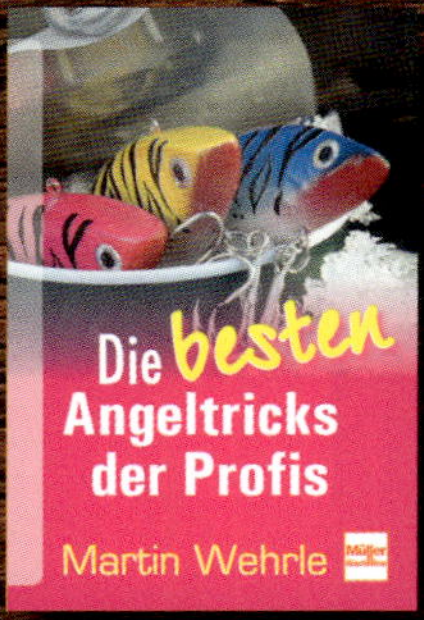

Die Fanggeheimnisse der Rekordangler, hier werden sie gelüftet. Ideal für Leser, die schon etwas Erfahrung gesammelt haben und den letzten Kick für meisterliche Fänge suchen.

144 Seiten, 120 Bilder
€ 14,95 / € (A) 15,40
ISBN 978-3-275-01945-8

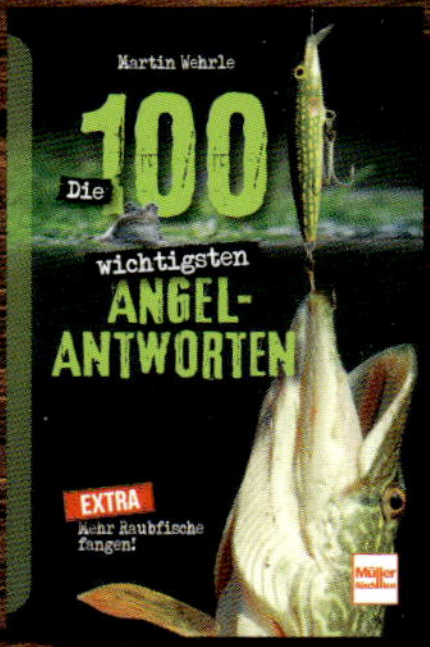

Als Einsteiger erfährst du hier, worauf es wirklich ankommt, wenn du schnell in der ersten Fangliga mitspielen willst. Ideal als Ergänzung zum Buch »Fänger statt Anfänger«.

144 Seiten, 150 Bilder
€ 19,95 / € (A) 20,60
ISBN 978-3-275-02278-6

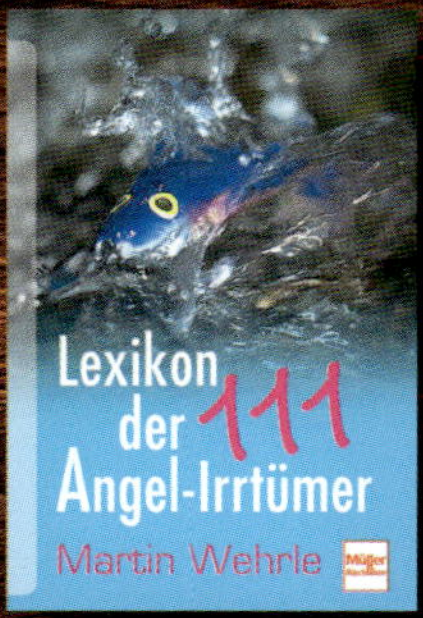

Hier entlarvt Martin Wehrle falsche Fangrezepte und verrät, welche Kniffe auch in schwierigen Gewässern funktionieren. Zahlreiche verblüffende Tipps.

128 Seiten, 120 Bilder
€ 14,95 / € (A) 15,40
ISBN 978-3-275-01922-9

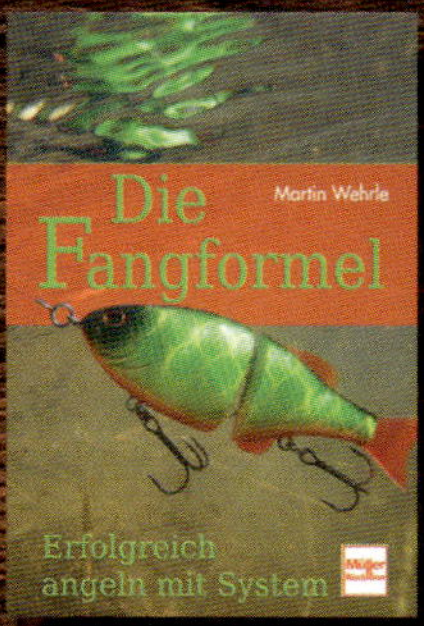

Es gibt ein Geheimnis, das alle erfolgreichen Angler verbindet: die Fang-Formel. Martin Wehrle enthüllt diese Formel – und öffnet dir damit neue Fang-Horizonte.

128 Seiten, 121 Bilder
€ 14,95 / € (A) 15,40
ISBN 978-3-275-01740-9

Änderungen in Preis und Lieferfähigkeit vorbehalten.

Überall, wo es Bücher gibt oder
www.mueller-rueschlikon.de
Service-Hotline: 0711-78 592 131

Müller Rüschlikon